Jörg-Friedhelm Venzke (Hg.)

Nordwestdeutschland 2037 – Niedersachsen und Bremen in 25 Jahren

HANNOVERSCHE GEOGRAPHISCHE ARBEITEN (HGA)

vormals
Jahrbuch der Geographischen Gesellschaft
zu Hannover

herausgegeben von der
Geographischen Gesellschaft zu Hannover e. V.

Band 61

2012

Jörg-Friedhelm Venzke (Hg.)

Nordwestdeutschland 2037 –
Niedersachsen und Bremen in 25 Jahren

Wissenschaftliche Visionen und Essays

Berlin 2012

LIT

Hannoversche Geographische Arbeiten

herausgegeben von der
Geographischen Gesellschaft zu Hannover e. V.

Bibliografische Information der Deutschen Nationalbibliothek
Die Deutsche Nationalbibliothek verzeichnet diese Publikation in der
Deutschen Nationalbibliografie; detaillierte bibliografische Daten sind
im Internet über http://dnb.d-nb.de abrufbar.

© bei dem Herausgeber

Anfragen bezüglich Tauschverkehr:
Geographische Gesellschaft zu Hannover
Schneiderberg 50
30167 Hannover

© LIT VERLAG Dr. W. Hopf Berlin 2012

Verlagskontakt:
Fresnostr. 2   D-48159 Münster
Tel. +49 (0) 2 51-620 320   Fax +49 (0) 2 51-23 19 72
e-Mail: lit@lit-verlag.de   http://www.lit-verlag.de

Auslieferung:
Deutschland: LIT Verlag Fresnostr. 2, D-48159 Münster
Tel. +49 (0) 2 51-620 32 22, Fax +49 (0) 2 51-922 60 99, e-Mail: vertrieb@lit-verlag.de
Österreich: Medienlogistik Pichler-ÖBZ, e-Mail: mlo@medien-logistik.at
Schweiz: B + M Buch- und Medienvertrieb, e-Mail: order@buch-medien.ch

Vorwort

Ein Blick in die Zukunft ist immer etwas Spannendes, aber auch ein Wagnis, weil man sich naturgemäß auf unbekanntes Terrain begibt.

Aber Prognosen über zukünftige Entwicklungen zu erstellen gehört auch zu den Tätigkeiten von Geographen, von denen die Gesellschaft nicht nur die Erklärung von Vergangenem und aktuellen Prozessen im Raum und in Landschaften, sondern auch kompetente Visionen zu möglichen zu erwartenden Zuständen von Räumen und Gesellschaften erwartet.

So werden z. B. gegenwärtig und häufig umfangreiche Überlegungen über das Klima der Zukunft und dessen Auswirkungen auf Natur, Räume und Gesellschaften angestellt. Die Modellrechnungen für Nordwestdeutschland prognostizieren für die nächsten Jahrzehnte – man möchte fast sagen: Gott sei Dank! – nur geringfügige Veränderungen: leichte Anstiege der Jahrestemperaturen, jedoch eine erkennbare Zunahme der Sturmhäufigkeit, etwas höhere Jahresniederschläge an der Küste, allerdings eine zunehmende Trockenheit, besonders in den Sommermonaten, im kontinentaler geprägten östlichen Niedersachsen. Die landesgestalterischen Herausforderungen der Zukunft liegen deshalb voraussichtlich eher im Bereich abzusehender demographischer und sozio-ökonomischer Veränderungen.

Dieser Band der *Hannoverschen Geographischen Arbeiten*, mit dem wir das Nachdenken über die kommenden Jahre im Nordwesten Deutschlands anregen möchten, ist somit weniger ein Zustandsbericht, als vielmehr ein Experiment, das auch Widerspruch hervorrufen kann.

Es konnten dankenswerterweise etliche Geographen, die ihr Tätigkeitsfeld u. a. in Niedersachsen und Bremen haben, gewonnen werden, sich mit Essays und Fachaufsätzen Gedanken über die Landesentwicklung in den kommenden 25 Jahren zu machen (s. u.); leider konnten nicht alle angedachten Themenbereiche behandelt werden[1]. Der Raum und die Zeitspanne – *Nordwestdeutschland* im Jahr *2037* – wurden bewusst gewählt, weil sie für die hier lebenden Menschen einen überschaubaren und kalkulierbaren (Zeit)-Raum darstellen:

- Kinder, die heute noch ganz klein sind, werden in 25 Jahren am Anfang ihres Berufslebens stehen, Familien begründen und zunehmend das gesellschaftliche Leben mitbestimmen,

- die heutigen Jugendlichen werden sich dann in der Mitte ihres Lebens befinden, Kinder erziehen und für Familie und Gesellschaft Verantwortung übernommen haben und unser Gemeinwesen nachhaltig und bestimmend gestalten,

- die heute in der Lebensmitte Stehenden werden dann aus dem Berufsleben ausgeschieden sein und zu der relativ großen Bevölkerungsgruppe der Ruheständler gehören, die besondere und berechtigte Anforderungen an die Gesellschaft stellen werden, aber auch besondere Kenntnisse und Fähigkeiten für sie bereitstellen können.

---

[1] vgl. zu „Küsten-Themen" u. a.:
LOZÁN, J. L., RACHOR, E., REISE, K., SÜNDERMANN, J. & VON WESTERNHAGEN, H. (Hrsg.) (2003): Warnsignale aus Nordsee und Wattenmeer. Eine aktuelle Umweltbilanz. – Wissenschaftliche Auswertungen, Hamburg, 449 S.
SCHUCHARDT, B. & SCHIRMER, M. (Hrsg.) (2005): Klimawandel und Küste. Die Zukunft der Unterweserregion. – Springer-Verlag, Heidelberg, 341 S.
FISCHER, L. & REISE, K. (Hrsg.) (2011): Küstenmentalität und Klimawandel. Küstenwandel als kulturelle und soziale Herausforderung. – oekom verlag, München, 227 S.

Zu unseren Autoren:

Hansjörg Küster (Hannover) gibt in bekannt kompetenter Art eine Einführung in die Landschaften des niedersächsischen Nordwestens und *Werner Klohn* (Vechta) ebenso in die zukünftigen Herausforderungen an Land- und Forstwirtschaft. *Felicitas Hillmann* (Bremen/Berlin) wirft einen interessanten Blick auf die demographische Entwicklung und *Javier Revilla Diez* (Hannover) auf den Wirtschaftsstandort Niedersachsen. *Tobias Behnen* (Hannover/Göttingen) macht sich Gedanken über die Entwicklung von Verkehr und Transport im Nordwesten. *Axel Priebs* (Hannover) und *Ulrich Kegel* (Braunschweig) schreiben als Geographen, die als Praktiker in der Raumplanung Verantwortung tragen bzw. trugen, über die Zukunft der beiden Metropolregionen Hannover und Braunschweig. *Michael Flitner* und *Heiko Garrelts* (Bremen) präsentieren ein anregendes Streitgespräch zur zukünftigen, u. a. durch den Klimawandel geprägten Politik in der Metropolregion Bremen-Oldenburg. Die beiden letzten Beiträge beschäftigen sich mit der gegenwärtigen Situation und der Zukunft der Trinkwasserversorgung im nördlichen Niedersachsen; *Martin Pries* (Lüneburg) schaut auf die für Hamburg so wichtige Lüneburger Heide und *Gerhard Meier-Hilbert* (Hildesheim) auf den Oberharz, dessen Talsperren auch für den Hochwasserschutz bedeutend sind.

Die Geographische Gesellschaft zu Hannover, für die ich diesen Band bearbeiten und herausgeben durfte, würde sich freuen, wenn die Beiträge zu einem geographisch fundierten Gespräch über die Zukunft unseres nordwestdeutschen Lebens- und Gestaltungsraumes einladen würden.

Jörg Friedhelm Venzke

INHALT

Nordwestdeutsche Landschaften – eine Einführung

Hansjörg Küster*

1. Einleitung

Blickt man zurück auf das 20. Jahrhundert und den Beginn des 21. Jahrhunderts, so hatte damals bei Planungen die Erfassung einer Momentaufnahme von Natur eine größere Bedeutung als heute. Ohne dies immer explizit auszusprechen, ging man in der Regel von einem Gleichgewicht der Natur aus, das man mit der Beobachtung eines augenblicklichen Zustandes von Natur hinlänglich erfasst zu haben glaubte. Weit verbreitet war auch die Ansicht, dass dieses Gleichgewicht durch den Eingriff des Menschen generell gestört worden sei und nun wiederhergestellt werden müsse. Viele Menschen setzten sich gerade deswegen für Naturschutz ein, der wenigstens auf einigen wenigen Flächen im Vordergrund stehen sollte.

Man hatte eine Normalnull-Marke des Wasserstands der Meeresspiegel definiert, Durchschnittstemperaturen festgelegt, die man für normal hielt, man sah aktuelle Verbreitungsgrenzen von Tier- und Pflanzenarten als natürlich und unveränderlich an. Alles dieses galt als schützenswert, gerade auch in seiner unverrückbaren Konstanz.

Heute, im Jahr 2037, ist man immer stärker davon abgerückt, Normen in der Natur zum Maß aller Dinge zu machen. Man weiß inzwischen, dass in der Natur kein Gleichgewicht besteht: Natur bedeutet vielmehr beständigen Wandel. Es gibt keine Normalwerte für Wasserstand und Klima, und auch Listen von Pflanzen- und Tierarten sind keine Konstanten, denn Arten von Lebewesen breiten sich aus oder verschwinden. Erosion und Sedimentation, Wachstum und Absterben, Sukzession und Evolution usw. führen vielmehr zu beständigen Veränderungen unserer Umwelt. Die genannten Prozesse können von Menschen ausgelöst, beeinflusst oder modifiziert werden, aber sie verändern sich im Lauf der Zeit auch ohne menschliche Eingriffe, also allein von Natur aus. Sowohl natürliche als auch menschliche Einflüsse können also Wandel zur Folge haben.

In unserer Umwelt gibt es aber ein wichtiges Gemeingut, das es zu schützen gilt oder dessen Bestand wir anstreben können: Landschaft. Sie entspricht dem, was die Öffentlichkeit einmal „Natur" im Sinne einer „schönen Natur" genannt hatte, die unter „Naturschutz" gestellt war. Landschaft ist keine naturgegebene Konstante, sondern ein Kulturgut, dessen Charakter stets aus kulturellem Verständnis heraus definiert werden muss. Wenn darauf verwiesen wird, Landschaft sei schützenswert, wird anerkannt und beachtet, dass in der Landschaft gewirtschaftet und gebaut wird. Landschaft wird dabei von Menschen verändert, aber es gibt daneben auch stets eine Veränderung von Landschaft, die mit dem Einwirken von Natur zusammenhängt. Wenn es um Schutz von Landschaft geht, ist es wichtig, gegen alles Veränderliche und Verändernde – sei es nun von Menschen oder von natürlichen Prozessen ausgelöst – Stabilität oder Nachhaltigkeit zu setzen, um das zu bewahren, was für unser Gemeinwesen als wichtig anerkannt wird. Will man festlegen, was dazu gehört, muss man nicht nur den Gegenstand des Schutzes kennen, sondern auch, wie dies zu erreichen ist. Dabei kommt es einerseits auf das Wissen von Spezialisten, andererseits auf eine öffentliche Meinung und eine öffentliche Akzeptanz an. Zuerst die Spezialisten, dann auch die breite Öffentlichkeit müssen sich also intensiv mit jeder Landschaft beschäftigen, die für sie Bedeutung hat. Es geht dabei um Forschung, Vermittlung von Forschungsergebnissen, die Herstellung und Erläuterung von Zusammenhängen, beispielsweise zwischen natürlichen und kulturellen Parametern, sowie schließlich um die Bereitschaft der Allgemeinheit, sich mit den Inhalten auseinanderzusetzen, die in einer Landschaft vor uns ausgebreitet liegen.

Für jede Landschaft ist eine gute Zukunft zu finden, wie es in der Europäischen Landschaftskonvention gefordert wird (PRIORE 2001). Eine Landschaft lässt sich als Zustand definieren. Sie wird sowohl von natürlichen Parametern als auch von Kultur geprägt (KÜSTER 2009), und der kulturelle Einsatz für Landschaft besteht darin, sie sowohl gegen das Wirken natürlicher Einflüsse als auch vor solchen

* Prof. Dr. H. Küster, Leibniz Universität Hannover, Institut für Geobotanik, Nienburger Straße 17, 30167 Hannover; Email: kuester@geobotanik.uni-hannover.de

Eingriffen des Menschen zu bewahren, die man für nicht angemessen hält.

2. Natürliche Bedingungen

Das Zusammenwirken von Natur und Kultur in der Landschaft kann an Beispielen aus Nordwestdeutschland besonders gut demonstriert werden. Es gibt nur wenige andere Regionen auf der Erde, in denen lockere Ablagerungen aus der Eiszeit derart weit verbreitet sind. Diese Ablagerungen konnten und können stets sowohl durch natürliche Prozesse als auch Einflüsse des Menschen besonders stark verändert werden. Natur sollte in Landschaftsbeschreibungen immer als Prozess dargestellt werden. Nur durch menschlichen Einfluss kann es gelingen, einen Zu-stand von Landschaft längere Zeit hindurch zu erhalten; ohne ihn, also allein durch Einflüsse von Natur, würden sich beispielsweise die Küstenlinien der Nordsee stärker verändern als dies heute der Fall ist.

Nordwestdeutschland wird seit einigen Millionen Jahren besonders stark von erheblichen Klimaoszillationen beeinflusst. In kalten Zeiten drangen mehrmals Gletscher aus Skandinavien bis zu den Mittelgebirgen vor. Sie lagerten mitgeführtes Gesteinsmaterial in einer flachen Senke ab, die zuvor von einem Schelfmeer überflutet war. Ältere Eisvorstöße, die das Gebiet erreichten, kamen direkt aus dem Norden. An den Rändern des Eises lagerte sich Schutt in Form von Moränen ab, die heute als von West nach Ost verlaufende Hügelzüge erkennbar sind (z.B. die Hügel der Rehburger Staffel der Saale-Eiszeit). Später stieß das Eis vor allem im heutigen Ostseeraum nach Süden vor. Dort schürften Gletscher das Ostseebecken aus. Das Eis dehnte sich schließlich auch nach Westen aus. Damals, in der zweiten Hälfte der Saale-Eiszeit, entstanden Endmoränen, die in Schleswig-Holstein und im nördlichen Niedersachsen eine nordsüdliche Ausrichtung haben: Dazu gehören die Hügel der Altenwalder Geest bei Cuxhaven, die hohe Lüneburger Heide, der Drawehn und die Hügel der Altmark. Die damals gebildete Jütische Halbinsel trennt seitdem Nord- und Ostsee voneinander ab. Nochmals drang Eis in der Weichsel-Eiszeit nach Mitteleuropa vor: Seine äußersten Ränder blieben aber östlich und nördlich des Walles stehen, der sich am Ende der Saale-Eiszeit gebildet hatte, im Osten Schleswig-Holsteins und in Mecklenburg. In den folgenden Jahrtausenden trugen Wasser und Wind zuvor abgelagertes lockeres Material ab und verlagerten es in die Senken. Das Gelände wurde dabei nivelliert. Die Senken wurden von Bächen und Flüssen durchflossen; wo es keinen Abfluss gab, bildeten sich Moore.

Wenn die Gletscher große Ausdehnung hatten, war so viel Wasser in den Eismassen gebunden, dass der Meeresspiegel um mehr als hundert Meter unter dem heutigen Niveau lag. Dies war u. a. während der letzten beiden Eiszeiten der Fall. An den flachen Küsten der Nordsee wirkte sich dies besonders stark aus; die Küstenlinie lag zum Höchststand der letzten Eiszeit an der Doggerbank. Nordwestdeutschlands Flüsse waren damals länger, und sie hatten ein stärkeres Gefälle. Wegen der größeren Distanz zum Meer war das Klima Nordwestdeutschlands stärker kontinental getönt als heute.

Am Ende der Weichsel-Eiszeit stieg die Temperatur, so dass große Mengen an Eis schmolzen und der Meeresspiegel zu steigen begann. Die Küstenlinie der Nordsee verlagerte sich nach Süden, Wasser drang in die Unterläufe der Flüsse ein, so dass sich Ästuare bildeten, das Gefälle der Flüsse nahm ab, und die Zahl abflussloser Senken mit Mooren nahm zu. Das Klima wurde ozeanischer. Es ermöglichte das Wachstum von Hochmooren. Unter dem Einfluss gleichmäßig auftretender Niederschläge wurden Mineralstoffe vor allem bei den weithin sandigen Böden in den Untergrund verlagert oder ausgewaschen. Die Vegetation veränderte sich als Folge der Klimaverbesserung erheblich: Bäume, die während der Eiszeiten in Mitteleuropa nicht vorgekommen waren, breiteten sich aus, zunächst Birken und Kiefern, dann andere Laubbäume, vor allem Eichen. Kiefern hielten sich schließlich nur noch an besonders sandigen, trockenen Standorten, wo sich Eichen nicht ausbreiten konnten.

Wir haben keinen Anlass, diese und andere natürliche Prozesse als abgeschlossen zu verstehen; die Dynamik hält an. Wie sie weiter verlaufen wird, ist schwer zu beschreiben. Man kann dafür Modelle entwickeln, muss sich dann aber darüber im Klaren sein, dass ein Modell grundsätzlich nicht die Realität beschreibt. Bei der Beachtung der Dynamik kommt es übrigens nicht einmal darauf an, ob sie natürliche Ursachen hat oder auf den seit Jahrzehnten diskutierten Klimawandel zurückgeht, der vom Menschen ausgelöst worden sein kann. Beim Schutz unserer landschaftlichen Umgebung ist es in jedem Fall wichtig, Landschaft gegen Dynamik zu erhalten, sei sie nun durch natürliche Prozesse oder den Klimawandel ausgelöst, dessen Ursache zwar neu sein kann, der aber als Phänomen an sich nicht erst am Ende des 20. Jahrhunderts einsetzte. Vielmehr wandelte sich das Klima stets; es gab auch zahlreiche kleinere Oszillationen in den vergangenen Jahrtausenden (z. B. SCHÖNWIESE 1995). Von einem Normalzustand des Klimas als Konstante darf nicht ausgegangen werden. Zahlreiche natürliche Parameter, die den Charakter unserer Umgebung bestimmen, sind ebenfalls instabil.

Küstenlinien ergeben sich nicht exakt aus Meeresspiegelhöhen und diese nicht allein aus Klimaparametern. Für die Ausbildung von Küstenlinien hat der sich im Lauf der Zeit wandelnde Tidenhub große Bedeutung. Ihrer Veränderung stellen sich vor allem aus der Eiszeit stammende Geestkerne entgegen, die von den Wellen weniger leicht verlagert und überflutet werden können als junge Sandbänke und Marschengebiete. Für die Ausbildung der derzeitigen Nordseeküstenlinie haben die Geestkerne der Nordfriesischen Inseln Sylt und Amrum sowie der Westfriesischen Insel Texel besondere Bedeutung. Im Südosten drang das Meer bisher bis an den Rand der Altenwalder Geest vor, an den Rand einer Moräne der Saale-Eiszeit bei Cuxhaven. Allein schon infolge des erheblichen Tidenhubs in der inneren Deutschen Bucht könnte bereits bei gleich bleibendem Wasserstand der flache Geestriegel der Altenwalder Geest allmählich abgebaut werden; und auch die Geestkerne der Inseln können natürlicherweise immer weiter abgetragen werden. Dieser ohne Meeresspiegelanstieg ablaufende Prozess kann durch Erhöhung der Wasserstände beschleunigt werden. Resultat dieses Prozesses wird in jedem Fall nicht eine weitere allmähliche Ausweitung der Nordsee nach Süden und Osten sein, sondern ein aus menschlicher Sicht katastrophales und plötzliches Vordringen: Unter natürlichen Umständen würden erst die nächsten Geestriegel dem Meer Einhalt bieten können, etwa das Gebiet der Wingst und der Lamstedter Endmoräne am Unterlauf der Oste oder das relativ hoch aufragende Geestkliff bei Bredstedt in Nordfriesland.

3. Menschlicher Einfluss

In dieser stets veränderlichen Umwelt ist es Menschen gelungen, für kürzere oder längere Zeit erfolgreich zu siedeln. Menschen strebten zu jeder Zeit Stabilität in ihrer Umwelt an, denn dies ist eine Voraussetzung für ein erfolgreiches Leben. Je langfristiger menschliche Besiedlung ausgelegt war, desto stärker musste gegen die veränderliche Natur vorgegangen werden. An von Menschen überprägten Standorten fanden sich Pflanzen- und Tierarten ein, die uns heute vertraut sind und von denen einige auch als schützenswert gelten. Vieles von dem, was wir in der heutigen Landschaft bewahren wollen, lässt sich nur dann schützen, wenn eine Bewirtschaftung von Landschaft aufrechterhalten oder neu etabliert wird.

Nahezu alle Teile Nordwestdeutschlands, in denen es Holz gab, konnten bereits in der Jungsteinzeit besiedelt werden, also vor mehr als 5000 Jahren. Dabei handelte es sich um die Geestgebiete, deren Untergrund vor allem aus Ablagerungen der vorletzten, der Saale-Eiszeit, bestand. Die lockeren Böden waren relativ leicht zu bearbeiten, besonders diejenigen, die wenige Steine enthielten und fruchtbarer waren als andernorts, etwa in der Wildeshauser Geest oder im Uelzener Becken. Bauern rodeten Wald, um Bau- und Brennholz sowie waldfreie Anbauflächen zu gewinnen. Wenn die Erträge nachließen oder in der Nähe der Häuser kein Bauholz mehr zur Verfügung stand, wurden Siedlungen und Wirtschaftsflächen verlagert: Die Bauern rodeten eine weitere Waldparzelle, aber auf dem verlassenen Waldstück konnte sich erneut Wald entwickeln. Der nun wieder unter natürlichen, das heißt nicht vom Menschen beeinflussten Bedingungen aufwachsende Wald sah nicht immer genauso aus wie derjenige, der zuvor beseitigt worden war. In den neu entstehenden Wäldern breitete sich nämlich schließlich die Buche aus, die heute ohne den jahrtausendelangen Einfluss von Menschen auf die Umwelt wohl nicht so weit verbreitet wäre (KÜSTER 1997).

Im ersten Jahrtausend nach Christi Geburt veränderte sich die Lebensweise der Menschen: Siedlungen wurden zunächst unter dem Einfluss römischer Infrastruktur, die sich wohl besonders auf den Küstenraum auswirkte (ERDRICH 2001), und dann seit dem Beginn des Mittelalters in der Regel nicht mehr verlagert. Ortsfeste Siedlungen mussten in eine Infrastruktur einbezogen sein, damit sie in Zeiten des Mangels mit den fehlenden Gütern versorgt werden konnten; ihre Bewohner mussten auch Überschüsse abgeben. Nur wenn ein solcher Handel organisiert war, konnten die Marschen an der Küste besiedelt werden, die aus Meeresablagerungen bestehen und natürlicher-weise immer wieder einmal überflutet wurden – unter Zurücklassung weiterer Ablagerungen. In den Marschen konnte man hervorragend Vieh halten, weil das Gebiet nicht bewaldet, sondern dicht mit Gras bewachsen war. Aber durch Handel musste der Mangel an Holz kompensiert werden, das man zum Bau von Häusern, zum Heizen und zur Nahrungszubereitung unbedingt brauchte. Man tauschte Überschüsse an tierischen Produkten (Butter, Käse, Wolle, Fleisch) gegen Holz. Bis zum 13. Jahrhundert lebten die Menschen mit ihrem Vieh auf künstlichen Hügeln, Wurten oder Warften, auf denen sie vor Überflutungen gut geschützt waren. Im Mittelalter deichten sie Marschen ein, aber wohl nicht in erster Linie deswegen, um vor Sturmfluten sicherer zu sein, sondern weil sie im Schutz der Deiche Pflanzen anbauen wollten, die eine Überflutung mit Salzwasser nicht ertrugen (FISCHER 2003). Durch den Anbau und den Verkauf von Getreide sowie anderen Kulturpflanzen wurden die Marschbauern reich.

„Die Natur schlug zurück," so beschrieben die Menschen die Entwicklungen, die auf die Umgestaltung der Marschen folgten. Die Deiche schränkten den Umfang des Gebietes erheblich ein, auf dem sich Hochwasser ausbreiten konnte. Es drückte mit umso größerer Kraft gegen die künstlich aufgeworfenen Barrieren der Deiche. Der trocknende Boden der eingedeichten Flächen, der Köge oder Polder, sackte in sich zusammen. Die Oberfläche des Landes hinter dem Deich sank aber auch deswegen ab, weil vielerorts Salztorf gewonnen wurde. Es wurde immer schwieriger, das Land zu entwässern, und wenn ein Deich brach, wirkten sich die Fluten immer katastrophaler aus, denn über dem zusammengesackten Land stand Hochwasser erheblich höher als über dem höher aufragenden noch nicht eingedeichten Gelände.

Sturmfluten, die Deiche brechen lassen und Land überfluten, können in Kenntnis dieser Zusammenhänge nicht allein als Naturkatastrophen gedeutet werden. Man muss einerseits wissen, dass jeder Deich brechen kann, andererseits aber auch, dass jeder Deichbruch auf eine technische Unzulänglichkeit des Deiches zurückgeht, der man bei einer Verbesserung des Deichbaus begegnen kann. Auch braucht man Kriterien, mit denen man entscheiden kann, was zu tun ist, wenn eine Deichlinie nicht mehr zu halten ist. Dies würde nicht nur zum Landverlust, sondern auch zum Eigentumsverlust vieler Menschen führen.

Auch die Geest wurde seit dem frühen Mittelalter dauerhaft besiedelt. Dadurch wurden ebenso wie in den Marschen natürliche Entwicklungen ausgelöst, die einer dauerhaften Besiedlung und Bewirtschaftung Grenzen setzten. Doch mittels spezieller Formen der Bewirtschaftung gelang es den Menschen, sich gegen die natürlichen Probleme aufzulehnen, die in einzelnen Gebieten bestanden. Dabei wurden Landschaften nachhaltig gestaltet. Der gleichmäßige, über das ganze Jahr verteilte Niederschlag begünstigte die Auswaschung von Mineralstoffen vor allem der sandigen Böden. Aus Festgestein im Untergrund konnten nicht – wie etwa in manchen Mittelgebirgen – weitere Mineralstoffe bereitgestellt werden. Die Fruchtbarkeit der Böden sank. Dennoch wurde den Standorten unaufhörlich Holz, Korn oder Gras mit den darin enthaltenen Mineralstoffen entzogen. Holz kam unter anderem als Handelsgut in die Marschen, auch in die Städte, wo es zum Bauen und Heizen sowie für viele technische Zwecke genutzt wurde (u. a. für die Salzsiederei und den Schiffbau). Intensive Beweidung führte zur Zerstörung der Pflanzendecke. Weniger Gräser wuchsen nach, an deren Stelle kamen Pflanzen auf, die über eine Lebensgemeinschaft mit Pilzen, die Mykorrhiza, an zusätzliches Wasser und zusätzliche Mineralstoffe herankamen. Zu diesen Gewächsen zählen die Besenheide und andere Heidekrautgewächse. Es bildeten sich weiträumige Heideflächen. Heidekraut wuchs aber nicht überall; vielerorts war die Vegetation nach zu intensiver Nutzung völlig beseitigt, so dass der Wind Sand in Bewegung setzte und sich wandernde Dünen bildeten, unter denen Ackerfluren und sogar ganze Dörfer begraben wurden. Zwischen offenen Heiden und geschlossenen Wäldern gab es nur sehr allmähliche Übergänge. Heide und Wald waren beide Teile der Gemeinen Mark, die als Allmende bewirtschaftet wurde. Viele Wälder waren sehr licht, vor allem diejenigen, in die regelmäßig Vieh eingetrieben wurde. Dort kamen nur wenige Bäume in die Höhe, und diejenigen, die zu großen Individuen heranwuchsen, nahmen stark aus-ladende Gestalt an. Dadurch wurden viele nordwestdeutsche Hudewälder geprägt (POTT & HÜPPE 1991).

Andere Wälder entwickelten sich zu Niederwäldern. Im Abstand von einigen Jahrzehnten wurde Holz gemacht, danach trieb erneut Holz aus Baumstümpfen aus, aber nicht gerade, sondern häufig krumm. Das krumm gewachsene Holz konnte unmittelbar beim Schiffbau verwendet werden, beispielsweise für Spanten. Die Niederwaldnutzung begünstigte Baumarten, die nach einer Nutzung rasch wieder aus-schlugen, vor allem Eichen und Birken, auch – je nach Standorten – Erlen und Hainbuchen. Nadelbäume und vor allem die Buche wurden aber benachteiligt. Buchen wurden besonders stark zurückgedrängt, und man kann feststellen, dass die Buchenausbreitung der Nacheiszeit zu dem Zeitpunkt beendet war, zu dem eine ortsfeste Besiedlung und damit auch eine ständige Nutzung der gleichen Waldstücke einsetzte, nämlich im frühen Mittelalter (KÜSTER 1997).

Die Bodenverarmung der Heidegebiete wurde in Verbindung mit der Eschkultur noch größer. In den Heiden wurden vielerorts Plaggen gestochen. Dabei wurde der Oberboden entfernt. Heideplaggen dienten einen Winter lang im Stall als Einstreu. Sie wurden dabei mit Mist vermengt. Im Frühjahr wurden die Plaggen auf Feldern zur Düngung ausgebracht. Die Eschkultur führte dazu, dass die Oberflächen von Äckern um bis zu mehr als einen Meter erhöht wurden; andererseits wurden den Heideflächen immer mehr Mineralstoffe entzogen. Wenn man Tiere im Stall hielt, brauchte man Winterfutter, das auf Wiesen heranwuchs. Sie mussten ebenfalls gedüngt werden, aber eine Düngung mit Plaggen kam für die Wiesen nicht in Frage, weil man sie für die Bodenverbesserung der Äcker brauchte. Da den Wiesen mit jeder Mahd erhebliche Mengen an Mineralstoffen entzogen werden, benötigte man unbedingt ein anderes Verfahren, mit dessen Hilfe man diesen Standorten erneut Mineralstoffe geben konnte. Man führte daher die Wiesenbewässerung ein.

Dazu wurde Wasser aus Bächen in Gräben geleitet, die man an den Seiten eines Tales entlangführte. Von dort aus gelangte das Wasser auf flache Rücken mit Gräben, die vom Talrand in Richtung Talmitte verliefen. Das Wasser rieselte dann an den

Hängen der Rücken herab und wurde in anderen Gräben aufgefangen, die zurück zum Bach führten. Dabei blieben Mineralstoffe auf den Flächen zurück (HOPPE 2002). Das Wasser vieler Bäche enthielt nicht besonders zahlreiche Mineralstoffe, aber doch immerhin einige Mengen an Nitrat, mit dem es in Erlenbruchwäldern versorgt worden war. An den Wurzeln von Erlen leben nämlich Bakterien, die Luftstickstoff fixieren. Erlen waren in Senken mit hoch stehendem Grundwasser weit verbreitet. Wegen des Stickstoffreichtums von Erlenbrüchen legte man diese aber auch oft trocken, um dort nach Abholzung Grünlandflächen zu schaffen.

Eine andere Möglichkeit, Winterfutter für die Tiere zu gewinnen, bestand darin, regelmäßig die belaubten Zweige bestimmter Bäume abzuschneiden, um daraus Laubheu zu gewinnen. Der Ort, an dem dies geschah, wurde als Laube bezeichnet. Einige Bäume auf dem Hof vor dem Bauernhaus wurden in dieser Weise genutzt. Besonders gut zur Laubheugewinnung waren Linden und Eschen geeignet. Weil diese Bäume immer wieder nachwuchsen, hielt man sie für Sinnbilder des „ewigen Lebens" und pflanzte sie daher häufig auf Friedhöfen oder vor Kirchen an.

In der Zeit vom späten Mittelalter bis zum 18. Jahrhundert kam es auf der Geest zu immer mehr Krisen und Versorgungsengpässen, weil land- und forstwirtschaftliche Erträge nachließen und es zu Sandverwehungen und Dünenbildungen kam. Diese Probleme tangierten die Marschen kaum; dort hatte man zwar mit Sturmfluten zu kämpfen (beispielsweise 1634 und 1717), doch blieb der generelle Reichtum erhalten. Immer mehr städtische Produkte wurden in den Marschen bekannt; dies war eine Folge des intensiven Austausches zwischen den Marschen und den städtischen Wirtschaftszentren.

Auf der Geest wurde der Ruf nach umfassenden Landreformen lauter. Kleine, schmale Äcker, die man vielerorts im Mittelalter bewirtschaftet hatte, sollten miteinander verbunden werden; diesen Prozess bezeichnete man als Verkoppelung, d. h. das Aneinanderkoppeln kleiner Feldstücke. Auf großen Ackerkoppeln konnte intensivere Landwirtschaft betrieben werden. Man führte neue Fruchtfolgen ein, in die der Anbau von Leguminosen eingeschaltet war, die über symbiotische Bakterien an ihren Wurzeln dem Boden Stickstoffverbindungen zuführten. Anstatt Land brach liegen zu lassen, baute man nun Kartoffeln an.

Strikt getrennt werden sollte zwischen Wald und Weide. Man wollte sowohl Wälder als auch Weideflächen intensiver nutzen. Im Zusammenhang damit wurden die Marken geteilt. Aus Allmendbesitz wurde Privatbesitz, und man legte in den früheren Heideflächen ebenfalls koppelförmige Felder und Weiden an. Die Koppeln wurden vielerorts mit Hecken oder Wallhecken umgeben, um zu verhindern, dass das Vieh in die Ackerflächen eindrang. Es musste nun auch nicht mehr von einem Hirten beaufsichtigt werden; dessen Arbeitskraft stand für andere Tätigkeiten zur Verfügung, und ältere Kinder, die zuvor Tiere auf der Heide gehütet hatten, konnten nun regelmäßig die Schule besuchen. Man hätte die Flächen auch umzäunen können, aber dazu hätte man Zaunholz gebraucht. Dieses sollte gespart werden; zudem wollte man durch die Pflanzung von Gehölzen in Hecken und auf Wallhecken der Landbevölkerung eine Möglichkeit verschaffen, regelmäßig Brennholz gewinnen zu können.

Steine, die man im Zusammenhang mit der Verbesserung der Äcker aus den Böden klaubte, brauchte man zum Pflastern von Wegen. Sie wurden neu als Alleen angelegt. Gräben an beiden Seiten der Straßen dienten der Dränung; zusammen mit den Bäumen, die an den Straßenrändern gepflanzt wurden, verhinderten sie, dass die Fuhrleute ihre Gespanne auf neue Spuren neben den Straßen lenkten, wenn deren Boden aufgeweicht war. Dies war früher immer wieder geschehen; Wege waren daher sehr breit, und immer wieder hatten Kutscher mit ihren Wagen landwirtschaftliche Kulturen zerstört. In einigen Gegenden, vor allem in Schleswig-Holstein, wurden die Wege auch beidseits von Wallhecken begrenzt. Solche Wege wurden als Redder bezeichnet.

Zur gleichen Zeit wurde es den Bauern verboten, in den Forsten Holz zu schlagen; dies war nun nur noch den Förstern und Waldarbeitern erlaubt, die in den Wäldern eine nachhaltige Bewirtschaftung etablierten. Den Gehölzen durfte nun also nur noch so viel Holz entnommen werden wie zur gleichen Zeit nachwuchs.

Die Landreformen waren deswegen sehr erfolgreich, weil sie sich mit anderen gleichzeitig ablaufenden Entwicklungen ergänzten. Bauern wurden seit dem Anfang des 19. Jahrhunderts befreit; durch die Einführung des landwirtschaftlichen Kreditwesens seit der Mitte des 19. Jahrhunderts erhielten sie die Möglichkeit, an Kapital für Erneuerungen ihrer Betriebe zu gelangen. Durch die Erfindung der Dampfmaschine gelang es, an tief im Boden lagernde Kohle zu gelangen; mit Dampfkraft wurden die Aufzüge und Bewetterungsanlagen betrieben. Mit Kohle hatte man endlich eine Alternative zum Heizen mit Holz. Kohle gelangte mit neu gebauten Eisenbahnen überall aufs Land. Mineraldünger, mit dem die Erträge auf den Feldern erheblich stiegen, kam ebenfalls per Bahn zu den Bauern, und landwirtschaftliche Produkte wie Getreide, Kartoffeln und Obst konnten wesentlich besser vom Land in die Städte transportiert werden. Spezialkulturen konnten ausgebaut werden, unter anderem Obstbaumkulturen im Alten Land (SIEMENS 1948). Die Bauern kamen zu Kapital, sie bauten sich neue Wohnhäuser und Wirtschaftsgebäude aus Industrieziegeln, die per Bahn herangeschafft wurden (RÜTHER 2008); in den Dörfern wurden neue Rathäuser, Kirchen und Schulen errichtet, auch Kolonialwarenläden, Gebäude für die Feuerwehr, Molkereien und Umspannstationen (KÜSTER 2010).

Sowohl viele dieser Gebäude als auch die dazu gehörenden landwirtschaftlichen Strukturen wurden bis zum Beginn oder gar bis zur Mitte des 20. Jahrhunderts noch ausgebaut, wobei die beiden Weltkriege einen weiteren Umbau der Agrarlandschaften verzögerten. Danach setzten aber erhebliche Veränderungen ein. Die Anzahl landwirtschaftlicher Betriebe sank erheblich; von ihnen ausgehend wurden immer größere Flächen bewirtschaftet, Felder wurden abermals zusammengelegt. In abgelegenen Regionen wurde die Landwirtschaft dagegen aufgegeben. Viele Häuser in ländlichen Siedlungen wurden verlassen, oder sie wurden nur noch als Ferienhäuser bewohnt. Eisenbahnlinien wurden zurückgebaut.

Aber Spuren früherer Nutzungen blieben erhalten; sie wurden zu besonderen Charakteristika von Landschaften. Das ist besonders offensichtlich bei verlassenen Bahndämmen, Überresten von Bergwerken, Fabriken und Lagerhäusern. Aber auch andernorts hielten sich Relikte, einerseits in Form von Elementen der Landschaft, andererseits dadurch, dass spezielle Tier- und Pflanzenarten weiterhin an

Standorten vorkamen, die durch frühere Nutzung entstanden waren. Dabei ist ebenso an Orchideen zu denken, die auf ehemals beweideten Flächen beobachtet werden (KÜSTER 2011), wie an Eidechsen, die an warmen Südhängen von Bahndämmen und zwischen dem Schotter von Bahnhöfen leben. Seit dem Beginn des 21. Jahrhunderts hat sich die Überzeugung immer stärker durchgesetzt, dass man sich dazu entschließen kann und soll, solche Elemente von Landschaft zu schützen. Fällt man diese Entscheidung, muss klar sein, dass sie in jedem Fall Anstrengung (durch Arbeit im Zusammenhang mit der Pflege der Landschaft oder deren Finanzierung oder beides) erfordert, während man dann, wenn man sowohl bauliche Strukturen dem natürlichen Verfall als auch charakteristische Tier- und Pflanzenarten der natürlichen Entwicklung überlässt, deren Verlust in Kauf nehmen muss. Doch dafür sind keine Anstrengungen notwendig.

4. Schutz der Landschaft als umfassendes Ziel

Das Ziel, Landschaft mit ihren Arten von Lebewesen und charakteristische Strukturen zu schützen, ist heute, im Jahr 2037, üblich geworden. Dieser Schutz löste in den letzten Jahren den viel unschärfer definierten Naturschutz ab. Ausgehend von romantischen Naturvorstellungen hatte man bis zum Beginn des 21. Jahrhunderts mehr oder weniger offensichtlich vor allem „schöne Natur" geschützt. Für solche hielt man beispielsweise die Lüneburger Heide, Hudewälder, Moore und das Wattenmeer. Besonders beliebte Ausflugsziele und Wohnorte lagen dort, wo sich in Nordwestdeutschland Anklänge an Mittelgebirgslandschaften fanden. Manche dieser Gegenden bezeichnete man wegen ihrer besonderen Schönheiten als „Schweiz". Das größte dieser Gebiete im Norden Deutschlands ist die Holsteinische Schweiz. Man spricht aber auch von der Bremer Schweiz, nördlich der Hansestadt, und der Garbsener Schweiz, einem Dünengelände an der Leine nordwestlich von Hannover. Ein weiteres beliebtes Dünengelände, das man wegen seiner landschaftlichen Schönheit bis heute gerne aufsucht, sind die Osenberge südöstlich von Oldenburg. Hohe Hügel mit steilen Abhängen schätzte man besonders, beispielsweise den Wilseder Berg als Zentralpunkt des Naturschutzparkes Lüneburger Heide oder das waldige Hügelland um Heiligenberg bei Bruchhausen-Vilsen. Am Abhang des Drawehn in Hitzacker legte man einen Weinberg an und pflanzte südliche Bäume, darunter Esskastanie und Walnuss, um den „südlichen Charakter" zu betonen. Darum ging es auch den wohlhabenden Bürgern, die ihre Häuser auf den Elbhang zwischen Altona und Blankenese bauten oder auf den Hang oberhalb der Weser bei Vegesack.

An allen diesen Orten sah man „schöne Natur", achtete aber zu wenig darauf, dass das, was man eigentlich schützen wollte, verloren ging, wenn man nicht für die Bewahrung von Landschaft eintrat. Keines dieser Gebiete, selbst das Wattenmeer nicht, besteht allein durch den Einfluss von Natur. Viele Strukturen in diesen Gebieten sind in Wirklichkeit von früheren Nutzungen abhängig. Das gilt besonders für Heideflächen und Hudewälder, die erst unter dem Einfluss des Menschen ihr schützenswertes Bild angenommen haben.

Heute, im Jahr 2037, kommt es auch nicht mehr allein darauf an, sich über die Erhaltung einzelner kleiner Naturschutzgebiete Gedanken zu machen. Man denkt heute viel umfassender über jede Landschaft nach, man kümmert sich heute nicht mehr nur um die Bewahrung von einzelnen Tier- und Pflanzenarten oder den Schutz von einzelnen Denkmalen. Alles wird nun vielmehr integriert in die Landschaft gesehen, in der natürliche Parameter Einfluss nehmen, die immer wieder neu von Menschen genutzt und gestaltet wird und über die Menschen reflektieren.

Der Weg des Wandels zentraler Schutzziele war nicht einfach. Es kam zunächst darauf an, auf Elemente in der Landschaft hinzuweisen, die man bei deren Schutz beachten sollte. Es entstanden mehrere Anleitungen und Lexika, die man dazu konsultieren kann. Für Niedersachsen entwickelte WIEGAND (2005) eine besonders umfassende Anleitung. Es kam dann darauf an, in verschiedenen Projekten die Auseinandersetzung mit Elementen der Landschaft zu fördern und Hinweise, die von der Bevölkerung gesammelt wurden, in Datenbanken aufzunehmen (HOPPE 2008). Weil eine breite Öffentlichkeit Verständnis für das wichtige Ziel des Schutzes von Landschaft gewinnen sollte, musste eine möglichst große Menge von Menschen in die Bemühungen integriert werden. Daher wurde die

Erfassung der Landschaftselemente nicht allein von Wissenschaftlern durchgeführt, sondern die Bevölkerung wurde dazu angeleitet, sich intensiv an der Erfassung zu beteiligen.

Erhebliche wissenschaftliche Anstrengungen waren zu leisten, um die vielfältigen Zusammenhänge zwischen Strukturen in der Landschaft aufzudecken, die oft nur noch als Überreste früherer Nutzung oder Gestaltung zu erkennen waren. Davon ging ein neuer Impuls aus, sich in der akademischen Welt wieder mehr mit heimischer Landschaft auseinanderzusetzen. Dabei konnte es nicht allein um die isolierten Fachgebiete Physische Geographie, Anthropogeographie, Vegetationskunde, Historische Landeskunde, Landesgeschichte oder Denkmalschutz gehen, sondern es kam auf die vielfältigen Interdependenzen zwischen diesen Fachrichtungen an. Neue Zusammenhänge mussten gesucht werden, und zwar sowohl in der Geographie als auch im neu etablierten Fach Landschaftswissenschaften. Auf dieser Basis konnten dann neue übergreifende Darstellungen von Landschaften verfasst werden, in denen nicht nur auf Einzelheiten, sondern auch auf Zusammenhänge hingewiesen wurde. Man brauchte diese Darstellungen vor allem deswegen, weil es darauf ankam, die Bevölkerung umfassend über das Charakteristische „ihrer" Landschaft zu informieren. Die Verbreitung dieser Informationen war eine Grundlage dafür, dass die Bevölkerung unter Einschluss der unmittelbaren Nutzer von Landschaft dazu in der Lage war, gemeinsam Ziele für den umfassenden Schutz „ihrer" Landschaft zu formulieren. Man gewann einerseits mehr Verständnis dafür, wie Landschaft genutzt wurde, andererseits entwickelte man auch Strategien, wie das, was man für besonders schützenswert hielt, künftig bewahrt werden könnte. Dabei ging es sowohl um Denkmale als auch um Arten von Lebewesen.

Die Verbreitung dieses Wissens und die damit verbundenen pädagogischen Bemühungen, die zu einer Aktivierung und Sensibilisierung der Bevölkerung führten, waren besonders kompliziert. Denn die Grundlagen des Wissens waren angesichts der Tatsache, dass das Schulfach „Heimatkunde" schon seit vielen Jahrzehnten nicht mehr unterrichtet wurde, sehr gering. In den Schulen führte man das Fach „Heimatkunde" aber aus verschiedenen Gründen nicht mehr ein, vor allem deswegen, weil man die

Emotionen, die mit dem Erkennen von Heimat zusammenhängen, nicht lehren kann. Lehren kann man aber die in der Landschaft erkennbaren Strukturen; daher hat das neue Schulfach den Namen „Landschaftskunde" erhalten.

5. Ausblick

Die ehemals voneinander getrennten Anliegen Naturschutz und Denkmalpflege sind nun also in dem umfassenden Anliegen des Schutzes von Landschaft zusammengeführt worden. Die Europäische Landschaftskonvention ist nun unterzeichnet, und es ist jedermann klar, was damit bezweckt werden soll: die Auseinandersetzung mit jeder Landschaft, mit allen ihren Eigenheiten, die auf natürliche oder kulturelle Einflüsse zurückgehen können, die man aus ästhetischen Gründen oder einem wissenschaftlich-konservatorischen Interesse aufrecht erhalten will.

Die Hinwendung zum Schutz der Landschaft als zentrales Anliegen half – das darf nicht vergessen werden – erheblich mit bei der Bewältigung der großen Herausforderung, Möglichkeiten des Ersatzes von Energie aus fossilen Quellen zu finden, die vom 19. bis zum Beginn des 21. Jahrhunderts vorrangig genutzt wurden. Die Verknappung von Erdöl und die Abwendung von der Nutzung der Kernenergie hätten zu Versorgungsengpässen geführt, wenn es nicht gelungen wäre, die vor Ort in der Landschaft bestehenden Potenziale der Energiegewinnung besser zu nutzen. Dabei konnten zum Teil alte Anlagen wieder in Betrieb genommen werden, die als Relikte in der Landschaft noch zu erkennen waren. Niederwälder, Holz von Wallhecken, Wehre und andere Anlagen werden nun wieder genutzt, aber mit moderneren und effizienteren Verfahren der Energienutzung verbunden als vor Jahrhunderten. Auch konnte man Brachflächen mit kontaminierten Böden dazu heranziehen, Energierohstoffe zu produzieren. Auf typischen Ackerflächen baut man aber keine Energierohstoffe mehr an, denn man braucht diese Felder für den Anbau von Nahrungsmitteln. Heideflächen werden wieder regelmäßig abgebrannt oder – besser – abgeplaggt. Dadurch bleibt die Bodenarmut der Standorte erhalten, und die Heide regeneriert sich immer wieder neu, was für ihren dauerhaften Bestand von entscheidender Bedeutung ist (HAALAND 2003, KEIENBURG & PRÜTER 2004). Das Abplaggen zieht man heute dem Abbrennen vor, weil man Heideplaggen zur Gewinnung von Energie nutzen kann. Ebenso lässt sich Heu von artenreichen Wiesen zur Energiegewinnung verwenden (SIEG 2011).

In vielen Fällen konnte auf diese Weise auch ein Weiterbestand von gefährdeten Pflanzen- und Tierarten erreicht werden, beispielsweise in Niederwäldern von solchen Arten, die darauf angewiesen sind, dass es zwischen längeren Waldphasen auch Lichtphasen gibt, in denen sich die gefährdeten Arten optimal entwickeln können. Extensiv genutzte Weideflächen wurden ebenfalls wieder in die Nutzung einbezogen, weil man erkannt hat, dass Wolle ein wichtiger Rohstoff für die chemische Industrie ist und sich ebenfalls zur Energiegewinnung verwenden lässt. Auf den neuerlich wieder beweideten Flächen ist der Bestand an gefährdeten Pflanzen- und Tierarten gesichert.

Die Wiederaufnahme dieser Nutzungen führte neben der Installierung moderner Wasser- und Windkraftanlagen dazu, dass ländliche Gebiete neue Attraktivität gewannen. Immer mehr ländliche Siedlungen konnten von den Energienetzen abgekoppelt werden. Sie wurden als Wohnorte neuerlich attraktiv, weil auf dem Land im Bereich der Energiewirtschaft neue Arbeitsplätze geschaffen wurden und man ein stärker auf Autarkie ausgerichtetes Leben eher in einer ländlichen Siedlung verwirklichen kann als in einer Stadt. Ein großes Problem des Denkmalschutzes konnte dabei auch einer Lösung zugeführt werden. Es gelang nämlich, ländliche Bauten weiter zu nutzen, indem sie wieder dauerhaft bewohnt werden. Sogar vor Ort noch vorhandene Infrastruktureinrichtungen, die auf-gegeben waren, als die ländliche Bevölkerung ab-nahm, konnten wieder in Betrieb genommen werden. Schulen wurden wieder eingerichtet, Läden öffneten erneut, und bereits abgebaute Eisenbahnlinien wurden wieder aufgebaut. Weil schienengebundener Verkehr leichter mit Solarenergie angetrieben werden kann als herkömmliche Autos, hat diese Form des Verkehrs neuerlich an Attraktivität gewonnen.

Insgesamt wird heute, im Jahr 2037, deutlich, wie wichtig es war, sich wieder mehr mit Landschaft zu beschäftigen und ihre Bewahrung zu einem zentralen Schutzziel zu machen. Durch diese Entwicklungen ist es gelungen, Schutzziele zu präzisieren und Biodiversität zu bewahren. Es wurde ebenfalls möglich, die Probleme der Energiewende und der Entsiedelung ländlicher Räume neuen Lösungen zuzuführen. Damit wurden also sogar drohende Krisen erfolgreich abgewendet. Vor 25 Jahren hätte niemand auch nur ahnen können, dass alles dieses möglich wurde, weil man sich intensiv der Landschaft als zu schützendem Kulturgut zuwandte.

Literatur

ERDRICH, M. (2001): Rom und die Barbaren. Das Verhältnis zwischen dem Imperium Romanum und den germanischen Stämmen vor seiner Nordwestgrenze von der späten römischen Republik bis zum Gallischen Sonderreich. – Römisch-Germanische Forschungen 58, Mainz

FISCHER, N. (2003): Wassernot und Marschengesellschaft. Zur Geschichte der Deiche in Kehdingen. – Stade

HAALAND, S. (2003): Feuer und Flamme für die Heide. 5000 Jahre Kulturlandschaft in Europa. – Bremen

HOPPE, A. (2002): Die Bewässerungswiesen Nordwestdeutschlands. Geschichte, Wandel und heutige Situation. – Abhandlungen aus dem Westfälischen Museum für Naturkunde 64 (1), Münster

HOPPE, A. (2008): Erfassung historischer Kulturlandschaften und ihrer Elemente in Niedersachsen. – In: KÜSTER, H. (Hrsg.), Kulturlandschaften. Stadt und Region als Handlungsfeld 5, Frankfurt am Main, S. 75-82

KEIENBURG, T. & PRÜTER, J. (Hrsg.) (2004): Feuer und Beweidung als Instrumente zur Erhaltung magerer Offenlandschaften in Nordwestdeutschland. Ökologische und sozioökonomische Grundlagen des Heidemanagements auf Sand- und Hochmoorstandorten. – Berichte der Norddeutschen Naturschutzakademie 17 (2), Schneverdingen

KÜSTER, H. (1997): The role of farming in the postglacial expansion of beech and hornbeam in the oak woodlands of central Europe. – The Holocene 7 (2), S. 239-242

KÜSTER, H. (2009): Schöne Aussichten. Kleine Geschichte der Landschaft. – München

KÜSTER, H. (2010): Geschichte der Landschaft in Mitteleuropa. Von der Eiszeit bis zur Gegenwart. – 4. Aufl., München

KÜSTER, H. (2011): Landschaft. Eine Einführung. – Berichte der Reinhold-Tüxen-Gesellschaft (im Druck)

POTT, R. & HÜPPE, J. (1991): Die Hudelandschaften Nordwestdeutschlands. – Abhandlungen aus dem Westfälischen Museum für Naturkunde 53 (1/2). Münster

PRIORE, R. (2001): The Council of Europe's Landscape Convention. – In: Kommunalverband Großraum Hannover (Hrsg.): Kulturlandschaften in Europa – Regionale und Internationale Konzepte zu Bestandserfassung und Management. Hannover, S. 125-130

RÜTHER, W. (2008) Hauslandschaften in Niedersachsen. Spiegel der Erd-, Landes-, Wirtschafts- und Sozialgeschichte. – In: KÜSTER, H. (Hrsg.): Kulturlandschaften. Stadt und Region als Handlungsfeld 5, Frankfurt am Main, S. 115-130

SCHÖNWIESE, C.-D. (1995): Klimaänderungen. Daten, Analysen, Prognosen. – Berlin

SIEG, B. (2011): Projekt „Prograss" nutzt artenreiche Wiesen zur Energiegewinnung: Heizen mit Orchideen. – In: Biologie in unserer Zeit 41 (2), S. 110-116

SIEMENS, H. P. (1948): Der Obstbau an der Niederelbe (Regierungsbezirk Stade). – Schriften der Wirtschaftswissenschaftlichen Gesellschaft zum Studium Niedersachsens N. F. 27, Hannover

WIEGAND, C. (2005): Spurensuche in Niedersachsen. Historische Kulturlandschaftsteile entdecken. Anleitung und Glossar. – 2. Aufl., Hannover

Nachhaltige und multifunktionale Land- und Forstwirtschaft in Niedersachsen 2037

Werner Klohn*

1. Die Ausgangssituation

Der primäre Produktionssektor weist gegenüber den anderen Wirtschaftssektoren einige Besonderheiten auf, die auch für seine künftige Entwicklung limitierend wirken. So besteht vor allem eine hohe Abhängigkeit von natürlichen Faktoren (Klima, Wetter, Bodengüte, Gefahren durch Dürre, Frost, Hagel) und biologischen Prozessen (z. B. Wachstumsdauer bei Pflanze und Tier). Demgemäß sind dem biologischen Erzeugungsbereich auch natürliche Grenzen gesetzt, die Erträge können nicht unbegrenzt gesteigert werden, die Zeit der Trächtigkeit bei Tieren (Sauen, Milchkühe) kann nicht verkürzt werden. Hinzu kommt (außer bei der bodenunabhängigen Tierhaltung) das Merkmal der flächenhaften Produktion. Der Produktionsfaktor Boden ist jedoch nicht beliebig vermehrbar, außerdem ist er unbeweglich, d. h. freiwerdender Boden liegt nicht unbedingt in der Nähe des expansionswilligen Betriebes. Eine weitere Besonderheit liegt in den emotionalen Verbindungen, die die Öffentlichkeit bzw. der Verbraucher mit der Landwirtschaft verbindet. So spielen Fragen der Lebensmittelsicherheit eine zunehmend größere Rolle, wie bei auftretenden Lebensmittelskandalen beobachtet werden kann. Das Vertrauen der Verbraucher in bestimmte Lebensmittel (z. B. Fleisch) kann sehr schnell erschüttert werden und gravierende Auswirkungen auf die gesamte Erzeugersparte haben. Zunehmend kritisch werden auch die Haltungsformen in der Tierhaltung betrachtet. Fragen der artgerechten Tierhaltung beschäftigen die Öffentlichkeit und können ebenfalls rasch zu gesetzlichen Veränderungen wie dem Verbot bestimmter Haltungsformen führen. Überhaupt war in den vergangenen Jahren der Einfluss politischer Entscheidungen auf die Landwirtschaft so bestimmend, dass viele agrarstrukturelle Entwicklungen ohne Kenntnis dieser agrarpolitischen Einflüsse nicht zu verstehen sind. So hat die 1984 eingeführte Milchquotenregelung die Rahmenbedingungen für die Milchviehhaltung gesetzt, zum Jahresende 2014 soll diese Quotenregelung jedoch wegfallen, was wiederum die Rahmenbedingungen für die Erzeugerbetriebe erheblich verändert. Als zweites Beispiel sei das Verbot der Haltung von Legehennen in konventionellen Käfigen genannt. Diese Haltungsform wurde in Deutschland zum Jahresende 2009 endgültig (d. h. einschließlich Ausnahmen und Übergangsfristen) verboten und hat eine umfassende Umstrukturierung in diesem Tierhaltungszweig notwendig gemacht. Derartige gesetzliche Eingriffe können, ausgelöst durch Lebensmittelskandale, internationale Vereinbarungen oder durch Einwirkung großer Umwelt- oder Tierschutzorganisationen, relativ rasch erfolgen und bisherige Strukturen in kurzer Zeit verändern. Diese Umbrüche lassen sich nicht auf Jahre voraussehen, so dass gerade im Agrarsektor die Basis für Prognosen sehr unsicher ist.

2. Gravierende Neuerungen der jüngsten Vergangenheit

Seit etwa fünf Jahrzehnten unterliegt die Landwirtschaft einem andauernden Strukturwandel, der gekennzeichnet ist durch die Reduzierung der Anzahl der Betriebe, die Vergrößerung der pro Betrieb bewirtschafteten Fläche bzw. gehaltene Anzahl von Tieren, durch zunehmende Mechanisierung und gleichzeitig größeren Kapitaleinsatz (z. B. für Maschinen) sowie eine Spezialisierung auf einen oder wenige Betriebszweige. Daneben sind in jüngster Zeit Neuerungen mit weit reichenden Auswirkungen aufgetreten, die auch für die künftige Entwicklung von größter Bedeutung sein werden.

Hier ist **erstens** das Aufkommen des Ökolandbaus zu nennen. Er umfasste im Jahr 2010 rund 5 % der landwirtschaftlichen Betriebe bzw. 6 % der landwirtschaftlich genutzten Fläche in Deutschland und hat nach wie vor hohe Zuwachsraten zu verzeichnen. Diese zunehmende Wertschätzung von Ökoprodukten geht **zweitens** seit Jahren einher mit Forderungen nach mehr Tier- und Umweltschutz; das Verbot der Käfighaltung von Legehennen wurde bereits erwähnt. **Drittens** ist die Landwirtschaft

* Prof. Dr. W. Klohn, Universität Vechta, Institut für Strukturforschung und Planung in agrarischen Intensivgebieten (ISPA), Universitätsstr. 5, 49364 Vechta; E-Mail: wklohn@ispa.uni-vechta.de

durch die Globalisierung jedoch gleichzeitig zunehmend offenen Märkten ausgesetzt, was Fragen nach Kostenstrukturen und Wettbewerbsfähigkeit im internationalen Wettbewerb aufwirft. Als **vierter** Einfluss sind die gentechnisch veränderten Organismen (GVO) zu nennen, die außerhalb Europas im Pflanzenbau bei einigen Kulturen (Mais, Soja, Baumwolle) große Flächenanteile ein-nehmen, in Europa jedoch einer extrem restriktiven Genehmigungspraxis unterliegen. Speziell bei den deutschen Verbrauchern stoßen diese GVO auf starke Ablehnung; in vielen Teilen Deutschlands haben Initiativgruppen sog. „gentechnikfreie Regionen" ausgerufen und fordern auch künftig ein striktes Verbot dieser Pflanzen. Der **fünfte** Einfluss ist die durch die Politik initiierte Förderung der Bioenergie, die in der Landwirtschaft zum Bau zahlreicher Biogasanlagen geführt hat. Diese benötigen große Flächen zur Gewinnung der erforderlichen Biomasse (überwiegend Mais). Hier kommt es zu Flächennutzungskonkurrenzen, erhöhten Pachtpreisen und einer unerwünschten Ausweitung der Maisflächen auf dem Ackerland, mit nachteiligen Folgen für Landschaftsbild und Artenvielfalt.

Im Folgenden werden, ausgehend vom Strukturwandel, die wesentlichen Herausforderungen dargestellt, deren Lösung für die künftige Entwicklung der Landwirtschaft in Nordwestdeutschland von entscheidender Bedeutung sind. Je nachdem wie die jeweilige Entscheidung ausfällt, sind teilweise sehr unterschiedliche Entwicklungswege möglich.

3. Mögliche Entwicklungspfade der Landwirtschaft bis 2037

3.1 Strukturwandel

Der Strukturwandel in der Landwirtschaft wird sich fortsetzen, die Zahl der Betriebe wird weiter zurückgehen, sei es durch fehlende Betriebsnachfolger oder durch mangelnde Wettbewerbsfähigkeit. Eine Prognose über die konkrete Anzahl der im Jahr 2037 noch verbliebenen landwirtschaftlichen Betriebe kann jedoch nicht gewagt werden, weil dazu die zahlreichen Rahmenbedingungen (z. B. Kenntnis über Betriebsnachfolger, künftige politische Regelungen, Umweltgesetzgebung) zu ungewiss sind. Aus Abb. 1 ist aber ersichtlich, dass der Struktur-

wandel sich verlangsamen muss, da sich die Zahl der Betriebe schon sehr stark verringert hat. Auch das Größenwachstum der verbleibenden Betriebe (Abb. 2) wird sich fortsetzen, aber ebenfalls verlangsamt. Mit zunehmender Flächengröße treten im Betrieb „Reibungsverluste" auf, da die Entfernung von der Betriebsstätte zu den Feldern irgendwann unrentable Größen erreicht, weil die Fahrtwege zu lang werden. Ein wesentlicher begrenzender Faktor für das Größenwachstum ist auch die verfügbare Arbeitskraft. Betriebe müssen sorgsam kalkulieren, ob sich für sie ein Größenwachstum lohnt, das die Beschäftigung von Fremdarbeitskräften notwendig macht. Dies gilt auch für die Tierhaltung, wenngleich dort durch moderne Agrartechnologie (z. B. Fütterungscomputer) große Tierbestände mit wenigen Arbeitskräften betreut werden können. Hier stellen sich für Großbetriebe jedoch andere Herausforderungen wie die Entsorgung der anfallenden tierischen Exkremente sowie zahlreiche Auflagen des Emissions- und Umweltschutzes. Es bleibt zudem abzuwarten, ob sich der bislang zu beobachtende wachsende Widerstand der Bevölkerung gegen Großanlagen in der Tierhaltung oder überhaupt gegen den Neubau von Stallanlagen fortsetzt. In diesem Falle würde die Weiterentwicklung vieler Betriebe behindert oder gar unmöglich gemacht. Ebenso würden weiter reichende kostenintensive Auflagen (z. B. im Tier- und Umweltschutz) die Rentabilität etlicher Betriebe einschränken und zu einem verstärkten Rückgang der Betriebszahlen führen.

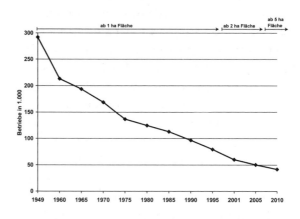

Abb. 1: Entwicklung der Anzahl landwirtschaftlicher Betriebe in Niedersachsen (1949-2010)

Quelle: Landesbetrieb für Statistik und Kommunikationstechnologie Niedersachsen, LSKN

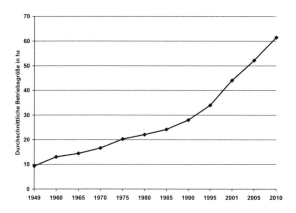

Abb. 2: Entwicklung der durchschnittlichen Betriebsgröße landwirtschaftlicher Betriebe in Niedersachsen (1949-2010)

Quelle: Landesbetrieb für Statistik und Kommunikationstechnologie Niedersachsen, LSKN

3.2 Regionale Spezialisierung

Der in der Vergangenheit zu beobachtende Trend in der niedersächsischen Landwirtschaft zur Spezialisierung dürfte sich weiter fortsetzen. Das betriebliche Wachstum und die damit verbundenen Investitionen sowie der bestmögliche Einsatz der Arbeitskräfte erfordern eine Spezialisierung auf einen oder wenige Betriebszweige. Mit dieser sektoralen Spezialisierung geht auch eine regionale Spezialisierung einher. Zunehmend konzentrieren sich die Veredlungswirtschaft mit der Erzeugung von Fleisch und Eiern in der mittleren Weser-Ems-Region, die Milcherzeugung in den küstennahen Grünlandregionen und der Ackerbau auf den ertragreichen Böden in Südniedersachsen. Der Anteil des südwestlichen Niedersachsen an der Tierhaltung verringert sich bislang stetig. Aufgrund der jeweils zugehörigen Infrastruktur, auch in den vor- und nachgelagerten Bereichen (z. B. Schlachtereien, Molkereien, Zuckerfabriken), erscheint eine Trendumkehr dieser regionalen Konzentration derzeit wenig wahrscheinlich. Dabei wäre eine Verringerung der Tierdichten im Nordwesten und ein Ausbau der Tierhaltung im Südwesten ökologisch (und seuchenhygienisch) vorteilhaft, denn derzeit fallen im Nordwesten große Nährstoffüberschüsse aus der Tierhaltung an, wohingegen in den Ackerbauregionen im Südwesten auf Mineraldünger zurückgegriffen werden muss. Sollte ein Ausbau der Tierhaltung (z. B. Mastgeflügel) im Südwesten nicht möglich sein – auch aufgrund von Widerständen in der dor-

tigen Bevölkerung – wäre die Verbringung von getrocknetem Wirtschaftsdünger aus den Zentren der Tierhaltung in die Bedarfsregionen ein gangbarer Weg.

3.3 Tierschutz

Infolge des züchterischen Fortschritts werden auch die biologischen Leistungen von Pflanze (Hektarerträge) und Tier (z. B. Milchleistung, vgl. Abb. 3) weiter gesteigert werden können, doch werden diesbezüglich Handlungsspielräume enger. Zusätzliche Leistungen werden mit hohem Aufwand erkauft, und in der Tierhaltung gehen weitere Leistungssteigerungen zunehmend zu Lasten der Tiergesundheit. Kürzere Nutzungszeiten und erhöhte Krankheitsanfälligkeit der Tiere sind die Folgen. Daher ist anzunehmen, dass künftig größeres Augenmerk auf die Zucht robuster Tierrassen gelegt wird, die eine längere Nutzung erlauben. Damit würde auch den Ansprüchen des Tierschutzes nachgekommen, der sicherlich weiteren Druck auf den Gesetzgeber ausüben wird. Zahlreiche Einzelaspekte sind bereits in der Diskussion, wie das Abschaffen der Enthornung der Rinder, der Anbindehaltung für Rinder oder der Ferkelkastration. Unter diesem Gesichtspunkt wird die Verwendung tiergerechter Haltungssysteme künftig noch größere Bedeutung erlangen. Diese stetig steigenden Ansprüche an die Landwirtschaft führen aber auch zu höheren Kosten, die bei offenen Märkten Wettbewerbsverzerrungen nach sich ziehen, sofern die Rahmenbedingungen nicht für alle Erzeuger identisch sind. Die große Entfremdung der Bevölkerung von der landwirtschaftlichen Produktion und der Druck bestimmter Interessengruppen könnten allerdings dazu führen, überzogene Forderungen durchzusetzen, die dann zur Aufgabe der Tierhaltung bei zahlreichen Landwirten führen könnte. Ob hier ein Ausgleich gefunden werden kann zwischen dem für den Tierschutz Wünschbaren einerseits und den ökonomischen Erfordernissen der Landwirte andererseits, wird sich zeigen. In Tierhaltungssystemen wird sich das sensor- und rechnergestützte Management durchsetzen, das nicht nur eine Regelung des Stallklimas ermöglicht, sondern auch die Überwachung der Tiergesundheit und des Tierverhaltens, auch zum frühzeitigen Erkennen von Krankheiten. Die Automatisierung weiterer Arbeitsvorgänge lässt ein optimales Herdenmanagement von Großbeständen zu.

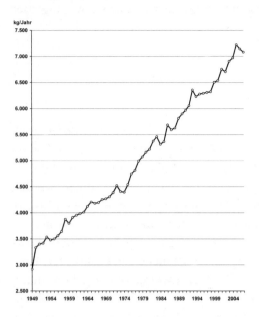

Abb. 3: Entwicklung der durchschnittlichen Milchleistung pro Kuh in Niedersachsen (1949-2007)

Quelle: Landesbetrieb für Statistik und Kommunikationstechnologie Niedersachsen, LSKN

3.4 Produktionsketten: Vom Erzeuger bis zum Verbraucher

Nicht nur der Verbraucher, sondern auch der Handel fordert die Sicherstellung der Lebensmittelqualität und -sicherheit. Zu ihrer Gewährleistung werden in den nächsten Jahren geschlossene Produktionsketten aufgebaut, in denen jeder Produktionsschritt dokumentiert wird, so dass jederzeit ein lückenloser Herkunftsnachweis des erzeugten Produktes bzw. der zu seiner Herstellung verwendeten Rohmaterialien erbracht werden kann. Durch „From farm to fork" oder „Vom Erzeuger bis zum Verbraucher" werden so höchste Standards gesichert. Die landwirtschaftlichen Betriebe werden zunehmend fest in diese Produktionsketten mit den entsprechenden Kontrollen integriert.

3.5 Nachhaltige Produktionsweisen

Die Landwirtschaft wird künftig den wachsenden Erwartungen der Gesellschaft an nachhaltige Produktionsweisen verstärkt nachkommen, indem sie Ressourcen schont und negative Auswirkungen ih-

rer Tätigkeit minimiert. Zur Ressourcenschonung gehört beispielsweise die gezielte, bedarfsgerechte Ausbringung von Dünger, die durch GPS-gestützte Ausbringungssysteme auch auf Teilflächen gezielt erfolgen kann. Der Austrag von Dünge- oder Pflanzenschutzmitteln in Grund- oder Oberflächenwasser wird weitestgehend unterbunden, zudem wird der Unkraut- und Schädlingsdruck auf den Ackerflächen infolge stärkerer Berücksichtigung von Fruchtfolgesystemen verringert. Außerdem wird verstärkt auf geschlossene Nährstoffkreisläufe geachtet. Durch eine Vielzahl derartiger Optimierungen wird die Landwirtschaft nachhaltig, die Differenz zu den Ökobetrieben verringert sich. Es bleibt abzuwarten, ob und inwieweit dies das Wachstum der Ökolandwirtschaft bremst. Durch den wieder verstärkten Anbau von Körnerleguminosen (Erbsen, Ackerbohnen, Lupinen) lässt sich nicht nur die Importabhängigkeit bei pflanzlichen Proteinen teilweise verringern, es besteht auch die Möglichkeit, die Bodenfruchtbarkeit zu steigern sowie durch Mais oder durch Getreide betonte Fruchtfolgen aufzulockern und damit die Biodiversität zu stärken. Die Immissionen aus größeren Tieranlagen werden durch technische Maßnahmen (z. B. Luftfilter) weiter zu verringern sein.

3.6 Bioenergie

Es ist zu erwarten, dass die zugespitzte Diskussion, ob die Landwirtschaft für „Tank oder Teller" produziert, durch gesetzliche Vorgaben und technologische Fortschritte entschärft wird. Für die Gewinnung von Energie aus Biomasse wird künftig ein Mix unterschiedlicher Anbaupflanzen zur Verfügung stehen. Saatgutmischungen aus Wildpflanzen, die mehrjährig sind und hohen Biomassezuwachs aufweisen, ergänzen den Maisanbau. Die Biomasse aus den Wildpflanzen kann nach einmaliger Aussaat mehrere Jahre lang einmal jährlich geerntet werden, was für den Landwirt gegenüber dem Mais eine Arbeitsersparnis bedeutet. Je nach Zusammensetzung der Saatgutmischung können früher oder später blühende Pflanzenarten gewählt werden, was der Biodiversität und dem Landschaftsbild sehr förderlich ist. Diese Alternativen sowie vor allem neue technische Verfahren, bei denen biogene Reststoffe und nicht potenzielle Nahrungs- oder Futtermittel verwendet werden, dürften zu einer breiten Akzeptanz der Bioenergiegewinnung führen; diese kann sich zu einem festen Standbein in vielen landwirtschaftlichen Betrieben entwickeln.

3.7 Klimawandel

Der sich abzeichnende Klimawandel macht eine Anpassung der Landwirtschaft an die neuen Bedingungen nötig. Neben der Züchtung neuer Pflanzensorten wird zur Sicherung der Erträge bzw. der Gewährleistung der Ertragssicherheit in einzelnen Regionen in den Sommermonaten auch eine ergänzende Bewässerung der Flächen notwendig sein. Es ergibt sich aber auch die Chance, alternative Pflanzen in das Anbauspektrum aufzunehmen. Hier bietet sich die Sojabohne an, die von der europäischen Futtermittelindustrie stark nachgefragt und bislang in großen Mengen aus Übersee importiert wird. Durch ihren Anbau lässt sich die Importabhängigkeit bei pflanzlichen Proteinen teilweise verringern. Schon jetzt liegen durch Züchtung kälteresistente und frühreife Sorten vor, die für die Verwendung als Tierfutter in den nächsten Jahren allerdings noch zu verbessern sind.

3.8 Gentechnologie

Während die Anwendung der Gentechnik in Medizin und Pharmazie (z. B. Herstellung von Insulin), Industrie und Abfallwirtschaft allgemein akzeptiert ist, stößt in einigen Staaten Mitteleuropas die sog. „Grüne Gentechnik" (Agrogentechnik) auf äußerst große Ablehnung bei den Verbrauchern. Der Anbau gentechnisch veränderter Pflanzen ist durch restriktive gesetzliche Regelungen praktisch unterbunden. Es ist derzeit nicht abzuschätzen, ob sich dies künftig ändern wird, oder ob der beschrittene europäische Sonderweg längerfristig fortgesetzt wird. Letzteres würde zu einer Isolation der europäischen Landwirtschaft und wahrscheinlich zu Wettbewerbsnachteilen führen. In zunehmend globalisierten Märkten würden strikt zu trennende Warenströme (GVO-haltig einerseits und GVO-frei andererseits) zu erheblichen Mehrkosten führen.

3.9 Gemeinsame Europäische Agrarpolitik

Für die künftige Entwicklung der Landwirtschaft in Niedersachsen ist die agrarpolitische Ausrichtung der EU von allergrößter Bedeutung, denn die wichtigen Weichenstellungen erfolgen durch die Gemeinsame Agrarpolitik (GAP). Hier ist dem Markt in den letzten Jahren bereits wieder größere Bedeutung zugekommen, Marktordnungen und andere Regulierungen wurden dagegen zurückgefahren. Auch vor dem Hintergrund der WTO-Verhandlungen und der Globalisierung ist eine Fortführung dieser Politik zu erwarten. Durch die zunehmende Einbindung der niedersächsischen Landwirte in globale Prozesse und Verflechtungen und sinkenden Außenschutz stellt sich die Frage der internationalen Wettbewerbsfähigkeit. Hier sind optimierte Betriebsgrößenstrukturen anzustreben und flexible Organisationsformen zu entwickeln. Durch zwischenbetriebliche Kooperation oder Bildung von Betriebsgemeinschaften können Nachteile einzelner Betriebe ausgeglichen und Kosten gespart werden. Neben der größeren Bedeutung des Marktes wird aber auch die allgemeine Anerkennung sonstiger Leistungen der Landwirtschaft verstetigt und eventuell sogar verstärkt. Die Landwirtschaft ist als größter Flächennutzer prägend für das Landschaftsbild, sie erbringt Leistungen für den Erhalt der Biodiversität, die Erholung u. a. m. Da sich diese Leistungen teilweise aus Nutzungseinschränkungen oder aktive gezielte Maßnahmen ergeben, werden die Landwirte dafür auch künftig eine Prämienzahlung erhalten. Ihre Höhe und jeweilige Ausgestaltung werden jedoch politisch festgelegt, sodass darüber keine auch nur halbwegs konkrete Prognose gewagt werden kann.

3.10 Fazit

Die niedersächsische Landwirtschaft im Jahr 2037 ist multifunktional und nachhaltig ausgerichtet, sie erzeugt Ressourcen schonend in geschlossenen und kontrollierten Produktionsketten hochwertige Nahrungsmittel und Rohstoffe sowie Bioenergie, erbringt aber auch vertraglich abgesichert und entgolten landeskulturelle Leistungen (z. B. Schutz der Biodiversität und des Erholungswertes der Landschaft). In der Tierhaltung sind sensor- und rechnergestützte Tierhaltungssysteme zur optimalen

Versorgung und Überwachung der Tiere im Gebrauch. Im Pflanzenbau hat sich das Anbauspektrum durch neue Energiepflanzen und Eiweißpflanzen (z. B. Soja) erweitert. Negative externe Effekte (Belastung von Boden, Wasser, Luft) aus der Landwirtschaft sind durch neue Methoden und Technologien (z .B. Luftfilter in Tierhaltungsanlagen) weitgehend reduziert.

4. Die Forstwirtschaft im Jahr 2037

Die Forstwirtschaft ist gegenüber der Landwirtschaft aufgrund ihrer sehr langen Produktionszeiträume einem geringeren Wandel unterworfen. Vor allem aber kommen politische Einflussnahmen weniger häufig vor, und es fehlen brisante Reizthemen, die eine breite Öffentlichkeit innerhalb kurzer Zeit mobilisieren können, wie dies beim Tierschutz oder bei Lebensmittelskandalen bereits mehrfach passiert ist. Daher kann bezüglich der Forstwirtschaft für die Zukunft weitgehend von einer Fortführung des Entwicklungspfades ausgegangen werden, wie er sich in den vergangenen 25 Jahren entwickelt hat. Dazu trägt auch die langjährig geübte Praxis der nachhaltigen Bewirtschaftung der Wälder bei, die auch in der deutschen Forstgesetzgebung verankert ist.

In der Vergangenheit haben sich Veränderungen im Bedeutungswandel der einzelnen Waldfunktionen vollzogen, die künftig weiterwirken werden. Noch bis in die 1970er-Jahre hinein dominierte die Nutzfunktion (Holzerzeugung), die Schutz- und Erholungsfunktionen gewannen jedoch stetig an Bedeutung, und stehen heute – zumindest in der öffentlichen Wahrnehmung – im Vordergrund. Von Seiten des Naturschutzes wurden in den letzten Jahren mehrfach Forderungen nach einem generellen Nutzungsverzicht auf Teilflächen (z. B. auf 5 % oder auch 10 % der Fläche der Staatswälder) erhoben, damit diese Flächen sich ungestört entwickeln können und wieder naturnahe Ökosysteme entstehen. Andererseits hat das Holz in den letzten Jahren eine Renaissance als Rohstoff erfahren, denn seine Nutzung, Verarbeitung und Verwendung bringt ökologische Vorteile und schont andere, nichtregenerative Ressourcen. Der geforderte Nutzungsverzicht auf Teilflächen kollidiert mit dem Bestreben, Holz wegen seiner Umweltfreundlichkeit verstärkt zu nutzen. Diese Zielkonflikte bedürfen einer Lösung. Für die Biomassenutzung zur Energiegewinnung bietet sich daher die Anlage von Kurzumtriebsplantagen mit schnell wachsenden Baumarten an. Diese können nach wenigen Jahren genutzt werden. Allerdings handelt es sich dabei um Monokulturen, die bezüglich ihrer Struktur nicht mit Wäldern bzw. Forsten im herkömmlichen Sinne zu vergleichen sind. Das mögliche Nutzungsszenario für die Zukunft dürfte daher aus drei Komponenten bestehen. Ein (kleiner) Teil der Waldfläche wird aus der Nutzung genommen und zu Totalreservaten erklärt, auf der sonstigen Waldfläche werden alle Waldfunktionen erfüllt, wobei neben der Holzgewinnung die Wahrung ökologischer Belange (Biodiversität) eine große Rolle spielt. Als dritte Komponente werden zur Gewinnung großer Mengen an Biomasse Kurzumtriebsplantagen angelegt.

Das im Jahr 1990 von der niedersächsischen Landesregierung aufgelegte Programm „Langfristige ökologische Waldentwicklung in den Landesforsten" (LÖWE) hat das Ziel, die in der Vergangenheit großflächig angelegten Nadelholzbestände zu reduzieren und durch standortsgemäße, naturnahe und stabile Wirtschaftswälder zu ersetzen. In den Landesforsten wird langfristig wieder ein Laubholzanteil von 65 % angestrebt, insbesondere sollen die Anteile von Fichte und Kiefer merklich reduziert werden (Tab. 1).

Baumart	1970	1999	LÖWE-Ziel
Eiche	8,5	12,0	17,0
Buche	22,5	20,8	35,0
Andere Laubhölzer mit hoher Lebensdauer	1,4	2,8	
Andere Laubhölzer mit niedriger Lebensdauer	3,0	4,5	13,0
Laubholz insgesamt	**35,4**	**40,2**	**65,0**
Fichte	35,2	27,6	14,0
Douglasie	0,5	3,0	11,0
Kiefer	27,4	24,3	10,0
Lärche	1,5	4,9	
Nadelholz insgesamt	**64,6**	**59,8**	**35,0**
Zusammen	**100,0**	**100,0**	**100,0**

Tab. 1: Angestrebte Anteile der Holzartengruppen in den niedersächsischen Landesforsten nach dem LÖWE-Programm, Angaben in %

Quelle: Niedersächsisches Ministerium für Ernährung, Landwirtschaft und Forsten 2000, S. 12

Ein derartiger Waldumbau ist nur sehr langfristig möglich, daher wird für das Erreichen der Zielmarke auch kein konkreter Zeitpunkt angegeben. Im Jahr 2037 dürften aber bereits deutlich sichtbare Ergebnisse dieses Waldumbaus vorliegen.

5. Fazit

Im Jahr 2037 werden die niedersächsischen Forste durchgängig nach den Prinzipien naturnaher Waldbewirtschaftung bewirtschaftet, daneben existieren auf Staatsflächen Totalreservate ohne jegliche Nutzung. Zur Biomassegewinnung sind Kurzumtriebsplantagen in Betrieb. Das Waldumbauprogramm LÖWE hat in den Staatsforsten den Anteil der standortgerechten und stabilen Mischbestände mit hohen Laubholzanteilen sichtbar ausgeweitet.

Literatur

KLOHN, W. & VOTH, A. (2009): Die Landwirtschaft in Deutschland. – Vechtaer Materialien zum Geographieunterricht, Heft 3 (5., neu bearbeitete Auflage), Vechta

KLOHN, W. & VOTH, A. (2010): Agrargeographie. – Geowissen kompakt, Darmstadt

KÜSTER, H. (1995): Geschichte der Landschaft in Mitteleuropa. Von der Eiszeit bis zur Gegenwart. – München

KÜSTER, H. (1998): Geschichte des Waldes. Von der Urzeit bis zur Gegenwart. – München.

Niedersächsische Landesregierung (1991): Niedersächsisches Programm zur langfristigen ökologischen Waldentwicklung in den Landesforsten. – Hannover

Niedersächsisches Ministerium für Ernährung, Landwirtschaft und Forsten (2000): Wald in guten Händen. Zahlengrundlagen. Jahresbericht der Landesforstverwaltung 1999. –Hannover

Summary

Agriculture and forestry differ from other sectors of the economy. They depend largely on natural factors like climate, soil quality, or biological growth circles (the time of pregnancy of sows or cows cannot be shortened), and they are threatened by hazards like frost or hail. In addition to that the consumers are increasingly concerned about animal welfare and anxious about food safety. Of extremely great importance are political influences, which can be seen for example in the introduction of milk quotas in 1984 and their planned discontinuance at the end of 2014, or the banning of layer cages in Germany in 2009, which resulted in a large reorganization of the housing systems of hens. Such political influences can arise quickly in case of food scandals or through the influence of animal welfare groups or other organizations, but they are very difficult to predict.

The most important challenges and possible pathways for **agriculture** in north-western Germany are:

Structural change: The number of farms will further decline, the remaining farms will grow in size (acreage, number of animals). Large farms will face even more strict regulations on environmental protection. The future attitude of the public on large animal units or new large farm buildings is difficult to predict. If they will not be accepted, the future of many farms would be endangered.

Regional concentration: The regional pattern of agricultural production in Lower-Saxony will in all probability persist. The northwestern part will remain the center of animal production (hogs and poultry), the coastal area the center of dairying and the southwestern part (with loess soils) the center of cropping farms (wheat and sugar beets). A reduction of animal density in the northwest and some growth of animal production in the southwest would be helpful to reduce environmental risks and to re-install closed nutrient cycles, but the probability of such a change is low.

Animal welfare: This will be of growing importance in future, but a balance between the demands of animal welfare groups and the economic requirements of the farms has to be found.

17

Food chains: Customers and food processors demand food safety. Therefore, food chains will be built up, so that a control of origin is permanently ensured ("from farm to fork"). The farms will increasingly be integrated in these food chains.

Sustainable production: People are demanding sustainable production, especially in agriculture. Negative environmental effects by oversupply of nutrients or agricultural chemicals will be less accepted in future. Sustainable production by rotation of crops, closed nutrient cycles, increase of soil fertility through grain legumes, preservation of biodiversity, and the reduction of emissions from large animal units are some of the measures to do.

Bio-energy: The production of biogas will grow in importance in future and evolve to an additional income source for many farms. The conflicts which arose from the large acreage of corn for biogas production ("food or fuel") will be solved in future by using alternative plants (especially flowering herbaceous plants) and new technologies to use waste for biogas production.

Climate change: New varieties of plants will be necessary to adjust crop production to climate change. Due to drier conditions in summer, irrigation will increase in northwest Germany, and perhaps soybeans can be introduced as a useful protein plant.

Genetic engineering: At the moment, genetically modified organisms (GMO) face very restrictive regulations in the European Community, and the majority of people in Germany refuse their consumption. It is almost impossible to predict, if this will change in future or if Europe will retain this attitude. In that case, it will face economic disadvantages in the global economy.

Common agricultural policy: This is the most important and also most difficult impact to foresee. Increasing globally open markets require competitive farms. On the other side, farm subsidies and payments for environmental services will continue, but the details about that are not predicable.

Forestry: Forests in north-western Germany have been managed sustainably for a long time, and they fulfill multiple tasks. Their importance for recreation has grown in the past, and during the last years their ecological functions have come more and more in the focus. Therefore, it can be foreseen that in future the area of forest preserves will be expanded. For the state forests the government of Lower Saxony started a program for a long-term ecologic development in 1990. It includes the intention to reduce the share of conifers in the forests and to expand the share of deciduous trees. In 2037, some results of this pro-gram will be visible.

Blinde Flecken in der Demographiedebatte und Visionen für Niedersachsen und Bremen

Felicitas Hillmann*

1. Einführung

Der demographische Wandel in Deutschland, der sich durch die veränderte Zusammensetzung der Parameter Geburten, Lebenserwartung und Migration ergibt, ist ein ständiges Thema in den Medien und in der Regionalforschung. Die aktuellen Daten stellen heraus, dass die Bevölkerung in Deutschland altert und schrumpft, dass mehr Menschen älter werden und dass schon bald mehr sterben als geboren werden. In Deutschland selbst sind die verschiedenen Regionen in ganz unterschiedlicher Weise mit den Schrumpfungsprozessen konfrontiert. Einige Regionen, allen voran große Teile der neuen Bundesländer, weisen starke Abwanderungsprozesse auf, andere haben Zu-gewinne zu verzeichnen (so beispielsweise Teile von Baden-Württemberg und Bayern). Für jegliche Analyse des demographischen Wandels spielt es außerdem eine wichtige Rolle, dass die Bevölkerungszusammensetzung für ältere und jüngere Menschen in Deutschland ganz verschieden ist. Während die jüngeren Generationen als Teil einer Einwanderungsgesellschaft aufgewachsen sind, sind die älteren Generationen noch durch eine größere Homogenität in der Bevölkerungszusammensetzung geprägt.

Mit dem demographischen Wandel ist zwar langfristig eine Schrumpfung der Gesamtbevölkerung verbunden, der oder die Einzelne kann jedoch auf eine längere Lebenserwartung hoffen. Dieser Dreiklang einer Kombination von längerer Lebenserwartung der Individuen, sinkenden Geburtenzahlen und heterogenerer Bevölkerungsstruktur wirkt auf die Gesellschaft in allen Bereichen zurück und ver-ändert die zukünftige soziale und räumliche Organisation aller Regionen in Deutschland. Diese soziale und räumliche Organisation steht offensichtlich mit dem wohlfahrtsstaatlichen Gefüge, das in den frühen 1960er-Jahren auf der Annahme eines stabilen Bevölkerungswachstum und der Annahme von stetem Wirtschaftswachstum sowie Vollbeschäftigung entworfen wurde, nicht mehr in Einklang.

In diesem Beitrag zeige ich, dass seit der Wiedervereinigung in der politikberatenden Literatur in dieser Logik vor allem die Risiken der Schrumpfung thematisiert wurden. So wurden die lokal sichtbaren Veränderungen in dieser Sichtweise in erster Linie als „Risiken" für die Beibehaltung des Status Quo interpretiert, beispielsweise in Form des Leerstands von Wohnungen, Büros und Gewerbeflächen, dem Abbau von Versorgungsinfrastruktur (vornehmlich Gesundheitsversorgung und Bildungseinrichtungen) oder aber der Abwanderung. Die Politik sieht sich angesichts der Schrumpfung nun aufgefordert, Ansatzpunkte für eine politische Steuerung zu identifizieren und Gegenmaßnahmen zu entwerfen und eine eigens entwickelte Demographiestrategie zu entwickeln. Gegenmaßnahmen – gegen was? Was tun, wenn die industrialisierte Gesellschaft sich vielerorts aufgelöst hat, wenn ein „Gegen" nicht mehr greift? Welches Bild der zukünftigen Entwicklung wird von den vorliegenden, anwendungsorientierten und vornehmlich „demographisch argumentierenden" Berichten perpetuiert? Gibt es in Deutschland regionale Vorbilder, die als Orientierungspunkte dienen können? Hiermit beschäftigt sich die Stadt- und Regionalforschung wie auch die angewandte sozialwissenschaftliche Literatur.

Mein Beitrag ist so aufgebaut, dass im ersten Abschnitt zunächst die Fakten und demographischen Trends in Deutschland präsentiert werden (Abschnitt 1). Es folgt dann im zweiten Teil eine regionale Analyse, die sich insbesondere auf die prognostizierten Folgen des demographischen Wandels in Nordwestdeutschland, d. h. Niedersachsen und Bremen, konzentriert. In einem dritten Abschnitt geht es um die Wahrnehmung von Schrumpfung in der Regionalforschung und in einem vierten Abschnitt um die möglichen alternative Visionen und Zukunftsszenarien im ländlichen und im städtischen Raum. Gemäß der Absicht dieses Sammelbandes,

* PD Dr. Felicitas Hillmann, c/o FU Berlin, Institut für Geographische Wissenschaften, Malteserstr. 74-100, 12249 Berlin, E-Mail: hillmann@zedat.fu-berlin.de. Die Autorin dankt Andreas Willisch für seine konstruktive Kritik an einer früheren Version dieses Beitrages und Inken Carstensen-Egwuom für ihre Hilfe bei der Überarbeitung des Manuskriptes.

in essayistischer Form „Visionen zu verschiedenen wichtigen Aspekten der vom zukünftigen Klima-, aber auch der vom demographischen, sozioökonomischen, politischen und technologischen Wandel geprägten Kulturlandschaftsentwicklung Nordwestdeutschlands" zu entwickeln, basieren Abschnitt 1 und 2 auf den vorhandenen wissenschaftlichen Analysen und Modellen, Abschnitt 3 und 4 sind stärker reflexiv und „visionär". Im Jahre 2037 wird die Autorin dieser „Visionen" mit 73 Jahren hoffentlich noch feststellen können, welche ihrer Vermutungen in irgendeiner Weise zugetroffen haben mögen. Die skizzierten Visionen für den ländlichen und städtischen Raum in Bremen und Niedersachsen sind tatsächlich als solche zu verstehen und – dies sei ausdrücklich betont – sie erheben keinerlei Anspruch auf etwaige Wissenschaftlichkeit.

2. Die bundesweiten Trends des demographischen Wandels

Heute findet man kaum eine Kommune, die nicht einen Demographiebeauftragten ernannt hat und über eine interaktive Plattform im Internet eine Prognose über die eigene demographische Entwicklung hat anfertigen lassen. Auch die Bundesregierung verabschiedete am 26. Oktober 2011 im Kabinett einen Demographiebericht, der die Grundlage für eine langfristige Strategie im Umgang mit dem demographischen Wandel darstellen soll. Es wurde eine ressortübergreifende nationale Strategie erarbeitet, die insbesondere die mit diesem Wandel verbundenen Chancen beleuchten soll. Angestrebt wurde die Entwicklung von *„Leitlinien für eine koordinierte Demographiepolitik der Bundesregierung"*. (http://www.bmi.bund.de/DE/Themen/Polit ikGesellschaft/DemographEntwicklung/demograph entwicklung_node.html, *Abruf am 9. Januar 2012*[2]). Die Befürchtungen der Politik bestanden in der Vorbereitung des Berichts insbesondere darin, dass durch den demographischen Wandel die wirtschaftliche Wettbewerbsfähigkeit und die Erhaltung der sozialen Sicherungssysteme, allen voran der Rentenversicherung, gefährdet sein könnten. Die Erstellung einer solchen Demographiestrategie ist

für die Bundesrepublik eine Neuigkeit. Denn anders als andere europäische Länder, beispielsweise Frankreich mit seiner geburtenfördernden, pronatalistischen Politik, hat die Bundesrepublik Deutschland seit der Nachkriegszeit keine explizite Bevölkerungspolitik betrieben. Einst lautete das Credo *„Kinder kriegen die Leute immer"* – so Konrad Adenauer 1957 - er veranlasste die gesetzliche Rentenversicherung auf die bis heute laufende Umlagefinanzierung umzustellen. In diesen Jahren lag die Geburtenrate noch bei 2,36 Kindern pro Frau – was sich mit der Einführung der Pille auch für junge, unverheiratete und kinderlose Frauen 1967 nachhaltig ändern sollte. Bis Ende der 1960er-Jahre hatte jedoch nicht nur die hohe Geburtenrate, sondern auch die stete Zuwanderung zuerst aus den Ostgebieten in die Bundesrepublik zum Bevölkerungszuwachs beigetragen. Ab Mitte der 1950er-Jahre wichen Wirtschaft und Politik angesichts des sich einstellenden wirtschaftlichen Aufschwungs und dem Bedarf nach Arbeitskräften auf die Anwerbung ausländischer Arbeitskräfte aus Südeuropa aus: Ohne sie hätte man den Boom kaum bewältigen und gleichzeitig befeuern können. Der mit der Ölpreiskrise im Jahr 1973 einhergegangene wirtschaftliche Abschwung führte zur Verhängung des bis heute gültigen Anwerbestopps bei gleichzeitiger Ermöglichung des Familiennachzugs. Anfang der 1990er-Jahre befürwortete die Bundesregierung außerdem die massenhafte Zuwanderung von Aussiedlern aus Osteuropa in die Bundesrepublik – auch dies trug dazu bei, die „fehlenden" Geburten auszugleichen und die Gesamtbevölkerung auf einem bestimmten Niveau zu halten. Obwohl die Schrumpfung der Gesamtbevölkerung von Experten bereits seit den 1970er-Jahren diskutiert wurde, setzte die öffentliche und politische Debatte erst nach der Wiedervereinigung richtig ein.

Die Folgen des demographischen Wandels wurden nun allmählich im Raum und in den Wirtschafts- und Gesellschaftstrukturen sichtbar. Die Demographie-Debatte wurde dann insbesondere seit dem Jahr 2000 lebhaft geführt und durch von den Medien übernommene Schreckensvisionen à la „Die Deutschen sterben aus" oder „Die Menschen gehen, Wölfe kommen" aufgeheizt (vgl. dazu KRAPPWEIS 2005). Die Bedrohungsszenarien des Aussterbens der Deutschen, der Verödung des ländlichen Raumes und des Zusammenbruchs der Sozial-

---

[2] Im Laufe der Abfassung dieses Beitrages wurde die Demographiestrategie der Bundesregierung am 25.04.2012 beschlossen. Der hier präsentierte Stand der Diskussion bezieht sich auf den Zeitraum bis April 2012.

systeme sind bis heute in der öffentlichen Diskussion allgegenwärtig (vgl. GÜNTHER 2009:19ff).

Die Entwicklung einer Demographiestrategie durch die Bundesregierung trägt diesem lange bekundeten Handlungsbedarf Rechnung.

Ängste, Fakten und Reaktionen

Besonders die neuen Bundesländer sind fast durchgehend von starken bis sehr starken Schrumpfungstendenzen betroffen, teilweise sind sie so dünn wie Skandinavien besiedelt. In dem jüngst erschienenen Gutachten des Berlin-Institutes „Die Zukunft der Dörfer" (2011:5) heißt es dazu einleitend: „[Es] *ist eine Bestandsaufnahme der für viele Menschen betrüblichen Lage im ländlichen Raum. Sie soll zeigen, welche Kriterien für eine mögliche Stabilität von Dörfern sprechen und wo es aller Voraussicht nach schwierig wird, eine langfristige Besiedlung aufrecht zu erhalten. Sie klärt darüber auf, dass sich die Bedingungen der Vergangenheit, in der das Land flächendeckend auf eine Angleichung der Lebensverhältnisse hoffen konnte, nicht in die Zukunft retten lassen"*. Dies trifft jedoch nicht auf alle Dörfer gleichermaßen zu: In den westlichen Bundesländern profitieren einige Regionen vom demographischen Wandel, insbesondere im wirtschaftlich stärker prosperierenden Süddeutschland. Diesen Regionen gelingt es, Binnenwanderer aus den strukturschwachen Gebieten abzuwerben.

Im Demographiebericht des Bundesregierung (BMI 2011) wird die seit den 1960er-Jahren zwischen den Ländern und dem Bund abgestimmte Bevölkerungsvorausrechnung bis zum Jahre 2030 dokumentiert[3], die für den vorliegenden Beitrag hauptsäch-

lich herangezogen worden sind. Was sind die wichtigsten Trends? Und was bedeuten sie für Deutschland? Mit welchen Maßnahmen versucht die Politik hierauf zu reagieren? Die unten stehende Übersicht fasst die demographischen Trends gemäß der Vorausberechnungen von offizieller Seite, die zu erwartenden Folgen dieser Entwicklung sowie die von politischer Seite als adäquat angesehenen Maßnahmen auf einen Blick zusammen. Eine solche Übersicht schematisiert die in der Realität vorhandenen Überschneidungen von Wirkungen und Maßnahmen.

In Deutschland ist die Gesamtbevölkerungszahl bereits seit 2003 zurückgegangen. Gemäß der gegenwärtigen Geburtenzahl von durchschnittlich 1,38 Kindern (pro Frau) wird ein Rückgang der Gesamtbevölkerung in Deutschland von 82 Millionen (im Jahre 2008) auf 77 Millionen im Jahre 2030 und sogar 64 Millionen im Jahr 2060 erwartet. Diese Entwicklung wird nicht mehr durch Migrationen ausgeglichen werden können – so wie dies für die Bevölkerungsentwicklung Deutschlands in den Nachkriegsjahren der Fall gewesen ist. Die durchschnittliche Kinderzahl pro Frau liegt auf dem Niveau von 1,4 Kindern pro Frau, wobei das durchschnittliche Alter der Mutter bei der ersten Geburt zunimmt.

Angenommen wird außerdem, dass die Zahl der alten Menschen, die auf 100 Personen im Erwerbsalter (d. h. zwischen 20 und 65 Jahren) kommt, sich von 34 Personen im Jahr 2009 auf mehr als 50 im Jahre 2030 erhöhen wird. Im Jahre 1970 lag dieser so genannte „Altenquotient" mit 25 Personen noch halb so hoch.

Die Sterbefälle bleiben ungefähr konstant, während die Gruppe der Über-80-Jährigen stetig anwächst. Auch lässt sich statistisch belegen, dass die Lebenserwartung bei der Geburt sich kontinuierlich verlängert hat. Was die Wanderungen betrifft, so gab es im Jahre 2011 erstmals nach zwei Jahren mit negativem Wanderungssaldo wieder mehr Einwanderer als Auswanderer nach Deutschland.

---

[3] Der Demographiebericht nutzt als Basis für die Aussagen zu den Auswirkungen des demographischen Wandels die zwölfte koordinierte Bevölkerungsvorausberechnung der statistischen Ämter, die insgesamt zwölf Varianten und drei Modellrechnungen umfasst. Verwendet wurde dazu die Variante 1-W1. Diese Variante markiert die untere Grenze der „mittleren" Bevölkerungsentwicklung, welche sich bei der Fortsetzung der aktuell beobachteten Trends in der Entwicklung der Geburtenhäufigkeit und der Lebenserwartung ergeben würde (zit. nach Demographiebericht 2011:7). Die dieser Modellrechnungsvariante zugrunde gelegten wichtigsten Annahmen sind bezüglich der Außenwanderung eine allmähliche Erhöhung des jährlichen Außenwanderungssaldos bis 2014 auf 100.000 Personen; ab 2014 ein konstanter Wanderungssaldo (für Gesamtdeutschland), bei den Ländern eine Verteilung des Außenwanderungssaldos nach dem mehrjährigen Durchschnitt, ein starker Rückgang der Binnenwanderung bis 2030; eine konstante Geburtenhäufigkeit von 1,4 Kindern pro Frau, wobei sich das Gebäralter

bis 2020 um 1,6 Jahre nach oben verschiebt; ein kontinuierlicher Anstieg der Lebenserwartung bis 2030 (Jungen: 80,01 Jahre, Mädchen: 85,7 Jahre). Die in diesem Demographiebericht vorgelegten Zahlen können von den Zahlen, die von den einzelnen Bundesländern vorgelegt werden, abweichen.

Übersicht: Fakten, Trends, Auswirkungen und Maßnahmen

Entwicklung	Trend bei Bevölkerungsveränderungen	Angenommene Auswirkungen	Maßnahmen des Bundes
Zahl der geborenen Kinder	Kontinuierliche Abnahme: 830.000 (1991) 683.000 (2008) 580.000 (2030, Schätzung)	Abnehmender Bedarf an Kinderbetreuungsplätzen, Kinderärzten, Lehrern, Schulen, zukünftig weniger Menschen im arbeitsfähigen Alter	Familienpolitik: · Materielle Absicherung der Familien (Eltern- und Kindergeld, Kinderzulagen), Vereinbarkeit von Familie und Beruf (Gestaltung der Arbeitszeiten, Wandel der Geschlechterrollen, Ausbau der frühkindlichen Betreuung, Tageseinrichtungen, lokale Bündnisse für Familie), Realisierung von Kinderwünschen, Familienleitbilder
Zusammengefasste Geburtenziffer: Durchschnittliche Kinderzahl pro Frau (im Kalenderjahr zw. 15 - 49 Jahre alt)[4]	Weniger Geburten: 2,36 (1960) 1,38 (2008) 1,4 (2030, Schätzung)	Weniger Familien mit Kindern, Tendenz zu eher vertikalen statt horizontalen Generationenbeziehungen	
Alter der Mutter bei der Geburt des ersten Kindes	Spätere Geburten: 1991: 26,9 Jahre 2009: 30,1 Jahre		
Bevölkerungszusammensetzung	Jugendquotient: 1990: 35 2010: 30 2030: 30 Altersquotient: 1990: 25 2010: 35 2060: 68	Kinderbetreuungseinrichtungen, Schulwesen, Alterssicherungssysteme, Entwicklungen in der Erwerbsbevölkerung	Familienpflegezeiten für Angehörige, differenziertere und realistischere Altersbilder und Teilhabe der Alten an gesellschaftlichen und kulturellen Entwicklungen, Ältere als einzige wachsende Konsumentengruppe, Wachstum des Gesundheits-, Pflege- und Sozialsektors, Abstimmung von Bürgerengagement und Einbindung von Stiftungen und Wirtschaftsunternehmen, Programm *Aktiv im Alter*, Mehrgenerationenhäuser mit Hilfen für Demenzkranke
Sterbefälle	Rückgang seit 1991 bis 2001, seitdem Stagnation zw. 830.000 - 850.000 pro Jahr	Mehr Hochbetagte, 2050 wird jeder Siebte mehr als 80 Jahre alt sein	
Lebenserwartung	Die Lebenserwartung bei Geburt beträgt im Durchschnitt der Jahre 2006 bis 2008: für Jungen 77,2 Jahre und für Mädchen 82,4 Jahre. 2010: für Jungen 77,5 Jahre und für Mädchen 82,6 Jahre (BuRe)	Mehr Menschen erreichen bei besserer Gesundheit ein höheres Lebensalter: Die Altersbilder entsprechen nicht mehr der gesellschaftlichen Realität und müssen angepasst werden, weg von kalendarischen Alterregelungen. Lebens- und Arbeitsbedingungen, Gesundheitsverhalten und Krankheiten im pränatalen und Kleinkindalter. Lebensstile, sozialer Status	
Natürliche Bevölkerungsbilanz (Differenz zwischen Geburten- und Sterbefällen)	Seit 1991 durchgehend negativ 2 % je 1000 Einw. (2008) 5,3 % je 1000 Einw. (2030)		
Außenwanderung	Bis 1991 mit Ausnahme einzelner Jahre positiv (zwischen 129.000 und 354.000 Personen jährlich), Rückgang in den Jahren 2003 bis 2007 auf durchschnittlich 74.000 Personen. 2008 und 2009. Mehr Auswanderung als Einwanderung. 2010: + 128.000 Zuwanderungen. Vor allem die Zuzüge weisen starke Schwankungen auf, die Fortzüge bleiben relativ konstant. Bis 2014 Annahme eines steigenden Wanderungssaldos auf 100.000, bis 2020 Anstieg auf 200.000 Personen, danach Stagnation.		Gezielte Zuwanderungssteuerung in Berufen mit Fachkräfteengpässen, gemäß von Qualifikationen, Branchen und Regionen, Abschaffung der Vorrangprüfung für ausländische Hochschulabsolventen, Abbau von Bürokratie, Lockerungen beim Familiennachzug, Erleichterungen für Rückwanderung.
Binnenwanderungen	Seit 1991 Abwanderung von 1,1 Millionen Einwohnern aus den neuen in die alten Bundesländer	Länder mit stabiler, florierender wirtschaftlicher Entwicklung haben meist einen positiven Binnenwanderungssaldo, wirtschaftlich schwächere Ort einen negativen Wanderungssaldo. Beständige Abwanderung aus den alten in die neuen Bundesländer, Bevölkerungsanteil der Menschen mit Migrationshintergrund wird in den Städten steigen, 55,7 % der Migranten lebt in Klein- und Mittelstädten (bis 100.000 Einw.)	Stiftung „Demokratische Jugend" zur Verhinderung von Abwanderung junger Menschen, Förderung des FSJ und FÖJ Monitoring von Integration in den Bereichen Bildung, Arbeit und Sprache, Integrationskurse

Quelle: BMI (2011), eigene Zusammenstellung

---

[4] Damit liegt Deutschland OECD-weit im unteren Bereich. Geringere Geburtenraten weisen nur noch Portugal und Ungarn auf. Führend sind hingegen Irland mit einer Geburtenzahl von 2,07, die USA und Frankreich mit jeweils 2,0 Kindern pro Frau und Norwegen, Großbritannien und Schweden mit 1,94 bis 1,98 Kindern pro Frau.

22

Die in der Übersicht zusammengefassten statistisch ermittelten Trends offenbaren nur die eine Seite der Medaille. Man kann ausrechnen, wie viele Menschen es noch geben wird oder dass sich ein Dorf „demographisch stabilisiert", wenn es nicht weiter als 20 Minuten Fahrtzeit vom nächsten Oberzentrum entfernt liegt (vgl. KRÖHNERT et al. 2011:8). Wichtiger jedoch für die Bewältigung des demographischen Wandels sind die veränderten sozialen, ökonomischen, politischen und räumlichen Organisationsformen, die mit diesem Wandel Hand in Hand gehen. Denn gleichzeitig schreitet die Individualisierung der Gesellschaft voran und die institutionellen Rahmenbedingungen wandeln sich. Insbesondere der Abbau des Wohlfahrtsstaates in seiner bisherigen Form und die veränderte Erwerbsgesellschaft, die durch flexiblere Arbeitsverhältnisse und vielfach prekäre Beschäftigungsverhältnisse gekennzeichnet ist, wirken sich auf die verschiedenen Bevölkerungsgruppen unterschiedlich aus. Der demographische Wandel ist ein Teil dieses umfassenden, langfristigen und alle Lebensbereiche umfassenden ökonomischen und gesellschaftlichen Transformationsprozesses. Er führt weg von der Industriegesellschaft hin zur Dienstleistungsgesellschaft. Ähnlich wie dies aus der Industrialisierung mit ihrem Übergang vom Handwerk zu Fabrik- und Bürotätigkeiten hin über zwei Generationen hinweg geschehen ist, vollzieht sich dieser Wandel mit einer gravierenden Veränderung der Mobilitäten und Lebensweisen (SENNETT 1998 und 2010:128f.).

So bedeutet eine schrumpfende Bevölkerungszahl beispielsweise längst nicht, dass es weniger Haushalte geben wird. Tatsächlich kommt es eben nicht zu einer Abnahme von Haushalten, sondern immer mehr Menschen leben mit immer weniger Menschen auf mehr Fläche zusammen. Erwartet wird eine Zunahme der Haushalte auf 41 Millionen im Jahre 2030 und ein weiterer Anstieg der Einpersonenhaushalte von momentan 40 % (2009) auf 43 % im Jahre 2030. Auch die Zweipersonenhaushalte werden mit einer Steigerung von 34 % auf 38 % stärker vertreten sein – während der Anteil an (Familien-)Haushalten mit vier und mehr Personen von 13 % (2009) auf 10 % sinken wird.

Es ändern sich ebenso die Formen des Zusammenlebens: Seit 1996 geht die Zahl der Zwei-Generationen-Haushalte (= Eltern mit ihren Kindern) stetig zurück. Dies gilt vor allem für die Zahl der Haushalte mit Kindern unter 18 Jahren im Haushalt. Auch die Zahl der Haushalte mit Alleinerziehenden nimmt beständig zu – ganz besonders in den neuen Bundesländern. Auch multilokale Haushalte werden immer häufiger als Lebensform umgesetzt: Zunehmend leben mehr Menschen trotz Partnerschaft in getrennten Wohnungen, in so genannten haushaltsübergreifenden Partnerschaften, oder besitzen Wohnorte in mehreren Städten oder Gegenden. Das hängt mit dem für Hochqualifizierte engen Arbeitsmarkt zusammen, der zu einer verstärkten Mobilität der 25- bis 54-Jährigen führt. Die Statistiken zeigen außerdem, dass sich die Lebensbedingungen auf die Lebenserwartung auswirken. So belegt die Rentenstatistik von 2011, dass Reiche länger leben als Arme und Gebildete länger als Ungebildete[5]. Übrigens ist es – rein statistisch – für ein langes Leben am besten, in Baden-Württemberg zu leben. Dort gewinnen Männer und Frauen im Vergleich zu den übrigen Bundesländern etwa 1,72 bzw. 1,13 Jahre an Lebenszeit hinzu (MUTH et al. 2008:2). Auch die Familienformen haben sich deutlich gewandelt und sind vielfältiger geworden als in der damaligen Bonner Republik, in der sie sich auf das Familienmodell der Kernfamilie beschränkten (SCHNEIDER 2012:10).

Es ändert sich außerdem die Zusammensetzung der Bevölkerung. Der Altersaufbau der Bevölkerung „mit Migrationshintergrund" unterscheidet sich deutlich von dem der „einheimischen" Bevölkerung, denn sie ist im Durchschnitt zehn Jahre jünger (das Durchschnittsalter der Menschen mit Migrationshintergrund liegt bei 34,8 Jahren, das der Herkunftsdeutschen bei 45,6 Jahren). Im Jahre 2009 besaßen 15,7 Millionen Menschen einen Migrationshintergrund im engeren Sinne[6] - insbesondere bei Kindern und Jugendlichen liegt der Anteil der Jugendlichen mit Migrationshintergrund hoch oder bildet lokal betrachtet verschiedenerorts die Mehrheitsbevölkerung.

---

[5] Interessanterweise zeigt die Statistik auch, dass sich offenbar auch schon die Lebensform des „alleine lebend" je nach Geschlecht unterschiedlich auf die Lebenserwartung auswirkt: bei einem 50-jährigen Mann bedeutet das Alleinleben in der Regel eine Einbuße an Lebenszeit um 0,52 Jahre. Bei den 50-jährigen Frauen ist es genau umgekehrt: Sie gewinnen durch das Alleinleben 1,53 Jahre.

[6] Das sind laut Statistischem Bundesamt alle seit 1949 auf das heutige Gebiet der Bundesrepublik Deutschland Zugewanderten sowie alle in Deutschland geborenen Ausländer und alle in Deutschland geborenen mit zumindest einem zugewanderten oder als Ausländer in Deutschland geborenen Elternteil (BMI 2011:47 FN).

Veränderte Familienformen, flexibilisierte Erwerbsverläufe mit ihrer stärkeren Beteiligung der Frauen am Arbeitsmarkt sowie die heterogenere Bevölkerungszusammensetzung führen auch zu einer Neujustierung im privaten Umfeld. So hat beispielsweise die Frage, wer wen pflegt, wer sich um die jungen und die alten Menschen kümmert, an Relevanz gewonnen. Wo setzen nun die Strategien der Bundesregierung in ihrer Reaktion auf den demographischen Wandel an? Aus der Sicht der Bundesregierung haben vor allem die Altersversorgung wie auch die Sicherung der Wettbewerbsfähigkeit Priorität. Daher zielen die von der Bundesregierung anvisierten Maßnahmen, abgesehen von den Maßnahmen zur Unterstützung der Geburtenzahlen, auf kommunale Politiken (denn die Versorgung findet vor Ort statt) sowie auf wirtschaftsnahe Maßnahmen, die die Wettbewerbsfähigkeit verstärken sollen.

Um die durch den demographischen Wandel schrumpfende Zahl der Erwerbstätigen zu kompensieren, zielen die Politiken der Bundesregierung auf die Maßnahmen zur Stabilisierung des Arbeitsvolumens. Erstens wird eine Einbeziehung von bislang nicht genutzten Arbeitskraft- und Zeitressourcen angestrebt und zweitens die Erhöhung der Arbeitsproduktivität durch Bildung und Qualifizierung anvisiert. Außerdem sollen drittens technische Innovationen und viertens günstige Rahmenbedingungen für den Strukturwandel geschaffen werden (BMI 2011:95). Die Bundesregierung wirbt außerdem für eine höhere Akzeptanz von Zukunftstechnologien. Der Rückgang der massenhaften Nachfrage soll durch eine höhere Konsumquote der Haushalte älterer Menschen ausgeglichen werden und das Dienstleistungsangebot der Kommunen eher an den Älteren ausgerichtet werden. Die Generation 50+ gilt als kaufkräftiger, konsumfreudiger und aufgrund der in dieser Kohorte durchgängigen Einbindung in das Erwerbsleben auch konsumfähiger (im Vergleich mit den Jüngeren) und aufgeschlossen gegenüber Neuerungen (im Vergleich mit den Alten/Älteren früher) (KRAMER&PFAFFENBACH 2011, vgl. auch „Initiative Wirtschaftsfaktor Alter" der Bundesregierung). Der erwartete Rückgang der Binnennachfrage soll durch die exportorientierten Branchen aufgefangen werden. Kleine und mittlere Unternehmen sollen möglichst „demographiefeste" Personalpolitiken entwickeln (BMI 2011:99).

Zusammengefasst richtet sich die von der Bundesregierung ins Auge gefasste Demographiestrategie auf vier Ziele: Wegen der höheren Lebenserwartung sollte der/die Einzelne in die Lage versetzt werden, an Bildung, Erwerbsleben und Freiwilligenarbeit teilzunehmen. Es sollen Qualifizierung und Ausschöpfung des inländischen Arbeitskräftepotenzials sowie mehr qualifizierte Zuwanderung begünstigt werden, und eine Wachstumsförderung für Faktor- und Produktmärkte soll beibehalten werden. Ferner sollen soziale Gerechtigkeit und gesellschaftlicher Zusammenhalt gestärkt werden, was sich im Kern auf die Alters- und Pflegesicherung und die Tragfähigkeit der öffentlichen Haushalte, die sichergestellt werden sollen, bezieht.

Die von politischer Seite genutzten Strategien scheinen nun in überwiegendem Maße noch darauf zu zielen, das soziale, wirtschaftliche und räumliche Gefüge wieder in das alte „Lot" zu bringen, unter anderem durch eine Änderung der Leitbilder. Ähnlich wie seinerzeit Konrad Adenauer, der davon ausging, dass die Umstellung der Rentenversicherung auf den optimistischen Prognosen einer Fortschreibung der Geburtenzahlen aufbauen könne, scheint die demographische Analyse der Bundesregierung auch einige entscheidende gesellschaftliche Entwicklungen noch nicht in ihre Überlegungen einzubeziehen, die jedoch gravierend für die Ausgestaltung der Regionen sein könnte. Zum einen sind die Erwerbsverläufe der heute im erwerbsfähigen Alter stehenden Bevölkerung bei vielen durch jahrelange teilweise prekäre Erwerbsbedingungen geprägt, d. h. das Anspruchsniveau dieser Generation bezüglich der Renten wird aus diesem Grund schon deutlich niedriger liegen als dies bei der momentan in Rente gegangenen oder befindlichen Generation der Fall ist. Zum anderen könnten die veränderten Familienformen, die veränderte Zusammensetzung der Gesellschaft sowie technologische Neuerungen auch zu neuen sozialen und räumlichen Organisationsmustern beitragen.

Die von der Bundesregierung benannten Strategien zum Umgang mit dem demographischen Wandel räsonieren jedoch in erster Linie demographisch, indem sie sich implizit an einem vorherigen Status quo orientieren. Sie zielen zwar teilweise auf eine Änderung der Leitbilder zum Erhalt von Strukturen, es ist jedoch zu befürchten, dass diese Strategien im Kern eine Bestandsicherung der bisherigen Privilegien der verschiedenen Alterskohorten in Deutschland abbilden.

Was bedeutet der demographische Wandel für die Region Nordwestdeutschland? Und gibt es Ansätze für einen Umgang mit den Schrumpfungsprozessen, die nicht allein auf einer Erweiterung des Wachstumsgedanken basieren oder einfach noch bessere Formen der Optimierung bestehender Ressourcen anstreben?

3. Der demographische Wandel in der Region Nordwestdeutschland und hierauf empfohlene Reaktionen der Berater

Alle Bundesländer sind vom demographischen Wandel im Sinne einer Schrumpfung betroffen: die südlichen Bundesländer Bayern und Baden-Württemberg nur in geringem Maße, die neuen Bundesländer (mit Ausnahme Berlins) deutlich. Man rechnet zukünftig mit einem kleinräumigen Nebeneinander von wachsenden und schrumpfenden Gemeinden und Regionen. Niedersachsen und Bremen liegen, was die Dynamik des Wandels angeht, im Mittelfeld. Zu rechnen ist mit einem Rückgang der Bevölkerung von 7,9 Millionen Einwohnern (2008) auf 7,4 Millionen im Jahr 2030, für Bremen rechnet man mit einem Rückgang der Einwohnerzahl um ca. 100.000 Menschen (BMI 2011:21ff und 37ff). Bremen wird, so wie die anderen beiden Stadtstaaten, ein Schwerpunkt internationaler Zuwanderung bleiben. Die Region Nordwest ist sowohl von Wachstumstrends als auch von Schrumpfungsprozessen bei der Bevölkerungsverteilung gekennzeichnet.

Wirtschaftlich verfügt das Bundesland über *„vergleichsweise stabile Entwicklungsmuster"* (vgl. JUNG & SKUBOWIUS 2011:2ff) mit den Leitbranchen Fahrzeugbau und der nachgelagerten Gummi- und Kunststoffwarenherstellung. Die ländlichen Räume im westlichen Niedersachsen weisen eine starke Beschäftigtenentwicklung auf, während der südniedersächsische Raum (mit der Ausnahme von Göttingen) als wachstumsschwach eingeschätzt wird. Das Dienstleistungsgewerbe konzentriert sich auf die Verdichtungsräume Bremen, Hannover und Hamburg sowie Oldenburg. Ein wichtiger Wirtschaftszweig ist die Landwirtschaft in den ländli-

chen Räumen, insbesondere der Gartenbau (Ammerland) und die Massentierhaltung (Cloppenburg und Vechta). Arbeitsplätze sind in den vergangenen Jahren nur in den wissensintensiven Bereichen der Wirtschaft entstanden, nicht aber in den ländlichen Räumen und dem Küstenraum. Der Anteil der Sozialtransferempfänger (Hartz IV) lag 2009 in der Höhe des Bundesdurchschnitt von 10 % an der Bevölkerung unter 65 Jahren. Die Kernstädte und die südlichen Regionen Niedersachsens, Nordostniedersachsen und große Teile des Küstenraumes weisen *„eine höhere Dichte sozialer Probleme"* auf (vgl. JUNG & SKUBOWIUS 2011:20).

Klaus-Martin Hesse vom Planungsbüro FORUM hat auf Basis der von der Bertelsmann-Stiftung (2007) entworfenen „Entwicklungstypen" für die Metropolregion Bremen-Oldenburg und deren Kommunen und Gemeinden unterschiedliche Prognosen erstellt. Insgesamt elf Entwicklungstypen werden unterschieden: ländliche Kommunen mit Wachstumstendenzen (hierzu zählen Bösel, Emstek, Garrel, Molbergen, Steinfeld), stabile Regionen (Rehden, Nordholz, Hadeln, Kirchlinteln, Apen, Barßel, Cappeln, Lastrup, Lindern, Löningen, Saterland, Altes Amt Lemförde, Bakum, Goldenstedt, Visbek, Butjadingen) und solche mit Schrumpfungstendenzen (Wagenfeld, Kirchdorf, Am Dobrock, Börde Lamstedt, Sietland, Dörverden, Essen, Wangerland, Ovelgönne, Stadland, Barnstorf). Weiterhin werden suburbane ländliche Kommunen und Kommunen im Einflussbereich von Oberzentren unterschieden in solche, die auf eine Entwicklung hoffen dürfen (Bruchhausen-Vilsen, Schwaförden, Bad Bederkesa, Beverstedt, Hagen, Land Wursten, Hambergen, Bockhorn, Zetel, Dötlingen, Großenkneten, Harpstedt, Holdorf, Neuenkirchen-Vörden, Berne, Jade) oder immerhin eine stabile Entwicklung aufweisen (Bassum, Twistringen, Dinklage, Damme, Elsfleth, Stuhr, Oythen, Grasberg, Ritterhude, Thedinghausen, Wiefelstede, Edewecht, Ganderkesee, Hatten, Hude, Schwanewede, Wardenburg, Langwedel). Daneben gibt es solche Gemeinden, die definitiv schrumpfen und altern (Weyhe, Langen, Schiffdorf, Lilienthal, Worpswede, Ottersberg, Sande, Schortens, Lemwerder). Ferner gibt es die Mittelzentren mit Wachstumstendenzen (Cloppenburg, Friesoythe, Wildeshausen, Lohne, Vechta), die mit stabiler Entwicklung (Bremen, Diepholz, Achim, Verden, Westerstede, Sulingen, Jever, Bad Zwischenahn, Rastede, Varel, Oldenburg, Syke), außerdem wieder solche, die schrumpfen und altern (Delmenhorst, Wilhelmshaven, Bremerhaven, Cuxhaven, Osterholz-Scharmbeck, Barnstorf, Hemmoor, Brake, Nordenham). Diese Strukturtypen wurden aus verschiedenen Einzelvariabeln berechnet, die zu einem Indikator kumuliert wurden und anschließend in ein Ranking der unterschiedlichen Typen integriert wurden. Die verschiedenen Einzelvariablen bestehen aus den Indikatoren Bevölkerungsentwicklung, Frauenanteil in der Alterskohorte 20 bis 34 Jahre, Fertilitätsindex, Ausländeranteil, Wanderung, Durchschnittsalter, Aufbau der Bevölkerungspyramide und weitere mehr. Zwar zielen die in diesem Bericht entwickelten Maßnahmen in den verschiedenen Handlungsfeldern grob auf ähnliche Handlungsempfehlungen wie diejenigen der Bundesregierung. Doch der Bericht verdeutlicht auch, dass die „demographischen" Informationen noch mit weiteren Details und Kenntnissen hinterlegt werden müssten, um als wirklich aussagefähig gelten zu können. So werde das „Wachstumsdenken vieler Kommunen [...]in zunehmendem Maße hinsichtlich ihrer nachhaltigen Tragfähigkeit kritisch hinterfragt" (HESSE 2009:22). Beispielsweise wird die fortgeführte Bebauung von Kommunen mit „großen, größeren, am größten" Eigenheimen als problematisch eingeschätzt. Vielmehr sollten „innovative bzw. zielgruppenspezifische Wohnprodukte und -projekte" (HESSE 2009:23) eruiert werden. Hierzu zählt nach Ansicht des Autors die Förderung regionaltypischer und identifikationsstiftender Architektur im Wohnungsbau. Es wird außerdem insgesamt empfohlen, auf kooperativere Formen der Siedlungsentwicklung umzuschwenken. Das bisherige Wachstumsparadigma wird vorsichtig in Frage gestellt.

Eine weitere Studie zur demographischen Entwicklung im Kommunalverband Niedersachsen/Bremen wurde 2010 vom Institut *Arbeit und Wirtschaft* (IAW) vorgelegt. Die Autoren fassen die vorliegenden Modellrechnungen aus dem Demographiemonitoring der Länder zusammen und geben Empfehlungen für die Handlungsfelder „Wirtschaft und Arbeit", „Bauen und Wohnen", „Bildung und Kultur" sowie „Infrastrukturen und Finanzen". In dieser Studie wird prognostiziert, dass sich bis 2030 das Durchschnittsalter der Bevölkerung im Kommunalverbund um 3,3 Jahre (in Bremen) und um 5,7 Jahre (Kommunalverband ohne Bremen) erhöht haben

wird. Die ländlichen Regionen müssen mit einer stärkeren Alterung der Bevölkerung umgehen. Worpswede wird im Jahre 2030 Spitzenwerte erreichen: Auf 100 Einwohner unter 20 Jahren werden 280 Menschen kommen, die über 65 Jahre alt sind (DOUGLAS & WARSEWA 2010:14).

Ähnlich wie dies in der Bertelsmann-basierten Studie der Fall war, halten die Autoren fest, dass es unterschiedlich betroffene regionale Gruppen gibt: Entlang der Achse Bremen-Oldenburg ist mit den geringsten Auswirkungen des demographischen Wandels zu rechnen. Hingegen sind die gerade auf das Zentrum Bremen orientierten nördlich und nordöstlich gelegenen Kommunen stark vom demographischen Wandel betroffen. Sie scheinen „nicht Fisch, nicht Fleisch" zu sein. Diese Kommunen verzeichnen zwar wiederholt und temporär Zuzüge von Familien mit kleinen Kindern, jedoch sind die in diesen Umlandgemeinden „landwirtschaftlichen Wohn- und Arbeitsstrukturen" schwächer etabliert als es in den anderen ländlichen Kommunen der Fall ist (DOUGLAS & WARSEWA 2010:10), und die hinzugekommenen Einwohner wandern nach der Kinderphase gleich wieder ab und tragen so nicht zu einer Stabilisierung bei.

Welche Maßnahmen empfehlen diese Autoren? Bezüglich der Entwicklungen im Bereich „Wirtschaft und Arbeit" wird es im ländlichen Raum schwierig werden, Nachfolger für die vorhandenen Agrarunternehmen zu finden, man wird stärker auf „bislang nicht erwerbstätige Personen" setzen müssen (DOUGLAS & WARSEWA 2010:19). Arbeitsmöglichkeiten könnten, so die Vermutung, durch den Umbau zu altengerechtem Wohnen entstehen. Eine stärkere Orientierung von Handel und Dienstleistung auf die alternde Bevölkerung könnte auch Chancen für die verschiedenen Anbieter entstehen lassen. Im Bereich „Bauen und Wohnen" argumentiert man ähnlich wie der Demographiebericht der Bundesregierung mit der stärkeren Nutzung von nachbarschaftlichen Arrangements. „Kreative Milieus" auf dem Land und kulturelle Angebote in den Städten sollen die Lebensqualität auf dem Land erhöhen, indem die Angebote auch auf dem Land verfügbar gemacht werden. Die Planung – so die Autoren – solle sich auf zukünftig kleinere Aktionsradien der Bevölkerung ausrichten. Energie und Transport würden sich verteuern, und daher sollte eine möglichst große Zahl an Dienstleistungen lokal angeboten werden. Auch sollte die Hochkultur in Form von Theatern und Museen sich um eine bessere Zugänglichkeit ihrer Angebote in der Fläche bemühen, d. h. aktiv zu den Menschen hinkommen. Im Bereich „Bildung und Kultur" sollen vor allem „unterprivilegierte Jugendliche" gefördert, der Zugang ausländischer Arbeitnehmer zum Arbeitsmarkt verbessert und das lebenslange Lernen ausgebaut werden. Insbesondere das Seniorenstudium sei ein Wachstumsmarkt. Altengerechter Tourismus mit Angeboten zur Pflege und Erholung sei ein klarer Wachstumsmarkt, und Sehenswürdigkeiten in der Stadt seien außerdem barrierefrei zu gestalten. Im Bereich „Infrastruktur und Finanzen" wird zwischen Verkehr und Versorgungsnetzen unterschieden. Hier wird angenommen, dass die zukünftigen Alten häufiger als die heute lebenden Alten auf das Auto und nicht den ÖPNV rekurrieren werden. Weil aber die Autos seltener genutzt werden, wird der Verkehr insgesamt abnehmen. Die Ver- und Entsorgungssysteme werden insgesamt weniger ausgelastet sein und damit teurer für den Einzelnen. Auch in diesem Punkt wird empfohlen, die allgemeine Entwicklung an den Bedürfnissen der Alten auszurichten, zumal die Schülerzahlen weiter zurückgehen werden.

Was empfehlen die Autoren der Studie nun den Kommunen? Ländliche Kommunen sollen durch bessere Betreuungsangebote für Kinder unter sechs Jahren junge Familien anziehen. Die städtischen Gemeinden sollten möglichst durch innovative Milieus, informelle Projekte und kulturelle Angebote junge Einwohner anziehen. Energiesparmaßnahmen und ökologisches Bauen könnten mit dem Umbau zum altengerechtem Wohnen kombiniert umgesetzt werden. Wie auch von der Bundesregierung empfohlen, sollten möglichst internetgestützte Netzwerke bei der Fördermittelakquise für Unternehmensnachfolger auf dem Lande eingesetzt werden. Auch in diesem Bericht wird auf die veränderten Vorstellungen der Menschen vom eigenen Leben hingewiesen; es steige die Nachfrage nach Altenwohngemeinschaften und Mehrgenerationenhäusern. Es solle darüber hinaus eine „Kultur des Alterns" entwickelt werden, die einer eventuellen Altersdiskriminierung entgegen wirke. Gleichzeitig sollten Schulabgänger freiwillige, jedoch vergütete, soziale Dienste leisten. Außerdem sollten neue Formen des Mobilitätsverhaltens, beispielsweise *Car-Sharing*,

entlastend für Pendlerstrecken stärker gefördert werden. Zur Finanzierung von chronisch unterfinanzierten Ausgaben sollen PPP (*Public Private Partnership*) eingeworben sowie das *Contracting*-Verfahren eingesetzt werden, das nach Meinung der Autoren die kommunalen Betriebskosten nachhaltig reduziere. Auch sollten die Kommunen stärker als bisher miteinander kommunizieren, um zu einer besseren Abstimmung bezüglich ihres eigenen kommunalen Handelns zu gelangen.

Prinzipiell ist es sicherlich richtig, kreativen Milieus Raum zu gehen oder die ökologische Modernisierung der Häuser voranzutreiben. Doch drängt sich der Verdacht auf, dass diese Handlungsempfehlungen weitgehend durch die Absicht motiviert sind, die konsumgewöhnte 60+-Gesellschaft zu bedienen und in ihrer Entscheidung für den gewählten Wohnort zu bestärken. Dies jedoch würde am eigentlich interessanten Kern dieser Neuerungen vorbeigehen. Denn wenn es nicht um die jungen Künstler, die kreativen Raumpioniere und um deren Ideen selbst geht oder aber darum, Experimente im und mit den freiwerdenden Räumen zuzulassen, nimmt man die Akteure nicht ernst genug. Man konzentriert sich auf die Konsumenten und führt damit die bisherigen Handlungsmuster fort. Das ist zwar *user friendly*, aber im Sinne eines erhofften gesellschaftlichen Neuerungsprozesses wahrscheinlich zu wenig nach vorne gedacht. Hilft hier ein Blick in die Stadt- und Gesellschaftsforschung? Wie kann mit Schrumpfung noch umgegangen werden, und handelt es sich tatsächlich um eine Besonderheit der räumlichen Entwicklung?

4. Schrumpfung in der Stadt- und Gesellschaftsforschung

Ein Blick in die Geschichte zeigt, dass es immer wieder schrumpfende Städte gegeben hat: Vor allem, wenn es zu Hungersnöten, Epidemien, Bränden und Naturkatastrophen kam, wurden Gebäude und ganze Quartiere aufgegeben. Die frühe Neuzeit zeigt ein ganzes Spektrum an zyklisch schrumpfenden Städten. Man denke nur einmal an die Siedlungspolitiken des Dreißigjährigen Krieges, die unter anderem die Ansiedlung von Hugenotten in Preußen und die Neuansiedlung von Dörfern mit sich brachten. Auch während der Wachstumsphase der Industrialisierung bestanden Wachstum und Schrumpfung nebeneinander, viele Städte verloren ihre alten politischen und kulturellen Funktionen, andere verpassten den Anschluss an das Eisenbahnnetz (vgl. OWZAR 2008:XXIVff.). Schrumpfung hat schon immer einen „Seitenzweig urbaner Entwicklung" dargestellt, erst seit den 1970er-Jahren ist dieser in den Hintergrund getreten. Mit der Industrialisierung entwickelte sich die Vorstellung, dass Stadtentwicklung Wachstum bedeutet – *„Wachstum von Bevölkerung, Fläche, Arbeitsplätzen und damit Wirtschaftskraft"* (HÄUSSERMANN & SIEBEL 1987:91), und: *„Wenn das Wachstum ausbleibt, ist Entwicklung nur noch Verlust und Katastrophe"* (HÄUSSERMANN 2008:347). Auch für die neuen Bundesländer hatte man auf Wachstum gehofft, war vom Bild „blühender Landschaften" aus-gegangen (vgl. HEINEBERG 2008:298). Das klassische Planungsverständnis der Nachkriegszeit war auf Wachstum, Expansion und Neubau ausgerichtet, Schrumpfung wurde abgelehnt bzw. nicht als ernsthafte Option diskutiert. Der Tatbestand der Schrumpfung und die damit verbundene wohlfahrtsstaatliche Diskussion sei zunächst für 20 Jahre verdrängt worden (HESSE 2008:329). Schließlich entspann sich eine Diskussion, die die Schrumpfung in der Stadt positiv wenden sollte. Jetzt rückten die Reaktivierung von Brachen, Flächenrecycling, Wiedernutzung als Entwicklungspotenziale in den Fokus der Debatte (HEINEBERG 2008:296). Eines der ersten Bundesprojekte, die sich mit „Stadtentwicklung ohne Wachstum" beschäftigten, war die IBA Emscher-Park im Ruhrgebiet (vgl. HEINEBERG 2008:305).

Die IBA 2010 hat anerkannt, dass Schrumpfung wahrscheinlich der Regelfall sein wird und eine umfassende gesellschaftliche Neu- und Umorientierung eingefordert. In diese Richtung arbeitet heute auch das Netzwerk *„Cities regrowing smaller: Regeneration Strategies in Shrinking Cities across Europe"* (COST-CIRES). Ebenso drehen sich die Diskussionen um die *slow city* in der Stadtentwicklungsdebatte um die Frage, wie ein Verständnis von Stadtentwicklung aussehen könnte, dass nicht auf Wachstum basiert. Wachstum, das ist die Zunahme einer Sache bei gleich bleibender Qualität, Entwicklung hingegen beinhaltet eine Qualitätsveränderung eines Dinges. Hier setzen die Vertreter der *Slow-City*-Bewegung an. Sie treten für eine nachhaltige Stadt- und Regionalentwicklung ein, die regional-

typische Stadtbilder und Kulturlandschaften erhalten will, die die Umweltqualität verbessern und eine stärkere Einbindung in regionale Wirtschaftskreisläufe, eine stärkere Beachtung und Nutzung regionaler Produkte erreichen kann sowie Gastfreundschaft und internationalen Austausch fördert, die insgesamt die Lebensqualität erhöhen (KNOX & MAYER 2009:214f).

Gibt es in Deutschland Erfahrungen, auf denen man im Nordwesten aufbauen kann? Hier lohnt ein Blick auf diejenigen Bundesländer, die bereits seit langem Erfahrungen mit Schrumpfung und Wandel erleben. Unter dem Titel „Wittenberge ist überall" hat ein Team aus Sozialforschern, Performance-Künstlern und Theaterautoren den Schrumpfungsprozess in eben jener Stadt in den Jahren 2007 bis 2010 beobachtet und das Überleben der Menschen dort, ihren Umgang mit dem sozialen Wandel, der *„Gewinner und Verlierer, Profiteure und Betrogene, Avantgardisten und Überflüssige"* (BUDE, MEDICUS & WILLISCH 2012:12) zurücklässt, untersucht. Welche kollektiven Phantasien der Bewohner ranken sich um das Thema „Überleben", wen grenzen die Einwohner aus und auf wen richtet sich ihre Aufmerksamkeit, ihr Zorn? Durch die Kombination von Wissenschaft, Kunst und Alltag sollten Schichten des demographischen und sozialen Wandels sichtbar gemacht werden, die bis dahin mit den Instrumenten der Sozialforschung nicht wahrgenommen werden konnten. Den Projektleitern ging es um die Aufzeichnung der *„real existierenden Multiperspektivität von totalen gesellschaftlichen Phänomenen"* (BUDE, MEDICUS & WILLISCH 2012:13). Die Autoren sehen das, was sich in der Stadt Wittenberge ereignet, als paradigmatisch für die postindustrielle Gesellschaft an. Die wegfallenden industriellen Strukturen der Massenproduktion fielen in Ostdeutschland lediglich früher als in Westdeutschland auf. Der Umbruch setze sich heute in die altindustriellen Kerne des Westens fort (WILLISCH 2012). Im Übrigen habe sich schon in den 1970er-Jahren die Endlichkeit des industriellen Modells gezeigt: Anstatt mit der Ölkrise umzusatteln und sich Alternativen zum ressourcenverschleißenden Entwicklungsmodell zu überlegen, hatte man so weitergemacht wie vorher und damit den Blick auf mögliche Alternativen verstellt. Das Tempo, mit dem der Umbruch in Wittenberge jetzt ablaufe, und die sich manifestierenden Ungleichheiten unterhöhlten die alten, gewohnten Umgangsformen in der Region, in der Familie, in der Arbeitswelt. Verbindlichkeiten schrumpften zusammen, langfristige Planung würde unüblicher – kurz: Es schrumpften Verantwortlichkeiten – so die Forscher in ihrem Resumee. Wer nicht weggeht, muss einen Weg zum Überleben finden, muss irgendwie weitermachen. Gerade die Jungen müssen weitermachen, ohne eine Garantie auf Wohlfahrt zu haben. *„Individuelle Prekarität an einem sich selbst unsicheren Ort verlangt die doppelte Anstrengung und die doppelte Aufmerksamkeit"* so WILLISCH (2012: 94).

Die Sozialwissenschaftler kehrten in ihrer Forschung die übliche Perspektive um. Sie gehen davon aus, dass die Sicht auf die Mängel die Neugier für das, was da vielleicht an Neuem wächst, auch verstellen könne. *„Es gibt keinen Mangel"*, stellen sie schließlich fest. Spräche man einmal mit den Menschen, dann würde kein Mangel sichtbar, höchstens das Gefühl, ausgegrenzt von einer größeren Entwicklung zu sein. Vielmehr sei es für alle, vor allem auch die Regionalverwaltungen, ein eingespieltes Ritual, dass Fördergelder aufgrund eines festgestellten Mangels vergeben würden. Der Mangel wird vor allem strategisch eingesetzt, man versucht mit der Etablierung eines bürokratisch scheinbar privatwirtschaftlichen Komplexes ein Krisenbewältigungsinstrument zu schaffen (HAESE 2012). Viel weniger Ressourcen könnten für die Entwicklung von lokalen Alternativen eingefordert werden. Die unterschiedlichen Lebenswelten zeigen sich zwischen den Alten und Etablierten in der Stadt mit ihrem Arbeitsethos und den jungen Ausgegrenzten: Die Etablierten nutzten ihre Kleingärten, um die eigene Versorgung mit Obst und Gemüse zu sichern. Die Jüngeren taten dies nicht. Denn für sie hätte dieses Verhalten eine weitere Stigmatisierung bedeutet. Diese Tätigkeit im eigenen Garten habe ihnen erst recht gezeigt, dass sie nicht mehr am Konsum teilnehmen können, dass sie ein Leben außerhalb der Mehrheit lebten. Rein ökonomisch betrachtet, macht dieses Verhalten auch Sinn, denn im Discounter sind die Produkte billiger zu erwerben als man sie je selbst herstellen könnte[7]. Und das

Gefühl, sich selbst als Teil einer Konsumgemeinschaft zu verstehen– dies war eine zentrale Erkenntnis der Untersuchung – ist für die Menschen bedeutsam. Die beobachtbare Aufspaltung der Aktivitäten der Individuen in mannigfache Unternehmungen entpuppte sich bei näherem Hinsehen als eine kollektive Überlebensstrategie. Willisch spricht von einer *„Verbreiterung der Gelegenheitsräume"*, die die Ertragsschwäche der einzelnen Unternehmungen kompensieren sollen und die dadurch Vertrauen in die zukünftige eigene Handlungsfähigkeit erlauben könnte (WILLISCH (2012:94ff). Die Forscher fanden in Wittenberge viele der „Prekären", die aus den traditionellen Lebenssicherungsmodellen auf Überlebensstrategien umgestiegen waren, und sie stellen fest, dass genau hier die Umstellung von *„Karriere und Zugewinn auf Erhaltung und Bewahrung"* stattfand. In diesem „Überlebensmodus" wird der Ort wichtiger. Dies ist übrigens ein Ergebnis vieler Sozialstudien, nämlich dass Arbeitslosigkeit zu Immobilität, nicht zu erhöhter Mobilität führt und Konstrukte zutage fördert, die einen Umgang mit der Arbeitslosigkeit ermöglichen. Dieser „Überlebensmodus" wird als Konsequenz der Entkopplung von Kapitalwachstum und Beschäftigungswachstum in den westlichen Gesellschaften, die immer mehr Arbeitskräfte in der Produktion überflüssig macht, interpretiert. Seitdem heißt der Modus nicht mehr „Überschuss", sondern „Reproduktion". Fast hat man den Eindruck, dass dieser „Überlebensmodus" zurzeit die vorgeschlagenen demographischen Strategien der Politikberatung beherrscht. Es geht stärker um Erhaltung und Wiederherstellung (beispielsweise durch die Zusammenlegung von Dörfern u. ä.) als um eine Offenheit für Neues.

Mittlerweile gibt es eine ganze Reihe von laufenden, so genannten alternativen Projekten – wenn man so will – sozialen Experimenten. Lässt man nun einmal die ausgeschwärmten Raumpioniere vor Ort zu Wort kommen, dann hört man, dass bisher auch bei den Bewohnern wenig Offenheit für Neues da ist, dass das Hoffen auf den „Investor" als großer Problemlösungsfigur die Gespräche bei den Bewohnern dominiert und dass vielerorts ein

---

[7] Zurzeit sind die „Gewinner" der großen Transformation, so berichten die Autoren, die Discounter: Deren Preisgefüge und das Angebot an Kleidern, Nahrungsmitteln und Möbeln bilden die Grundlage für den Zuschnitt der Transferleistungen, die von dieser Bevölkerungsgruppe bezogen werden. Das von den Forschern beobachtete *Discounting* wird bei den Bewohnern Wittenberges zu einer Strategie der Teilnahme an diesem gesellschaftlichen Gefüge: *„Discounting heißt, auf spezielle*

Weise teilzuhaben an den Wachstumsmärkten der globalen Welt und seine Konsumstrategien so zu ordnen, dass am Ende das Gefühl dominiert, nicht nur Geld gespart, sondern tatsächlich Geld verdient zu haben" (ECKERT & WILLISCH 2012: S. 97). Und der Weg zum Discounter ist eine mindestens so soziale wie ökonomische Handlung: Man hat etwas vor und man einen Grund, Leute zu treffen.

Schrumpfen auf die vor-industrielle Größe stattfindet[8]. Auf den ersten Blick erfahren die alternativen
Modelle Ablehnung von Seiten der Bevölkerung,
und diese lässt sich kaum auf die Aktionen der
Künstler ein, beispielsweise auf die „Jedermann-
gärten" oder auf künstlerische Verfremdungsaktio-
nen im Dorf. Die Künstler erreichen diejenigen, die
sie schon kennen, sie schaffen es nur vereinzelt z.
B. über Theaterprojekte, junge (abwanderungswil-
lige) Menschen einzubinden. Sie schaffen es über
ihre Aktionen insgesamt kaum, die alteingesessene
Bevölkerung zu erreichen. Auf die Frage des
Künstlers Jost Löbers „Zeig mir dein Wachstum"
antwortet eine der Bürgerinnen Perlebergs: „Wir
haben hier negatives Wachstum, das ist das Un-
kraut vor den Häusern".

Neben dem Problem der Widerstände hinsichtlich
der Akzeptanz von „alternativen Visionen" besteht
das Problem der Übertragbarkeit solcher sozialer
Experimente. Dass die an einem Ort durchaus er-
folgreichen und nachhaltigen Pionierprojekte nicht
einfach auf andere Orte übertragbar sind, zeigt das
Beispiel der Wächterhäuser in Leipzig. So hatte der
Verein „Haushalten e. V." in Leipzig sehr erfolgreich und mittlerweile seit dem Jahr 2004 in seiner
Satzung institutionell fest verankert das Ziel formu-
liert, die „Sicherung und Werterhaltung gefährde-
ter Gründerzeitbauten an städtebaulich bedeutsa-
men Lagen durch die Akquisition neuer Nutzer auf
nicht kommerzieller Basis" anzustreben. Aufgrund
des großen Altbaubestandes in der Stadt waren
klassische Formen der Sanierung wenig aussichts-
reich für die vielen Altbauten. Mit dem Konzept der
„Wächterhäuser" hatte man einen Weg gefunden,
mit ungenutzter und vom Verfall bedrohter Bausub-
stanz umzugehen. Man hatte sich dort vornehmlich
an Künstler und das kreative Milieu als Nutzer ge-
wandt. Beim Versuch, dieses Modell auch auf
Magdeburg zu übertragen, zeigte sich jedoch, dass
dies nicht möglich war. Ein wesentlicher Grund
hierfür war, dass man die Bevölkerungsgruppe der
Künstler und Kreativen, für die solche Zwischen-
nutzungen interessant sind, in Magdeburg nicht in
gleichem Maße antreffen konnte. Es gab auch von

Seiten der Vermieter kaum eine Offenheit, die eigenen im Verfall begriffenen Häuser zur Verfügung
zu stellen. Doch fehlte es auch an institutioneller
Unterstützung in der Startphase des Projektes (vgl.
GERDES 2010). Man sollte folglich in „beide
Richtungen" Vorsicht walten lassen: erstens bei der
Präjudizierung von Entwicklungspotenzialen und
zweitens hinsichtlich der Übertragbarkeit von ande-
rorts (erfolgreich) erprobten Strategien. Auch in der
Studie des Berlin-Instituts werden die möglichen
positiven Entwicklungsimpulse, die von Raumpio-
nieren ausgehen können, erwähnt, jedoch gedank-
lich nicht weitergeführt. Diese Raumpioniere näh-
men bewusst Strukturschwäche und periphere Lage
in Kauf, um alternative Lebensformen auszuprobie-
ren. Für einige Dörfer könnten regenerative Energien und ökologische Landwirtschaft in der Tat eine
Entwicklungsoption   sein   (BERLIN-INSTITUT
2010: 14). Auch hier geht es um neue Formen im
Umgang mit Schrumpfung, bloß sind sie stärker
experimentell und weniger instrumentell auf eine
Erreichung eines bestimmten Zustandes ausgerichtet.

Aus Sicht der Autorin kommen vier alternative
Stränge in Frage, die den Gedanken einer Entwicklung ohne Wachstum aktuell schon in die Praxis
umsetzen und die auch in der wissenschaftlichen
Literatur Erwähnung finden. Wohin könnten sich
die Projekte im Jahre 2037 in Niedersachsen entwickelt haben? Die hier angedachten Zukünfte sind
reine Gedankenspielerei, sie greifen einen vorhandenen Nucleus auf und schreiben diesen überspitzt
in die Zukunft fort. Wie in der Einleitung bereits
vermerkt, sind die skizzierten Visionen für den
ländlichen und städtischen Raum tatsächlich als
solche zu verstehen, und sie erheben keinerlei Anspruch auf etwaige Wissenschaftlichkeit.

5. Visionen und Zukunftsszenarien

5.1 Abgekoppelte Orte neben Windkraftanlagen

Elsfleth hatte ganz auf Windkraft gesetzt. Der Bürgermeister saß mit den Energie produzierenden Unternehmen zusammen und vereinbarte eine Beteiligung aus den Gewinnen für den Strom aus den auf-
gestellten Windrädern. Anfangs war der Widerstand
gegen die Windräder enorm, und nur einzelne Be-

---

[8] Diese Zustandsbeschreibungen sind dem Forum „Wachstum entdecken - Umbruch gestalten" des Projektes „Stadt.Land.Fluss", gefördert
von der Kulturstiftung des Bundes, am 14. Januar 2012 in Perleberg
entnommen. Hier fand auch die Premiere des Theaterstücks „We are
blood" statt, das die Situation der Schülerinnen thematisiert, die zwischen Abwanderung und Verortung schwanken (Quelle: Eigene Teilnahme).

wohner, und zwar diejenigen, die direkt ihr Land für die Aufstellung der großen Anlagen verpachten konnten, hatten deren Aufstellung zugestimmt. Bei Dörfern in Mecklenburg-Vorpommern hatte man festgestellt, dass es in vielen Kommunen zu einer Zuspitzung des Akzeptanzproblems gekommen war. Die Dorfbewohner hatten keinerlei Vorteil von der Aufstellung der Windräder gehabt, die Stromproduktion wurde direkt in das bundesweite Netz eingespeist bzw. der Überschuss in die Welt verkauft. In Elsfleth hatte der Bürgermeister klug verhandelt: Abgesehen von einer Beteiligung an den Gewinnen, die jeweils in die kommunale Kasse flossen und zum Bau und zur Instandhaltung von Infrastruktur und Bildungseinrichtungen dienten, hatten die Elsflether einen um 50 % reduzierten Stromtarif aushandeln können. Das war angesichts der inzwischen stark gestiegenen Energiepreise eine deutliche Erleichterung für alle Bewohner der Stadt. Außerdem hatte man begonnen, regionale Expertisen bezüglich der Anlage von Windparks zu sammeln und in andere Regionen und Länder zu verkaufen. Es hatte sich gezeigt, dass der Windpark nur auf einem relativ kleinen Gebiet angesiedelt werden konnte und dass man vor allem in Kooperation mit den Naturschutzverbänden vor Ort agieren konnte. Aufgrund der Erfahrungen des Ortes mit dieser Art einer neuen „Allmendewirtschaft" waren immer wieder interessierte Delegierte aus anderen Ländern in den Ort gekommen und hatten Expertise eingeholt.

5.2 Das hübsche Künstlerdorf und die ökologisch-alternative Bewohnerschaft

Die Bürgermeisterin von Worpswede hatte es gewagt: Sie hatte zu den schon etablierten Künstlern in der Stadt sehr viele junge Künstler in den seit vielen Jahren leer stehenden Einfamilienhäusern angesiedelt und Tandems mit älteren einheimischen Künstlern gebildet. Die alten Techniken der Worpsweder Malerei konnten so erhalten werden, und sie wurden von den jungen Künstlern weiterentwickelt. Das Künstlerdorf Worpswede war bis dahin nur den Älteren bekannt, jetzt waren es auch die jüngeren Künstler, die dorthin kamen und sich inspirieren ließen. Für die Kinder und Jugendlichen aus dem Umland hatte man regelmäßige Kurse eingerichtet, in denen sie entweder malen, töpfern oder

musizieren konnten. Insbesondere Letzteres wurde von den Jugendlichen gut angenommen, und inzwischen konnte man mit einer eigenen jungen Band aufwarten, die man auf die Beine gestellt hatte und die immer einmal wieder Konzerte gab und damit die restlichen Jugendlichen aus dem Landkreis anzog. Ab und zu gab es auch Konzerte, die für die älteren Menschen von Interesse waren.

Gleichzeitig hatte die Bürgermeisterin in den Ausbau ökologischer Landwirtschaft investiert und hier insbesondere den Anbau neuer Sorten und Kreuzungen alter, robuster Sorten angeregt. Hierzu hatte sie mit der Hochschule und der Universität Bremen einen Bildungspakt geschlossen – ganz im Sinne eines forschenden Lernens: Geographiestudierende sollten Ideen für eine intensive Vernetzung der Biobauern mit anderen Anbietern und regionalen Verteilern entwickeln, Biologiestudierende bei Experimenten mit neuen Sorten dabei sein, und Soziologiestudierende untersuchten, wie die neuen Produkte bei den Menschen ankamen. Der Bürgermeisterin war es außerdem gelungen, in einer leer stehenden Einfamilienhaussiedlung eine neue Form der Schule anzusiedeln: Hierher kommen nun regelmäßig Schulklassen aus anderen Bundesländern und erproben sich im ökologischen Landbau.

5.3 Das Migrantendorf

Angesichts der stetig zurückgehenden Bewohnerzahlen hatte der Bürgermeister von Buschried sich dazu entschlossen, Migranten aus aller Welt in seinem Dorf anzusiedeln. Er hatte sich das bei einem Kollegen aus Süditalien abgeschaut.

In Riace in Kalabrien hatte der Bürgermeister Domenico Lucano den dritten Platz bei der Preisverleihung des *World Mayor Prize* bekommen. Er hatte seit 2004 Flüchtlinge aus Afghanistan, Eritrea, Irak, Somalia, Palästina und Libanon aufgenommen und das Projekt *„Città del futuro"* (Stadt der Zukunft) begonnen. Das Dorf Riace war damals beinahe ausgestorben gewesen, die Jugendlichen waren nach Norditalien abgewandert, und es gab kein einziges Café mehr in dem Dorf. Er nutzte die Gastfreundlichkeit Süditaliens und bat die Einwohner des Dorfes, die vom UNHCR (Flüchtlingswerk der UNO) empfohlenen Flüchtlinge für eine symbolische Miete in den leer stehenden Häusern aufzunehmen. Jeder Flüchtling – 2010 waren es schon 300 – bekam eine Wohnung zugewiesen und ein tägliches Taschengeld von zwei Euro. Da-für verpflichteten er oder sie sich, das Haus in Ordnung zu bringen, Italienisch zu lernen und einen der alten Handwerksberufe zu lernen, die es früher im Dorf gab. Das hatte Touristen ins Dorf gezogen, man hatte ein Filmfestival ins Leben gerufen, und Wim Wenders hatte einen Kurzfilm über das Dorf gedreht. Das Projekt wurde von vielen Menschen in ganz Italien unterstützt. Das Dorf konnte erfolgreich wiederbelebt werden.

Nach diesem Muster hatte der Bürgermeister von Buschried in Deutschland lebende Flüchtlinge, teilweise auch aus Europa in sein Dorf eingeladen. Sie sollten entweder ein Handwerk mitbringen oder eine Sprachgruppe vertreten. Das Projekt hatte sich zunächst zögerlich entwickelt, dann aber stieß diese Hilfsaktion auf eine Welle von Sympathie und wurde von vielen Vereinen und Verbänden unterstützt. Mittlerweile haben verschiedene Flüchtlinge sich im Dorf eine eigene Existenz aufgebaut und zwar in allen möglichen Bereichen: Sowohl traditionelles Handwerk als auch ganz marktübliche Produkte und Dienstleistungen werden angeboten. Deutschlandweit ist dieses Dorf einmalig, und es wurde zum Bezugspunkt für viele migrantische Vereine und Verbände.

5.4 Die Stadt Bremen

In der Stadt Bremen hatte man einerseits die sehr gute Entwicklung der Universität genutzt. Die Reformuniversität hatte sich als wendig und innovativ erwiesen, indem man zwar verschiedene Anläufe gemacht hatte, um in der Exzellenzinitiative zu bestehen, letztlich jedoch auf kleine, inhaltlich fokussierte Forschungskerne gesetzt hatte. Die Verbindung von naturwissenschaftlicher Forschung mit sozialwissenschaftlichen Ansätzen war ein Unikum, das vor allem mit der Globalisierung und dem Klimawandel relevant geworden war. Die interdisziplinäre Vernetzung, die problem- und nicht fächerorientierte Herangehensweise war in einer zunehmend vernetzten Welt ein Pluspunkt gewesen. Auch hatte sich die Universität auf die Herausgabe von fachlich führenden Lehrbüchern konzentriert und ihre Professoren ermuntert, eine „Bremer Reihe" zu

entwerfen, die den Stand des Lehrkanons in Schulbuchwissen transferieren konnte. Zum ersten Mal hatte eine Universität es gewagt, die Bildungslandschaft nachhaltig an die Erfordernisse der globalisierten Welt anzupassen. Forscher und Hochschullehrer wurden durch ein Programm, dass man gemeinsam mit der DFG gestartet hatte, bundesweit vernetzt, und es wurde ein Pool geschaffen, an den immer wieder Forschungsmittel zur Begleitung von sozialen Experimenten vergeben wurden. Hierdurch hatte man neue Forschungsimpulse gewinnen können. Man setzte weniger auf Verschulung und mehr auf projektförmiges Lernen.

Außerdem hatte die Bürgermeisterin in Bremen das bewährte Stadtentwicklungsinstrument des Quartiersmanagements ausgebaut und für eine stärkere Betonung der lokalen Identität genutzt. In Vegesack florierte die „maritime Meile", und jeder, der etwas über Schiffsbau, Seefahrt und Hafenentwicklung wissen wollte, hatte an einer der Touren teilgenommen, die von Vegesack und Bremerhaven, unter anderem mit dem Schifffahrtsmuseum, dem Klimahaus und dem Auswandererhaus, zusammen organisiert wurden. Auch die Verbindung mit der Überseestadt hatte sich entwickelt: Der Radweg zwischen den beiden Punkten der Stadt am Wasser hatte gefruchtet und zog Touristen aus ganz Deutschland an. Einen völlig anderen Entwicklungsweg schlug Gröpelingen seit den 2010er-Jahren ein. Mit seinem hohen Anteil an migrantischer Bevölkerung hatte es am Anfang der 2000er-Jahre große Probleme gegeben, die Jugendarbeitslosigkeit war hoch, und es war zu einer erhöhten Kriminalität in diesem Stadtteil gekommen. Es gab auch einen hohen Anteil an migrantischen, meist türkischstämmigen Unternehmern und Unternehmerinnen. Hier hatte man investiert und eine Kooperation mit den großen Zulieferern „ethnischer Produkte" in Holland angefangen. Man konnte sich einigen, dass eines der leer stehenden Gebäude in Gröpelingen genutzt werden sollte, um einen Markt aufzubauen, der alles anbot, was man sonst nur über den spezialisierten Einzelhandel aufwändig beziehen konnte. Außerdem waren nach und nach die Fassaden der in dem Stadtteil dominierenden Arbeiterhäuser restauriert worden. Mit Stadtteilfesten, allem voran einer ethnischen Parade, wurde die Bremer Bevölkerung auf die Besonderheiten des Stadtteils hingewiesen. Man hatte damals auf den Bremer „Samba-Karneval" zurückgreifen können und dies ausgebaut: Wie so viele große Städte zuvor hatte man auf eine Parade, einen Karneval der Kulturen zu gesetzt. Aber es zeigte Wirkung, den Bremern gefiel es, und in der *Mental Map* der Bremer war Gröpelingen nun nicht mehr nur mit der Vorstellung eines vernachlässigten Stadtteils verbunden, sondern glänzte ein bisschen im multikulturellen Flair. Durch die Nähe Bremens zu den holländischen Anbietern war der in Gröpelingen errichtete Markt Anlaufpunkt für alle kleineren Nachfrager in Niedersachsen geworden. Durch das veränderte Image und durch eine aktive Schulpolitik hatte sich der Stadtteil gut entwickelt, zahlreiche Zwischennutzer hatten sich angesiedelt. Durch die insgesamt stärkere Belebung war die Kriminalität zurückgegangen, immer öfter kam der Stadtteil auch für junge Familien als Wohnort in Frage. Türkisch wurde Unterrichtsfach für alle Schüler, und es wurde ein Schüleraustausch organisiert, bei dem in jeder Klassenstufe in Kooperation mit einer Schule in der Türkei einmal ein Besuch stattfand. Auch nach ihrer Schulzeit hielten viele Schüler den Kontakt zur Türkei, und es kamen türkische Schüler immer wieder einmal nach Deutschland. Ein solches Projekt war deutschlandweit einzigartig. Jetzt im Jahre 2037 gehörte Gröpelingen zu den jüngsten und dynamischsten Stadtteilen Bremens.

6. Schluss

Es sollte Anspruch dieses Beitrages sein, die Haupttendenzen der demographischen Entwicklung in Deutschland darzulegen, deren Bedeutung für die Region Nordwestdeutschland herauszustellen und mögliche Visionen aufzuzeigen. Meine Ausführungen zeigen, dass in der politikberatenden Literatur eher auf die Mängel und Risiken der Bevölkerungsschrumpfung verwiesen wird und dass viele der von der Bundesregierung anvisierten Maßnahmen es sich implizit zum Ziel setzen, zu einer ‚Normalisierung' der Bevölkerungsentwicklung beizutragen, d. h. vor allem eine Stabilisierung der quantitativen Entwicklung anzustreben. Es erfolgt eine Orientierung an einem ehemals funktionierenden System.

Bei genauerer Betrachtung der von der Politikberatung favorisierten Strategien zeigt sich allerdings auch, dass diese bislang eher zaghaft alternative Formen des Wandels in den Mittelpunkt ihrer Stra-

tegien setzen. Vielmehr erfolgt noch eine Orientierung an einem vormaligen gesellschaftlichen Status Quo, an Wachstum, Stabilisierung und Konsumorientierung. Hier scheinen Demographiedebatte und Stadt- und Gesellschaftsforschung einander kaum wahrzunehmen: Es zeigt sich, dass die Stadt- und Gesellschaftsforschung längst andere Szenarien diskutiert und vor allem „Schrumpfung" nicht als Gegenteil von „Wachstum" auffasst, sondern als eine Variante von „Entwicklung". So zeigt das skizzierte Fallbeispiel aus Wittenberge, mit welchen Widerständen die Transformationen verbunden sind, wie die Konzentration auf den „Mangel" die Sicht auf Neues verstellt. Das Fallbeispiel der Wächterhäuser in Leipzig und das Scheitern dieses Modells in Magdeburg illustrieren außerdem die limitierte Übertragbarkeit von regionalen Experimenten. Die hier präsentierten Visionen können daher auch keine wirklichen Alternativen anzubieten, doch eventuell bilden sie einen Ausgangspunkt für weiteres Nachdenken, beispielsweise über Visionen jenseits des Wachstumsparadigmas oder aber über Regionalentwicklung als Teil sozialer Innovation

Literatur

Bertelsmann Stiftung (o. A., eventuell 2005 oder 2007) (Hrsg.): Demographie konkret: Handlungsansätze für die kommunale Praxis. – Im Internet unter: http://www.wegweiser-kommune.de/ themenkonzepte/demographie/download/pdf/Demo_konkret_2 005.pdf (Abgerufen am 09.06.2012).

BUDE, H., MEDICUS.T & WILLISCH, A. (2012): Vorwort. In: Wittenberge ist überall. Hg. von BUDE, H., MEDICUS, T. & WILLISCH, A., Verlag Hamburger Edition, Hamburg, S. 12f.

Bundesministerium des Inneren (BMI) (2011): Bericht der Bundesregierung zur demografischen Lage und künftigen Entwicklung des Landes. – Berlin, im Internet unter: http://www.bmi.bund.de/ SharedDocs/Downloads/DE/Broschueren/2011/demografiebericht.pdf?__blob=publicationFile (Abgerufen am 9.01.2012 sowie 09.06.2012)

DOUGLAS, M. & WARSEWA, G. (2010): Demografie-Bericht. Auswirkungen und Handlungsempfehlungen zum demographischen Wandel im Kommunalverbund Niedersachsen/Bremen. – Institut für Arbeit und Wirtschaft (IAW), Bremen, im Internet unter: http://www.iaw.uni-bremen.de/ccm /cms-service/stream/asset/?asset_id=1127003 (Abgerufen am 09.06.2012).

ECKERT; A. & WILLISCH, A (2012): Discounting – Teilhabe durch Konsum. In: Wittenberge ist überall. Hg. von BUDE, H., MEDICUS, T. & WILLISCH, A., Verlag Hamburger Edition, Hamburg, S. 96 – 103.

GERDES, J. (2010): Hauserhalt durch Nutzung. Neue Stadtentwicklungskonzepte gegen den Leerstand. – unveröff. Bachelorarbeit, Institut für Geographie, Universität Bremen

GÜNTHER, M. (2009): Herausforderung Demografie für ländliche Räume. Zum demografischen Wandel im Gebiet der Emsländischen Landschaft für die Landkreise Emsland und Grafschaft Bentheim. – In: Jahrbuch des Emsländischen Heimatbundes 55, S. 19-32

HAESE, I. (2012): Von Therapeuten, Chirurgen und Wutsorgern der Stadt. Der Stoff, aus dem Charisma ist. – In: WILLISCH, A. (Hrsg.): Wittenberge ist überall. Überleben in schrumpfenden Regionen. Berlin, Christoph Links Verlag, S. 61-94

HÄUßERMANN, H. (2008): Schrumpfende Städte - katastrophale Perspektiven? – In: LAMPEN, A. & OWZAR, A. (Hrsg.): Schrumpfende Städte. Ein Phänomen zwischen Antike und Moderne. Köln, Böhlau, S. 343-352

HÄUßERMANN, H. & SIEBEL, W. (1987): Neue Urbanität. – Frankfurt a.M., Suhrkamp

HEINEBERG, H. (2008): Städte in Deutschland zwischen Wachstum, Schrumpfung und Umbau aus geographischer Perspektive. – In: LAMPEN, A. & OWZAR, A. (Hrsg.): Schrumpfende Städte. Ein Phänomen zwischen Antike und Moderne. Köln, Böhlau, S. 295-324

HESSE, M. (2008): Schrumpfende oder atmende Stadt? Überlegungen zur Einordnung von Schrumpfungsprozessen in den Kontext der Urbanisierung. – In: LAMPEN, A. & OWZAR, A. (Hrsg.): Schrumpfende Städte. Ein Phänomen zwischen Antike und Moderne. Köln, Böhlau, S. 325-342

HESSE, K.-M. (2009): Arbeitsschritt 2: Entwicklung des teilräumlichen Handlungsbedarfes in den oberzentralen Verflechtungsräumen. – In: HESSE, K.-M.: Demographischer Wandel in der Metropolregion Bremen-Oldenburg im Nordwesten. Endbericht. Forum GmbH, Oldenburg

JUNG, H.-U. & SKUBOWIUS, A. (2011): Wirtschaftlicher Strukturwandel in Niedersachsen. – In: Neues Archiv für Niedersachsen 1, S. 2-31

KNOX, P. & MAYER, H. (2009): Kleinstädte und Nachhaltigkeit: Konzepte für Wirtschaft, Umwelt und soziales Leben. – Basel, Birkhäuser

KRAMER, C. & PFAFFENBACH, C. (2011): Junge Alte als neue „Urbaniten"? Mobilitätstrends der Generation 50plus. – In: Raumforschung und Raumordnung 69, S. 79-90

KRAPPWEIS, S. (2005): Demografischer Wandel in Ostdeutschland. Menschen gehen, Wölfe kommen? – Gemeinsame Landesplanungsabteilung Berlin-Brandenburg, Vortrag beim Bund Neudeutschland, Stadtgruppe Berlin, 19.3.2005

KRÖHNERT, S., KUHN, E., KARSCH, M & KLINGHOLZ, R. (2011): Die Zukunft der Dörfer. Zwischen Stabilität und demographischem Niedergang. – Berlin Institut, im Internet unter: http://berlin-insti-tut.org/fileadmin/user_upload /Doerfer_2011/Die_Zukunft_der_Doerfer_Webvers ion.pdf (Abgerufen am 09.08.2012)

MUTH, E., KRUSE, A. & DOBLHAMMER, G. (2008): Was das Leben Jahre kostet. – In: Demografische Forschung aus erster Hand 5/3, S. 1-2, im Internet unter: http://www.demografische-forsch ung.org/archiv/defo0803.pdf (Abgerufen am 09.06.2012)

OWZAR, A. (2008): Einführung. – In: LAMPEN, A. & OWZAR, A. (Hrsg.): Schrumpfende Städte. Ein Phänomen zwischen Antike und Moderne. Köln, Böhlau

SCHNEIDER, N. (2012): Gibt es eine Krise der Familie? Eine Lebensform im Spannungsfeld zwischen Wandel und Konstanz. – In: BIB-Mitteilungen, Ausgabe Januar, S. 10f.

SENNETT, R. (1998): Der flexible Mensch. Die neue Kultur des Kapitalismus. – Berlin, Berlin-Verlag

WILLISCH, A. (2012): Der lange Weg zum schnellen Absturz und die Suche nach neuen Überlebensformen. – In: WILLISCH, A. (Hrsg.): Wittenberge ist überall. Überleben in schrumpfenden Regionen. Berlin, Christoph Links Verlag, S. 25-47

Zukunftsperspektiven für den Wirtschaftsstandort Niedersachsen

Javier Revilla Diez[*]

1. Einführung

Nach dem Konjunkturletter des Niedersächsischen Instituts für Wirtschaftsforschung e.V. (NIW) vom Herbst 2011 hat sich die niedersächsische Wirtschaft nach der globalen Wirtschaftskrise sehr rasch erholt. Die wirtschaftliche Entwicklung in 2010 und 2011 hat eine unerwartete Dynamik entfaltet, so wie sie in den vergangenen 20 Jahren nur selten zu beobachten war. Getrieben durch die Auslandsnachfrage profitierte vor allem die Automobilindustrie, wie die aktuellen Rekordzahlen der Volkswagen AG eindrucksvoll belegen. In der Krise hat sich gezeigt, dass auch andere Wirtschaftszweige im Bereich der Dienstleistungen und des Verarbeitenden Gewerbes wie z. B. die Ernährungswirtschaft wichtige Eckpfeiler der niedersächsischen Wirtschaft darstellen. Im ersten Halbjahr 2011 wuchs die niedersächsische Wirtschaft im Vergleich zum Vorjahreszeitraum um 3,3 %, da-mit allerdings schwächer als Deutschland insgesamt (3,9 %). Besonders positiv hat sich der konjunkturelle Aufschwung auf den Arbeitsmarkt ausgewirkt. Im November 2011 erreichte die Arbeitslosigkeit mit 6,2 % ein seit vielen Jahren unbekanntes, niedriges Niveau. Erfreulich ist auch die geringe Jugendarbeitslosigkeit, die sich auf 5,2 % verringert hat. Die Aussichten für das Jahr 2012 sind angesichts der europäischen Schuldenkrise eingetrübt. Die niedersächsische Wirtschaft exportiert sehr stark in europäische Länder, in denen sich die Nachfrage nach Produkten aus Niedersachsen abschwächen wird. Insgesamt wird für das Jahr 2012 in Niedersachsen ein Wachstum von 1 % erwartet (BREDEMEIER 2011).

Angesichts der wirtschaftlichen Entwicklung der letzten Jahre, die sehr stark von externen Wachstumsdeterminanten wie z. B. der Exportnachfrage beeinflusst wird, stellt sich die Frage, wie interne Faktoren der Wettbewerbsfähigkeit in einer lang-

fristigen Perspektive zu bewerten sind. Denn ohne qualifizierte Arbeitskräfte, technologische Fähigkeiten und Innovationskraft der Unternehmen lässt sich der Exporterfolg und somit die Basis für das erreichte Wohlstandsniveau auf Dauer nicht sichern. Vor diesem Hintergrund diskutiert der vorliegende Beitrag die Herausforderungen, die sich zum einen durch den demographischen Wandel und zum anderen durch den technologischen Wandel für Niedersachsen und seine Regionen ergeben. Denn Niedersachsens Regionen weisen aufgrund ihrer unterschiedlichen wirtschaftsstrukturellen Spezialisierung, ihrer demographischen Situation und technologischen Leistungsfähigkeit sehr unterschiedliche Entwicklungsperspektiven auf. Grundlage für die Ausführungen bilden zahlreiche Studien des NIW, das sich seit 30 Jahren mit den regionalwirtschaftlichen Auswirkungen des sektoralen und demographischen Wandels auseinandersetzt.

2. Herausforderungen durch den demographischen Wandel

Obwohl bereits seit den 1970er-Jahren in zahlreichen Studien auf die schrumpfende und alternde Bevölkerungsentwicklung in Deutschland hingewiesen wurde, gerät der demographische Wandel angesichts der bereits zu erkennenden Auswirkungen erst jetzt in den Blickpunkt der öffentlichen Debatte. Unternehmen beklagen einen sich verstärkenden Fachkräftemangel und befürchten einen Rückgang der lokalen Nachfrage. Schrumpfende Kommunen sorgen sich, wie zukünftig öffentliche Güter wie Bildung, Gesundheit und Verkehr angeboten werden können.

Zusammensetzung und Entwicklung der Bevölkerung bilden wichtige Rahmenbedingungen für regionale Entwicklungsprozesse. Zum einen rekrutiert sich aus der Bevölkerung das Angebot an Arbeitskräften, zum anderen prägt die Bevölkerung die Nachfrage nach privaten und öffentlichen Gütern. Die Bevölkerungsentwicklung wird durch die natürliche Bevölkerungsentwicklung (Zahl der Geborenen und Zahl der Gestorbenen) und durch Wanderungsbewegungen (Saldo aus Zu- und Fortzügen) beeinflusst (JUNG 2008).

[*] Prof. Dr. Javier Revilla Diez, Professor für Wirtschaftsgeographie an der Leibniz-Universität Hannover und Vorstandsmitglied des Niedersächsischen Instituts für Wirtschaftsforschung e.V. (NIW)

2.1 Bevölkerungsentwicklung in den 1990er- und 2000er-Jahren

In Niedersachsen wie auch in Deutschland insgesamt hat sich in den letzten Jahren der negative Trend der natürlichen Bevölkerungsentwicklung fortgesetzt. Lag die Zahl der Neugeborenen in Niedersachsen 1995 noch bei 86.000, liegt die Zahl heute bei ca. 62.000. Die Zahl der Gestorbenen bewegt sich seit einigen Jahren auf einem relativ stabilen Niveau von 82.000 pro Jahr. Innerhalb Niedersachsen sind allerdings große Unterschiede in der natürlichen Bevölkerungsentwicklung zu beobachten (vgl. Abbildung 1). Eine positive natürliche Bevölkerungsbilanz ist in den ländlichen Räumen Oldenburger Münsterland, Emsland, Grafschaft Bentheim und Elbe-Weser zu erkennen. In den übrigen ländlichen Räumen des Küstenraumes, des Oberweserraumes, des Leine-Weserberglandes, im Nordosten Niedersachsens sowie in der Harzregion dagegen ist die Bilanz der natürlichen Bevölkerungsentwicklung negativ. Zwischen den Verdichtungsräumen sind die Unterschiede weniger stark ausgeprägt. Besonders günstig verlief die natürliche Bevölkerungsentwicklung in Osnabrück, in Oldenburg, im südlichen Hamburger Umland; weniger günstig im Verdichtungsraum Braun-schweig und in der Region Hildesheim (NBank 2010, JUNG 2008 und 2010).

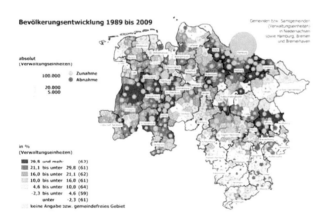

Bevölkerungsentwicklung 1989 bis 2009

Die Wanderungsüberschüsse Niedersachsens können die negative natürliche Bevölkerungsentwicklung nicht kompensieren. Lag der Wanderungsüberschuss in 2001 noch bei 37.000 Personen, waren es 2006 nur noch ca. 6.000 Personen. Regional ergeben sich wieder große Unterschiede. Die stärksten Wanderungs-gewinne im ländlichen Raum verzeichnen das Oldenburger Münsterland, Emsland und Grafschaft Bentheim. Auch der Elbe-Weserraum sowie Ostfriesland können zwischen 1998

und 2007 Zuwächse aufweisen. Besonders ungünstig verlief dagegen die Entwicklung im Harz und im Weserbergland. In den Verdichtungsregionen sind die stärksten Zuwanderungen im Hamburger Umland, gefolgt von Oldenburg, der Region Hannover und dem Bremer Umland zu beobachten. In Göttingen wurden 2007 erstmals seit vielen Jahren mehr Zu- als Fortzüge gezählt. In Braunschweig sind seit den 1990er-Jahren die Wanderungsgewinne immer geringer geworden. In Osnabrück und Hildesheim ist die Wanderungssituation eher ungünstig, wie auch in Salzgitter, Bremerhaven und Wolfsburg (NBank 2010).

Die beschriebenen natürlichen Bevölkerungsentwicklungen und Wanderungsbewegungen haben zur Folge, dass die niedersächsische Bevölkerung seit 2005 abnimmt. In den Jahren 2006 und 2007 schrumpfte die Bevölkerung um 11.300 bzw. 11.000 Einwohner. Regional ist in Niedersachsen ein Umland-Stadt-Gefälle und ein West-Ost-Gefälle zu erkennen. Die Bevölkerungsentwicklung im Hamburger Umland und in Oldenburg verlief besonders positiv, die Regionen Hannover und Bremen folgen mit positivem Trend, allerdings mit gewissem Abstand. Die Stadtregionen Göttingen und Hildesheim sowie Braunschweig haben eine unterdurchschnittliche Entwicklung verzeichnet. Die ländlichen Räume haben insgesamt ihre Spitzenposition verloren. Nach wie vor sind überdurchschnittliche Entwicklungen im Oldenburger Münsterland, Emsland, Grafschaft Bentheim, mit gewissem Abstand im Elbe-Weserraum und in Ostfriesland zu beobachten. Alle übrigen ländlichen Regionen sind von einer unterdurchschnittlichen Bevölkerungsentwicklung gekennzeichnet. Eine deutliche Verschlechterung stellten sich in der Lüneburger Heide, der Mittelweser- und Oberweserregion sowie in Wilhelmshaven, Unterweser und im Nordosten Niedersachsens ein. Besonders schwach verlief die Entwicklung im Leine-Weserbergland und im Harz (JUNG 2010, NBank 2010).

2.2 Bevölkerungsprognosen des NIW

Im Auftrag der NBank hat das NIW eine regionale Bevölkerungsprognose 2008-2025 für die niedersächsischen Stadt- und Landkreise entwickelt. Angesichts der Alterszusammensetzung der Bevölkerung und der schwächeren Wanderungsgewinne wird bis 2025 ein Rückgang von 440.000 Personen bzw. 5,5 % vorhergesagt (NBank 2008). In einer aktualisierten Prognose wird zwischen 2009 und 2030 von einem Rückgang von 704.000 Personen ausgegangen (NBank 2010). Dafür ist vor allem die Verringerung der Geborenenzahlen verantwortlich, die aus der Verschiebung der Altersstrukturen und der geringeren Zuwanderung von Frauen im gebärfähigen Alter resultiert. Auch wenn die Zahl der Gestorbenen durch die zunehmend älteren Menschen steigen wird, geht das NIW davon aus, dass 2025 ein Defizit von 47.000 Geborenen vorliegen wird. Damit reichen die erwarteten Wanderungsgewinne nicht aus, diese negative Entwicklung aufzufangen. Allerdings muss an dieser Stelle konstatiert werden, dass bei Bevölkerungsprognosen die Abschätzung der zukünftigen Wanderungsgewinne sehr schwierig ist. So bilden die durchschnittlichen Wanderungsgewinne der Jahre 2005 bis 2007 die Basis für die Abschätzung der Wanderungsgewinne bis 2025. Angesichts der sinkenden Zahl der wanderungsfähigen Personen in Ostdeutschland und dem verstärkten Wettbewerb um mobile Personen kann diese Annahme zu optimistisch ausfallen. Nichtsdestotrotz liefern die Ergebnisse der Bevölkerungsprognosen notwendige Grundlagen für die möglichen Auswirkungen des demographischen Wandels (NBank 2008 und 2010).

Regional sind die Auswirkungen sehr unterschiedlich (vgl. Abbildung 2). Regionen, die bereits heute eine ungünstige Alterszusammensetzung und eine negative Wanderungsbilanz aufweisen, werden zukünftig vor enorme Herausforderungen gestellt. Laut der NIW-Prognose 2009-2030 können nur der Landkreis Vechta, die Stadt Oldenburg, die Landkreise Cloppenburg und Harburg sowie die Städte Hannover und Braunschweig (Göttingen??) Bevölkerungszuwächse verzeichnen. Allein der Landkreis Vechta wird neben Wanderungsgewinnen auch eine positive natürliche Bevölkerungsentwicklung aufweisen. Alle anderen genannten Regionen mit Bevölkerungszuwachs profitieren ausschließlich von Wanderungsgewinnen. Dagegen muss die Mehrzahl der niedersächsischen Landkreise und kreisfreien Städte mit Bevölkerungsverlusten rechnen. Besonders stark betroffen sind die Landkreise Holzminden, Goslar, Osterode am Harz und Northeim. Die Landkreise Ammerland, Lüneburg und Grafschaft

Bentheim können zumindest ihre Bevölkerungszahl halten (NBank 2010).

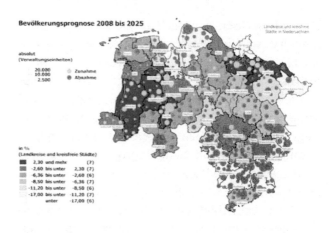

3. Herausforderungen durch den globalen Wandel

Die im Zuge der Globalisierung fortschreitende Liberalisierung der Märkte, der Abbau der Handelsbeschränkungen sowie die Fortschritte im Transport und in der Kommunikation erhöhen den Wettbewerbsdruck auf die Unternehmen. Für die Unternehmen ergeben sich Chancen, aber auch Risiken. Gerade deutsche Unternehmen haben in der Vergangenheit durch die Erschließung neuer Absatzmärkte und durch die effizientere Organisation ihrer Produktion von der Globalisierung profitieren können. So haben beispielsweise niedersächsische Unternehmen zwischen Mitte der 1990er-Jahre und 2007 das Exportvolumen um das 2,5-fache steigern können. Risiken ergaben sich vor allem für Betriebe und Branchen, die dem forcierten Strukturwandel nicht standhalten können und zum Beispiel nicht in der Lage sind, in immer kürzer werdenden Zeitabständen neue, innovative Produkte auf den Markt zu bringen. Die zunehmende internationale Verflechtung betrifft nicht nur große, multinationale Unternehmen, sondern auch kleine und mittlere Unternehmen, die entweder selbst ihre Internationalisierung voranbringen oder eine zunehmende Importkonkurrenz verspüren (GEHRKE, KRAWCZYK & SCHASSE 2010).

3.1 Die niedersächsische Exportspezialisierung als Ausdruck regionaler Wettbewerbsfähigkeit

Die niedersächsische Exportpalette ist Spiegelbild der industriellen Schwerpunkte. Ein besonderes starkes Gewicht weisen Kraftfahrzeuge und Kraftfahrzeugteile, Produkte des Ernährungsgewerbes, Gummi- und Kunststoffwaren (in der Regel für die Fahrzeugindustrie), sowie Waren aus Papier und Pappe auf. Unterdurchschnittlich werden forschungsintensive Waren exportiert. Dazu zählen zum Beispiel die klassischen deutschen Exportbranchen Maschinenbau und Elektrotechnik, aber auch Spitzentechnologiebranchen wie Luft- und Raumfahrt, Pharmazeutika, Datenverarbeitungsgeräte, elektrische und optische Erzeugnisse, denen ein hohes Wachstumspotenzial zugeschrieben wird. Trotz der strukturellen Unter-schiede verlief die Exportentwicklung Niedersach-sens zwischen 2003 und 2007 sehr dynamisch und parallel zur Entwicklung Deutschlands. Neben der Fahrzeugindustrie konnte gerade die Ernährungswirtschaft ihre Präsenz auf Auslandsmärkten ausbauen. Nach wie vor sind es vor allem Großbetriebe, die eine überdurchschnittliche Exportperformance aufweisen. Bei kleinen und mittleren Unternehmen spricht das NIW von einer „Internationalisierungslücke" (GEHRKE, KRAWCZYK & SCHASSE 2010).

Absatzmärkte der niedersächsischen Unternehmen sind vor allem die alten EU-Länder, die nicht nur angesichts der aktuellen Schuldenkrise eher geringe Wachstumschancen bieten (vgl. Tabelle 1). Eine gute Position nehmen die niedersächsischen Unternehmen in den neuen, osteuropäischen EU-Staaten, in Russland und im Mittleren Osten ein. Schwach vertreten ist die niedersächsische Wirtschaft in aufholenden Volumenmärkten Lateinamerikas (Brasilien) und Asiens (China und Indien). Ein starkes Auslandsengagement der niedersächsischen Wirtschaft ist angesichts der beschriebenen globalen Herausforderungen und den strukturellen Stärken und Schwächen nur durch die Stärkung der Innovations- und Wettbewerbsfähigkeit möglich (GEHRKE, KRAWCZYK & SCHASSE 2010).

Niedersachsens Exporte ... Marktklassifizierung	...im Weltmaßstab überdurchschnittlich		...im Weltmaßstab unterdurchschnittlich	
	und im innerdeutschen Vergleich mindestens durchschnittlich vertreten	und im innerdeutschen Vergleich unterdurchschnittlich vertreten	und im innerdeutschen Vergleich mind. durchschnittlich vertreten	und im innerdeutschen Vergleich unterdurchschnittlich vertreten
Entwickelte Volumenmärkte	Großbritannien, Frankreich, Spanien, Schweden, Niederlande, Dänemark	Belgien, Italien, Schweiz, Österreich	USA, Australien	Kanada, Südkorea, Japan
Aufholende Volumenmärkte	Polen, Tschechien, Russland	Ungarn	Vereinigte Arabische Emirate, Indonesien, Mexiko	China, Indien, Brasilien, Saudi Arabien, Türkei
Dynamische Potenzialmärkte	Norwegen, Litauen, Lettland, Rumänien, Slowakei	Slowenien		Bulgarien, Katar, Kuwait, Oman, Chile, Argentinien, Peru, Vietnam
Perspektivmärkte	Weißrussland, Ukraine, Bosnien-Herzegowina; Ägypten	Kolumbien	Marokko	Serbien, Venezuela, Kasachstan, Ecuador, Pakistan, Kenia

3.2 Regionale Innovationspotenziale in Niedersachsen

„Die Komplexität von Innovationsprozessen führt zu einer zunehmenden Interaktion und Arbeitsteilung zwischen verschiedenen Akteuren. Damit hängt die erfolgreiche Entwicklung neuer Produkte, Verfahren und organisatorischer Lösungen nicht nur allein von betriebsinternen Innovationsentscheidungen ab, sondern auch vom betrieblichen Umfeld. Betriebliche Innovation wird nicht mehr als sukzessiver Prozess von Grundlagenforschung, angewandter Forschung, Entwicklung, Innovation, Produktion und Diffusion im Sinne des linearen Innovationsmodells verstanden. Innovationsabläufe stellen sich sehr viel komplexer dar. Nach Vorstellung des sich in der Innovationsökonomie durchgesetzten interaktiven Innovationsmodells ist jede Phase des Innovationsprozesses mit den anderen Phasen gekoppelt, wobei ein ständiger Austausch zwischen Forschern, Produzenten und Anwendern stattfindet. Die im Zuge der flexiblen Spezialisierung immer stärkere Konzentration auf Kernkompetenzen zwingt die Unternehmen, Innovationskooperationen mit anderen Akteuren wie z. B. Abnehmern, Zulieferern, unternehmensnahen Dienstleistungsbetrieben, Wettbewerbern und Forschungseinrichtungen einzugehen. Die neuen Erkenntnisse der Innovationsforschung in Hinblick auf die Entstehung und Diffusion neuen Wissens führen zu einer Aufwertung der räumlichen Ebene. Trotz der Schlagworte wie ‚global village' oder ‚global competition' vollziehen sich die technologischen Entwicklungen an konkreten Standorten. Unternehmen wählen Standorte aus, die ihnen die günstigsten Rahmenbedingungen nicht nur für Produktion oder Vertrieb, sondern auch für Innovationsaktivitäten bieten. Als ausschlaggebend erweist sich die Verfügbarkeit von renommierten Forschungseinrichtungen, qualifiziertem Humankapital, adäquater Infrastruktur, Risikokapitalgebern und hochwertigen "weichen" Standortvorteilen sowie von geeigneten Kooperationspartnern." (REVILLA DIEZ 2002).

Zur regionalen Abschätzung der Innovationspotenziale werden die Aufwendungen für Forschung und Entwicklung herangezogen. Die FuE-Intensität, die die FuE-Aufwendungen auf die Bruttowertschöpfung bezieht, gilt in Innovationsstudien als „Leitvariable". Dieser Indikator erfasst die finanziellen Aufwendungen der Wirtschaft und nicht die Ergebnisse der Innovationsaktivitäten und wird deshalb in der Literatur als Inputindikator bezeichnet. Neben der FuE-Intensität wird zur Erfassung des Innovationspotenzials auch die Zahl der FuE-Beschäftigten an den sozialversicherungspflichtig Beschäftigten insgesamt herangezogen. Wie die FuE-Intensität misst dieser Indikator nur den Aufwand bzw. den Einsatz und nicht das Ergebnis von Innovationsaktivitäten. Hinzukommt, dass diese Indikatoren nur einen Teil der gesamten betrieblichen Innovationsaktivitäten darstellen. Oft erfolgt externe Wissensakquisition durch die Beteiligung an Innovationsnetzwerken, aus Lizenzvereinbarungen, durch den Erwerb von FuE-intensiven Komponenten und Patenten sowie durch Weiterbildung von Personal (REVILLA DIEZ 2002, GEHRKE et al. 2010).

Nach einer Studie des NIW lag Deutschlands FuE-Intensität in den letzten Jahren zwischen 2,7 und 2,8 % und damit über dem OECD-Durchschnitt, allerdings niedriger als in wichtigen Konkurrenzländern wie USA, Japan, Südkorea, Schweden und Finnland. Die FuE-Intensität der niedersächsischen Wirtschaft ist im Vergleich zu Deutschland insgesamt schwächer ausgeprägt. Sektoraler Schwer-

punkt der FuE-Aktivitäten bildet in Niedersachsen die Automobilindustrie, die für über 50 % der FuE-Ausgaben und 44 % des FuE-Personals verantwortlich ist (GEHRKE, SCHASSE & RAMMER 2011).

Regional lassen sich in Deutschland sehr große Unterschiede in der FuE-Intensität und im FuE-Personal identifizieren (vgl. Abbildung 3). Es ist ein klares Süd-Nord- und ein West-Ost-Gefälle zu beobachten. Gemessen an der Höhe der FuE-Ausgaben und dem eingesetzten FuE-Personal liegen Stuttgart und München mit Abstand an der Spitze (vgl. Abbildung 4). Es folgen Regionen mit einem hohen FuE-Einsatz, der insbesondere auf die starke industrielle Prägung zurückzuführen ist. Darunter findet sich neben Darmstadt, Ingolstadt, Friedrichshafen, Mannheim/Heidelberg, Ulm, auch Braunschweig als FuE-stärkste niedersächsische Region. Innerhalb der deutschen Regionen können Hannover und Göttingen gemessen am FuE-Personal ebenfalls eine überdurchschnittliche Position einnehmen. Allerdings ist die Wirtschaftsstruktur Hannovers durch eine stärkere Dienstleistungsorientierung weniger FuE-intensiv als in Braunschweig. In Göttingen fehlt der industrielle Hintergrund für höhere FuE-Aufwendungen. Die übrigen niedersächsischen Regionen liegen sowohl bei den FuE-Ausgaben als auch beim FuE-Personal unter dem deutschen Durchschnitt (GEHRKE, SCHASSE & RAMMER 2011).

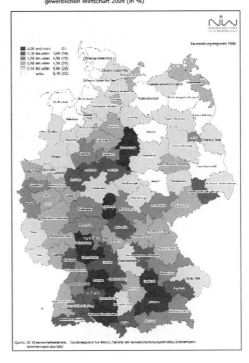

Abb. 3.13:   Anteil FuE-Personal an den sozialversicherungspflichtig Beschäftigten in der gewerblichen Wirtschaft 2009 (in %)

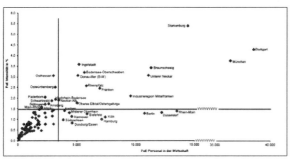

Abb. 3.14: FuE-Personal und FuE-Intensität in der Wirtschaft nach deutschen Raumordnungsregionen 2009

FuE-Intensität: FuE-Personal in % der sozialversicherungspflichtig Beschäftigten in der gewerblichen Wirtschaft.
Quelle: Stifterverband Wissenschaftsstatistik. – Statistisches Bundesamt. – Berechnungen des NIW.

Das FuE-Potenzial ist in Niedersachsen sehr stark auf die drei Regionen Braunschweig, Hannover und Göttingen konzentriert. Allein in Braunschweig sind 48 % des FuE-Personals in Niedersachsen beschäftigt, in Hannover 20 % und in Göttingen 10 %. Gemessen an den FuE-Ausgaben kann neben den genannten Regionen zusätzlich Hildesheim punkten, deren FuE-Intensität über dem niedersächsischen Durchschnitt liegt. Auch im niedersächsischen Vergleich liegen alle übrigen Regionen unter dem Durchschnitt des Landes. Die starke räumliche Konzentration des gewerblichen Innovationspotenzials wird zusätzlich durch die Standorte der Hochschulen und außeruniversitären Forschungseinrichtungen gestärkt (vgl. Tabelle 2). In Braunschweig, Hannover und Göttingen sind 83 % des niedersächsischen FuE-Personals an Hochschulen und 80 % des niedersächsischen Personals an außeruniversitären Forschungseinrichtungen tätig (GEHRKE, SCHASSE & RAMMER 2011).

Tab. 3.5: Verteilung des FuE-Personals in der Wirtschaft, in Hochschulen und außeruniversitären Forschungseinrichtungen in Niedersachsen nach Raumordnungsregionen 2009

Raumordnungsregion	Anteil am FuE-Personal in ...				Anteil an den sozialversicherungspflichtig Beschäftigten (in %)	
	Unternehmen	Hochschulen *	wissenschaftl. Einrichtungen	insgesamt*	in der gewerbl. Wirtschaft	im Verarbeitenden Gewerbe
Braunschweig	47,5	21,6	41,7	40,7	16,8	23,1
Bremen-Umland	2,3	0,0	0,1	1,4	5,5	4,9
Bremerhaven (niders. Teil)	0,5	0,0	0,0	0,3	2,5	2,8
Emsland	2,5	0,1	0,0	1,5	6,0	7,0
Göttingen	9,7	22,6	28,9	16,0	6,9	8,0
Hamburg-Umland-Süd	3,6	0,0	0,1	2,2	5,9	4,4
Hannover	19,2	38,3	16,9	23,1	20,4	14,6
Hildesheim	5,7	1,5	2,6	4,2	5,2	5,9
Lüneburg	1,5	2,3	0,4	1,5	3,2	2,9
Oldenburg	1,6	6,3	3,4	3,0	7,3	6,4
Osnabrück	3,1	6,7	1,1	3,5	9,9	11,4
Ost-Friesland	0,4	0,6	1,2	0,6	7,0	5,9
Südheide	2,2	0,0	3,6	1,9	3,4	2,7
insgesamt	100,0	100,0	100,0	100,0	100,0	100,0

* ohne Spendendaten.

Quellen: Unveröffentlichte Daten der Bundesagentur für Arbeit, des Stifterverbandes Wissenschaftsstatistik und des Statistischen Bundesamtes. – Berechnungen und Schätzungen des NIW.

4. Konsequenzen für die regionale Entwicklungspolitik in Niedersachsen

Die skizzierten demographischen und technologischen Herausforderungen bieten Chancen und Risiken zugleich. Angesichts der demographischen Entwicklung, aber auch des zunehmenden technologischen Wettbewerbs rücken qualifizierte Arbeitskräfte als Schlüsselfaktor für regionale Wettbewerbsfähigkeit immer stärker in den Mittelpunkt. Der demographische Wandel führt zu einem steigenden Fachkräftemangel, der den Standortwettbewerb um Köpfe weiter intensivieren wird. Zusätzlich beeinflussen die immer geringer werdenden Handlungsspielräume der öffentlichen Hand, der Subventionsabbau, die Erweiterung der EU und die fortschreitenden Globalisierung die regionalen Entwicklungsperspektiven. Die aktuelle regionalökonomische Debatte sieht gerade Agglomerationsräume als Zentren wissensintensiver Wirtschaftsentwicklung klar im Vorteil. Auch wenn Zweifel an der pauschalen Gültigkeit angebracht sind, bieten Agglomerationsräume für Unternehmen und Arbeitskräfte wichtige Standortvorteile. Agglomerationsvorteile, die durch die räumliche Konzentration und Nähe zu spezialisierten Zulieferern, Dienstleistungsunternehmen, Wettbewerbern, Finanzintermediären, Hochschulen und Forschungseinrichtungen sowie Verfügbarkeit qualifizierter Arbeitskräfte entstehen, unterstützen Unternehmen in ihren Forschungs- und Entwicklungsanstrengungen. Qualifizierte Arbeitskräfte finden in Agglomerationsräumen die Annehmlichkeiten ('ammenities'), die ihnen ein zufriedenes Leben ermöglichen (Selbstverwirklichung, Ausleben unterschiedlicher Lebensstile, Freizeit- und Erholungswert usw.). Im ländlichen Raum müssen sich nicht nur strukturschwache Regionen diesen Herausforderungen stellen. Auch bisher stark wachsende Regionen im Westen Niedersachsens müssen zukünftig stärker um qualifizierten Nachwuchs konkurrieren (BRANDT, CORDES & REVILLA DIEZ 2008).

Bildung und Qualifikation werden als strategische Elemente einer umfassenden regionalen Entwicklungspolitik zur Stärkung des endogenen Wachstumspotenzials immer wichtiger. Im Bildungsbereich ist die Verzahnung zwischen Schulen und Ausbildungsbetrieben bzw. beruflicher Bildung voranzutreiben; eine noch stärkere Vernetzung der relevanten Bildungsakteure und der Unternehmen als Partner von „regionalen Bildungsinitiativen" ist unausweichlich. Neben einer gezielten Förderung von Lernschwachen sind auch zusätzlich Qualifizierungskonzepte für gering und mittelqualifizierte Beschäftigte im verstärkten Maße notwendig, um die technologischen Herausforderungen der Betriebe bewältigen zu können (BRANDT, CORDES & REVILLA DIEZ 2008, CORDES& REVILLA DIEZ 2009, CORDES 2010).

Die Stärkung des endogenen Entwicklungspotenzials sollte mit einer hohen Bereitschaft für Veränderungen erfolgen, um negative Lock-In-Effekte (innere Blockierung) zu vermeiden. Der Niedergang der ehemaligen Wachstumsregion Ruhrgebiet ist auch auf innere Blockierungen zurückgeführt worden. Eine sehr starke Interessensidentität von Unternehmen, Gewerkschaften und Politik, die die bestehenden Strukturen zu erhalten versuchte, hemmte unternehmerische Aktivitäten in neuen Branchen (SCHÄTZL 1991). Die in Niedersachsen festzustellende Dominanz der Automobilindustrie ist in zweierlei Hinsicht zu bewerten. Einerseits macht eine zu große Abhängigkeit von einem Wirtschaftssektor die Wirtschaft bei unvorhergesehenen Konjunktureinbrüchen oder dem Verlust von Wettbewerbsfähigkeit anfällig. Andererseits verfügt die niedersächsische Wirtschaft mit der Automobilindustrie über einen dynamischen und innovativen Wirtschaftssektor, der international sehr wettbewerbsfähig ist. Die in Niedersachsen vorhandenen regionalspezifischen Kompetenzvorteile sind weltweit ein Alleinstellungsmerkmal. Diese Kompetenzen bilden eine sehr gute Voraussetzung, um die regionalen Stärken nach dem Konzept der „Related Variety" weiter zu entwickeln. Die Vertreter dieses Ansatzes betonen, dass Wissensspillover nur stattfinden, wenn die kognitive (technologische) Nähe groß genug für eine effektive Kommunikation und interaktives Lernen und gleichzeitig gering genug ist, um kognitive Lock-Ins zu vermeiden. Innovationen ergeben sich demnach nicht aufgrund extremer Diversifizierung (zu große kognitive Distanz) oder Spezialisierung (zu große kognitive Nähe), sondern basieren auf „verwandter" Verschiedenheit (‚related variety') (ASHEIM, BOSCHMA & COOKE 2009). Das bedeutet für die regionale Entwicklungspolitik Umfeldbedingungen so zu gestalten, dass Regionen dynamisch bleiben. Dies kann z. B. durch die Verschneidung bestehender Kompetenzen mit neuen Technologietrends (z. B. neue Antriebssysteme, alternative Energien) und Marktimpulse, durch die Förderung von Unternehmensgründungen, Stärkung interregionaler Offenheit und Lernprozesse und Umlenkung von Ressourcen in neue technologische Entwicklungspfade erfolgen.

Literatur

ASHEIM, B., BOSCHMA, R. & COOKE, P. (2011): Constructing regional advantage: Platform policies based on related variety and differentiated knowledge bases. – Regional Studies 45 (7), S. 893-904

BRANDT, O., CORDES, A. & REVILLA DIEZ, J. (2008): Regionale Beschäftigungsentwicklung der gering und mittel Qualifizierten in Niedersachsen. Bestimmungsfaktoren und Handlungsempfehlungen. – NIW Forschungsbericht 35, Hannover

BREDEMEIER, S. (2011): Konjunkturletter Herbst 2011 des NIW. – Hannover

CORDES, A. (2010: Qualifikatorischer Strukturwandel und regionale Beschäftigungsentwicklung. Eine empirische Analyse für Westdeutschland. – NIW Forschungsbericht 37, Hannover

CORDES, A. & REVILLA DIEZ, J. (2009): Regionale Beschäftigungschancen gering Qualifizierter. Eine Frage der Weiterbildung? – Dokumentation des NIW-Workshops 2008/2009, Hannover

GEHRKE, B., KRAWCZYK, O. & SCHASSE, U. (2010): Aktualisierte und erweiterte Analysen zur Ausweitung der außenwirtschaftlichen Beziehungen der niedersächsischen Wirtschaft. – Hannover [http://www.niw.de/uploads/pdf/publikationen/Au WiNi2010.pdf]

GEHRKE, B., LEGLER, H., SCHASSE, U., GRENZMANN, C. & KREUELS, B. (2010): Regionale Verteilung von Innovationspotenzialen in Deutschland. Ausgewählte Indikatoren zu Forschung und Entwicklung, Sektorstrukturen und zum Einsatz von Qualifikationen in der Wirtschaft. – Studie zum deutschen Innovationssystem Nr. 3-2010, Hannover und Essen

GEHRKE, B., SCHASSE, U. & RAMMER, C. (2011): Forschung und Entwicklung, Innovationen und Wirtschaftsstruktur: Niedersachsen im nationalen und internationalen Vergleich. Analysen von ausgewählten Innovationsindikatoren. – Hannover [http://www.niw.de/uploads/pdf/publikationen/TIN %204%20Bericht_Webversion.pdf]

JUNG, U. (2009): Regionalmonitoring Niedersachsen: Regionalreport 2008. Positionierung und Entwicklungstrends ländlicher und städtischer Räume. – Hannover

JUNG, U. (2010): Regionalbericht Norddeutschland 2010. Aktuelle wirtschaftliche Entwicklungen in den Regionen von Schleswig-Holstein, Niedersachsen und den angrenzenden Hansestädten sowie in den 16 Bundesländern. – Hannover

JUNG, U., BÖTTCHER, F., SKUBOWIUS, A. & HARDT, U. (2010): Regionalmonitoring Niedersachsen: Regionalreport 2009. Positionierung und Entwicklungstrends ländlicher und städtischer Räume. – Hannover

NBank (2008): Wohnungsmarktbeobachtung 2008: Aktuelle Marktlage und Perspektiven 2025. – Themenheft 18, Hannover

NBank (2010): Wohnungsmarktbeobachtung 2010/2011: Integrierte Entwicklung von Wohnstandorten und Regionen - Perspektive 2030. – Themenheft 20, Hannover

REVILLA DIEZ, J. (2002): Betrieblicher Innovationserfolg und räumliche Nähe. Zur Bedeutung innovativer Kooperationsverflechtungen in metropolitanen Verdichtungsregionen. Die Beispiele Barcelona, Stockholm und Wien. – Münster

Chancen und Hemmnisse für eine nachhaltige Verkehrsentwicklung in Niedersachsen und Bremen

Tobias Behnen*

1. Einführung

Der Verkehr in Niedersachsen und Bremen ist nicht grundsätzlich anders als in anderen deutschen Regionen mit einer ähnlichen Raumstruktur (BEHNEN 1996). Er ist allgegenwärtig, intensiv, hoch entwickelt, ausdifferenziert, teils liberalisiert und teils reglementiert. Die Verkehrswege schaffen Verbindungen, die Verkehrsmittel ermöglichen Wirtschaftswachstum und Mobilität, und die Verkehrswirtschaft gibt Arbeit, aber das Verkehrsgeschehen belastet auch in hohem Maße. Es hat einen erheblichen Anteil am Energieverbrauch, erzeugt umweltschädliche Emissionen und Lärm, beeinträchtigt die Sicherheit, verbraucht Flächen und verursacht Zerschneidungswirkungen. Technische Verbesserungen werden dabei oft durch das Verkehrswachstum kompensiert. Folgende Zahlen verdeutlichen beispielhaft die regionale Belastungsdimension:

- Der motorisierte Individualverkehr (MIV) erreichte 2008 allen Anstrengungen zum Trotz Anteile von 58 % (Niedersachsen) und 43 % (Bremen) aller Wege (NIEDERSÄCHSISCHES MINISTERIUM FÜR UMWELT UND KLIMASCHUTZ 2010).

- Im Städtelärm-Ranking des Fraunhofer-Instituts für Bauphysik belegte Hannover unter 27 Städten mit mehr als 250.000 Einwohnern wegen 69 % mit über 55 dB (A) im Tagesmittel belasteter Fläche den unrühmlichen ersten Platz. Bremen lag mit 41 % im Mittelfeld (GEERS-STIFTUNG 2011).

- Der Schwerlastverkehr auf der Autobahn A2 bei Peine erreichte 2009 trotz sinkender Tendenz immer noch Werte von fast 19.000 LKW pro Tag und steht damit bundesweit an dritter Stelle

von über 600 Zählstellen. Der höchste Wert im Land Bremen wurde an der A1 mit fast 17.000 ermittelt (Platz 16) (BAST 2010).

- Noch immer sind die Zahlen der Verkehrstoten (539; 2011) und Verletzten (40.848) in Niedersachsen und Bremen (15; 3.757) erschreckend hoch (STATISTISCHES BUNDESAMT 2011).

- Infolge des hohen Flächenverbrauchs für Verkehrsflächen (> 2 ha pro Tag in Niedersachsen), die heute schon 5 % der Landesfläche ausmachen (Bremen: 12 %), nehmen auch die unzerschnittenen verkehrsarmen Räume ständig ab (NIEDERSÄCHSISCHES MINISTERUM FÜR UMWELT UND KLIMASCHUTZ 2010).

Dieser Beitrag kann und will keine allumfassende Analyse des gegenwärtigen und zukünftigen Verkehrsgeschehens in Niedersachsen und Bremen liefern. Anhand von prägnanten Beispielen werden aber die grundsätzlichen Trends und die langfristigen Chancen und Hemmnisse der nachhaltigen Verkehrsentwicklung im Untersuchungsgebiet benannt. Wirklich sichere Prognosen sind jedoch wegen der zahlreichen Wandlungsprozesse, die auf den Verkehr Einfluss nehmen (z. B. Klimawandel, Energiewende, Demographischer Wandel, Globalisierung), ausgeschlossen.

2. Trends im Verkehrsgeschehen

2.1 Personenverkehr

2.1.1 Motorisierter Individualverkehr (MIV)

Der motorisierte Individualverkehr ist im Untersuchungsgebiet omnipräsent. Er ermöglicht vielen Bürgern im Flächen- und ‚Autoland' Niedersachsen und in Bremen die gesellschaftliche Teilhabe in Beruf und Freizeit. Er hat aber auch einen enormen Flächenbedarf für den fließenden und ruhenden Verkehr. Diese und andere negative Folgen sind bekannt, werden aber seit Jahrzehnten in Kauf genommen, sei es in urbanen Räumen, wo dem innerstädtischen und einpendelnden MIV viel an Frei- und Aufenthaltsraum und damit Lebensqualität geopfert wurde oder sei es in peripheren Räumen, z. B. in Nordwestniedersachsen, wo hoch frequentierte Bundesfernstraßen zwar auch der Anbindung an die Zentren dienen, der hohe Transitanteil aber er-

* Dr. T. Behnen, Georg-August-Universität Göttingen, Geographisches Institut, Goldschmidtstr. 5, D-37077 Göttingen; E-Mail: tbehnen@uni-goettingen.de

heblich belastend wirkt (DEITERS 2003). So gibt es in Niedersachsen Autobahnzählstellen mit fast 100.000 Fahrzeugen täglich (BAST 2010). Das kaum gebremste Wachstum erzeugt ständig Staus und verlangt nach Aus- und Neubaumaßnahmen, so z. B. in den 1990er-Jahren mit den im Zuge der Wiedervereinigungseuphorie beschlossenen „Verkehrsprojekten Deutsche Einheit". Zwei betrafen Niedersachsen: der Ausbau der A2 zwischen Hannover und Berlin und der bis heute besonders in Niedersachsen wegen fragwürdiger, nicht bestätigter Prognosen umstrittene Neubau der A38 zwischen Friedland und Halle. Hinzu kamen vielerorts aufwändige Ausbauvorhaben. Die wichtigsten Autobahnneubauprojekte in Niedersachsen und Bremen sind (Abb. 1):

- A 20 Elbquerung Wesertunnel–Westerstede (114 km),

- A 26 Hamburg–Stade–Drochtersen (49 km, z. T. fertig),

- A 34 Cloppenburg–Meppen (61 km, Umsetzung fraglich),

- A 39 Lüneburg–Wolfsburg (105 km),

- A 281 Bremen-Arsten–Wesertunnel–Bremen-Industriehäfen (20 km, z. T. fertig).

Abb. 1: Autobahnprojekte in Niedersachsen

Kartographie: NordNordWest@German Wikipedia

In Kernstädten sind umfangreiche Straßenneubauten wie in den 1950er- und 1960er-Jahren (z. B. von Schnellwegen durch wertvolle Naherholungsgebiete wie in Hannover oder wie in der komplett autogerechten Stadt Wolfsburg) heute kaum noch durchsetzbar. Hier geht es der Politik im Sinne eines zukunftsfähigen und klimafreundlichen Stadtverkehrs vielmehr um das Zurückdrängen des MIV. Der zentral-periphere Gegensatz der automobilen Ge-

sellschaft wird durch den Motorisierungsgrad am Beispiel von Hannover unterstrichen. Während in der Kernstadt 38 % der Haushalte keinen PKW besitzen, sind es im Rest der Region Hannover nur 13 % (REGION HANNOVER 2005). Das eingesetzte Instrumentarium zur MIV-Steuerung ist vielfältig. Üblich sind z. B.:

- Tempo 30- und Umweltzonen (Hannover, Bremen, Osnabrück),

- Förderung von *Car-Sharing* und Fahrgemeinschaften,

- MIV-Benachteiligung durch Busspuren und Ampelpriorisierungen,

- Parkraumbewirtschaftung,

- Schaffung von Voraussetzungen für Elektromobilität,

- Verkehrsmanagement durch Telematik.

Da eine Verbesserung der Nachhaltigkeit im MIV nicht nur das Verkehrsverhalten betrifft, muss konsequenterweise hinsichtlich der Verbrauchs- und Emissionswerte auch beim Fahrzeug selbst angesetzt werden. Die beiden im Untersuchungsgebiet produzierenden Automobilhersteller VW (Niedersachsen) und Daimler (Bremen) stellen sich dieser Aufgabe, stehen aber, was das prozentuale Ausmaß der CO_2-Reduktion betrifft, hinter der Konkurrenz zurück – gerade auch deshalb, weil die Fahrzeuge immer schwerer werden und höher motorisiert sind (HANDELSBLATT 2011). Die in diesem Zusammenhang unabhängig von den Herstellern vielfach kritisierten SUV-Fahrzeuge weisen im Untersuchungsgebiet zwar unterdurchschnittliche Anteile, aber hohe Zuwachsraten auf. So liegt die Allrad-PKW-Quote in Bremen nur bei 3,5 % (2009), das Wachstum ist mit 9 % pro Jahr aber das bundesweit höchste (ACE 2010).

2.1.2 Nicht-motorisierter Individualverkehr (NMIV)

Der nicht-motorisierte Individualverkehr hat in Städten im Untersuchungsgebiet traditionell hohe und wachsende Anteile. So werden nach aktuellen Erhebungen der Städte in Hannover 28 %, in Göttingen 25 % und in Bremen 21 % der Wege zu Fuß bewältigt. Der Radverkehrsanteil am *„Modal Split"* nach Wegen liegt in Oldenburg sogar bei erstaunlichen 43 %. Andere Universitätsstädte wie Göttingen (27 %) und Bremen (25 %) haben ebenfalls hohe Werte. Gerade das Fahrrad wird immer noch unterschätzt, obwohl es bis 5 km in der Regel zeitlich anderen Verkehrsmitteln überlegen ist. Trotzdem werden Radfahrer, aber auch Fußgänger im öffentlichen Raum vielerorts noch zu sehr und wortwörtlich an den Rand gedrängt. Konkrete Hinweise zur Qualität des Fahrradverkehrs aus Nutzersicht gibt der 2005 vom ADFC durchgeführte „Fahrradklimatest" mit 22 Teilindikatoren (ADFC 2005). Hannover und Bremen kamen bei den 28 deutschen Städten ab 200.000 Einwohnern nicht weit hinter dem Sieger Münster auf die Plätze 4 und 5. Braunschweig lag hingegen nur auf Platz 20. Bei den Städten mit 100.000 bis 200.000 Einwohnern wurde Oldenburg, wo es mehr Fahrräder als Einwohner gibt, nur von Erlangen geschlagen. Bremerhaven und Göttingen folgten auf den Plätzen 7 und 8, Hildesheim erst auf Platz 17 von 21 Städten. Die Spannbreite bei den 93 berücksichtigten Städten mit weniger als 100.000 Einwohnern reichte hinsichtlich niedersächsischer Orte von Westerstede (Platz 3) bis Wilhelmshaven (Platz 92). Die intensive Fahrradnutzung führt aber mittlerweile auch zu Überlastungsproblemen infolge mangelnder Abstellmöglichkeiten (z. B. an Bahnhöfen in Hannover und Göttingen) oder zu erhöhter Unfallgefahr, gerade auch zwischen Radfahrern. Verbesserungen des Radverkehrs werden in vielen Städten durch bauliche Maßnahmen oder durch die weniger aufwändige Ausweisung von Fahrradstraßen, die Öffnung von Einbahnstraßen oder durch Fahrbahnmarkierungen erzielt. Wichtige Elemente sind aber auch die Ermöglichung der Fahrradmitnahme im ÖV und Maßnahmen zur Verhinderung von Fahrraddiebstählen. Letztere sind gerade für die zunehmende Zahl der Besitzer von Elektrofahrrädern interessant. Ein noch relativ neues Angebot der Fahrradnutzung sind Leihfahrräder. Nachdem es z. B. mit der Deutschen Bahn AG und nextbike bereits Pioniere in Hannover gibt, wird nun von der Stadtverwaltung über ein kommunales Leihsystem nachgedacht.

2.1.3 Öffentlicher Personennahverkehr (ÖPNV) in städtischen Räumen

Die Formel ist einfach: Je größer die Kernstadt, umso besser ist der öffentliche Personennahverkehr in den Städten im Untersuchungsgebiet entwickelt. Über Jahrzehnte hinweg gab es dort ständige Nachjustierungen und viele kleine Verbesserungen für mehr kundenorientierte Integration und Intermodalität des Angebots. Die große Nachfrage und die infolgedessen vergleichsweise hohen Kostendeckungsgrade bestätigen diesen Erfolg. Dies bedeutet aber nicht, dass es nicht auch in Oberzentren lästige Mängel beim ÖPNV gibt. Dies betrifft gerade die Schwachverkehrszeiten (z. B. in Göttingen, wo sich die Taktfolge der Stadtbuslinien schon nach 19 Uhr auf 30 bis 60 Minuten erhöht), die Verknüpfung mit dem Schienenpersonenfernverkehr (z. B. in Hildesheim, wo wichtige Stadtbuslinien nicht den Hauptbahnhof bedienen) oder die Ränder der Verdichtungsräume (z. B. im Kreis Osterholz, wo funktional zu Bremen gehörende urbanisierte Bereiche völlig ÖPNV-frei sind). Ein verbreiteter Mangel ist auch die Einsparung von Klimaanlagen in den Verkehrsmitteln des ÖPNV, was schon heute zu Komforteinbußen führt und in Zukunft angesichts des Klimawandels von den Fahrgästen nicht mehr akzeptiert werden dürfte.

Schienengebundener innerstädtischer ÖPNV gilt als besonders komfortabel und leistungsfähig. Die entscheidende planerische Frage ist dabei die nach der Verkehrsführung, also entweder oberirdisch mit barrierearmen Niederflurstraßenbahnen wie in Bremen (acht Linien, 64 km) und Braunschweig (acht Linien, 73 km) oder als Stadtbahn, die im Stadtzentrum unterirdisch verkehrt wie in Hannover (zwölf Linien, 184 km). Beide Konzepte haben Vor- und Nachteile, die aber immer wieder neu bewertet werden, wie die fast schon ideologische Debatte um die D-Linie in Hannover zeigt. Es geht dabei um die Frage, ob auch auf dieser Linie die Stadtbahn teilweise in den Untergrund verlegt werden soll und damit dem oberirdischen MIV Platz machen würde.

Der Schienenpersonennahverkehr in Niedersachsen und Bremen konnte durch die Bahnreform zumindest in verdichteten Räumen seit Mitte der 1990er-Jahre einen erheblichen Aufschwung verzeichnen. Infolge der Bestellung und Neuvergabe durch die

Niedersächsische Landesnahverkehrsgesellschaft konnte z. B. die Nordwestbahn im Teilnetz Weser-Ems seit 2000 eine Steigerung der Fahrgastzahlen um 150 % erzielen (LNVG 2010). Auch die S-Bahnen mit ihren dichten Taktfolgen sind sehr erfolgreich. Es gibt sie im Untersuchungsgebiet in den Ballungsräumen Hamburg, Hannover (seit 2000 mit 100 % Nachfragesteigerung, LNVG 2010) und Bremen. 2007 kam es sogar zur Wiederaufnahme einer Strecke (Bremen-Vegesack–Bremen-Farge). Trotz aller Erfolge gibt es im SPNV aus finanziellen Gründen aber nur eine bedingte Planungssicherheit. So gilt das aktuelle LNVG-Konzept lediglich bis 2013/2014. Der grundsätzliche politische Wille ist, das Netz zu erhalten und die Nachfrage durch die Ausweitung des Bedienungsangebotes um rund 2,7 Mio. Zugkilometer (+8 %) zu steigern. Die teilweise bereits vollzogenen Maßnahmen sind (LNVG 2010):

- Regio-S-Bahn Bremen–Oldenburg, –Bremerhaven, –Nordenham, –Twistringen, –Verden (Abb. 2),

- Verknüpfung der Linie Hamburg–Tostedt mit Rotenburg–Bremen,

- Verknüpfung der Linie Kreiensen–Holzminden mit Holzminden–Paderborn,

- Verlängerung der Linie Bad Harzburg–Kreiensen nach Göttingen.

Abb. 2: Regio-S-Bahn im Bremer Hauptbahnhof
Foto: T. Behnen

Eine Maßnahme zur Verbesserung des ÖPNV-Angebots auch in kleineren zentralen Orten ist die Einführung von angepassten Stadtbusangeboten. In den letzten Jahrzehnten wurde erkannt, dass die tra-

ditionellen Regionalbusnetze den Bedürfnissen der Nutzer in diesen Orten nicht gerecht werden. Mit neuen Bedienungsformen, Linienführungen, Vertaktungen oder Wagentypen konnten z. B. in Städten wie Buchholz (Landkreis Harburg), Barsinghausen (Region Hannover) oder Bad Pyrmont (Landkreis Hameln-Pyrmont) neue Fahrgäste gewonnen werden. Voraussetzung dafür ist der politische Wille, trotz aller Erfolge anfallende Defizite durch Zuschüsse der öffentlichen Hand zu kompensieren.

Die städtischen ÖPNV-Netze sind die Keimzellen der großen Verkehrsverbünde HVV (Hamburg), VBN (Bremen), GVH (Hannover), VRB (Braunschweig) und VSN (Göttingen). Im besten Fall integrieren sie optimal den SPNV. Weitere Kooperationen unterschiedlicher Intensität decken den Rest Niedersachsens ab. Ständige Verbesserungsmaßnahmen des Fahrscheinangebots für regelmäßige Nutzer, wie z. B. die Einführung von Außenringen im GVH, sind zu beobachten. Nur der Landkreis Hildesheim ist komplett verbundfrei. 2012 soll jedoch ein „Niedersachsen-Tarif" eingeführt werden, der eine fahrscheinbezogene Integration des gesamten ÖPNV in Niedersachsen, Bremen und Hamburg beinhalten und damit einen Meilenstein hin zu mehr organisatorischer Intermodalität bedeuten wird.

2.1.4 Öffentlicher Personennahverkehr (ÖPNV) in ländlichen Räumen

Im Niedersächsischen Nahverkehrsgesetz heißt es nicht nur, dass „im Interesse verträglicher Lebens- und Umweltbedingungen und der Verkehrssicherheit [...] der öffentliche Personennahverkehr zu einer Verlagerung des Aufkommens im motorisierten Individualverkehr auf öffentliche Verkehrsmittel beitragen [soll]" (§ 2 (1)), sondern auch, dass „die Sicherstellung einer ausreichenden Bedienung mit Verkehrsleistungen im öffentlichen Personennahverkehr [...] eine Aufgabe der Daseinsvorsorge [ist]" (§ 2 (2)). Schon in Teilen von Verdichtungsräumen sind diese Ziele bisher nicht erreicht worden, die peripheren ländlichen Räume, über die das Flächenland Niedersachsen reichlich verfügt, haben jedoch eindeutig die schlechteste Ausgangssituation hinsichtlich des ÖPNV. Dort wird er überwiegend durch Busse ab-gewickelt; es gibt sogar mit Aurich und Nordhorn Kreisstädte ohne Anschluss an den Schienenpersonenverkehr. Vielerorts ist der ÖPNV in den letzten Jahrzehnten angesichts der Finanznot bei den Kreisen als Aufgabenträgern auf die reine Schülerbeförderung, die aus rechtlichen Gründen angeboten werden muss, geschrumpft und hat damit viele andere Fahrgäste verloren. Die Fahrpläne werden schon heute weitgehend von den Schulen gemacht. Sonstige Gestaltungsmöglichkeiten sind auch aufgrund des schlechten Kostendeckungsgrads minimal. Es gibt aber Ausnahmen: Zum einen überall dort, wo Haltepunkte des SPNV den ländlichen Raum erschließen, und zum anderen im Umfeld von großen Oberzentren. Dort ist die Qualität wegen der traditionell erheblichen Nachfrage von Pendlern deutlich besser. Dies gilt teilweise auch für Siedlungen, die *de facto* immer noch ländlich sind, *de jure* aber durch die Eingemeindungen der 1970er-Jahre zu kleineren Oberzentren gehören und dadurch vom qualitativ besseren städtischen ÖPNV, der oft von stadteigenen Stadtwerken angeboten wird, profitieren. Schon die ersten Dörfer hinter der Stadtgrenze müssen mit einem mangelhaften und in Schwachverkehrszeiten gar nicht mehr existenten ÖPNV leben. Die Details der Fahrpläne sprechen eine deutliche Sprache, so z. B. mit dem nicht vorhandenen Takt, mit der Einführung von Umsteige- statt Direktverbindungen in das nächste Oberzentrum, mit dem Angebot einer einzigen Busfahrt am gesamten Wochenende oder mit der unverständlich mangelhaften Verknüpfung von Bus- und Bahnverkehr.

Positive Entwicklungen gibt es immer dann, wenn mutig und längerfristig in Marktforschung, Fahrzeuge und Marketing investiert wird, wie z. B. bei den drei *RegioLiner*-Verbindungen im Verkehrsverbund Südniedersachsen (VSN). Sie richten sich an Berufspendler und werden mit modernen Bussen, die alle halbe Stunde von komfortablen Haltestellen nach Göttingen fahren, bedient. Angesichts vielfältiger Schrumpfungsprozesse ist damit zu rechnen, dass es trotz solcher Lichtblicke in den nächsten Jahrzehnten zu einer weiteren Degradation des ÖPNV im ländlichen Raum kommen wird. Bis 2025 wird die Zahl der 10- bis 15-Jährigen in Niedersachsen nach Prognosen der Bertelsmann-Stiftung um ca. 20 % abnehmen. Für einige Landkreise sind sogar Werte von 30 % und mehr absehbar (Friesland, Wesermarsch, Helmstedt, Stadt Salzgitter, Goslar, Osterode, Holzminden, Nor-

theim). Entsprechend werden die Fahrgastzahlen im Schülerverkehr abnehmen und auf weniger Schulen ausgerichtet sein. Freizeitaktivitäten werden Schülerinnen und Schüler nur mit Hilfe von „Mama/Papa-Taxis" nachgehen können. Die Zahl der PKW pro Haushalt wird weiter wachsen. Personen ohne eigenes Auto werden ihren Bedarf hinsichtlich Gütern und Dienstleistungen weitgehend nur mit Hilfe von motorisierten Verwandten, Freunden oder Sozialeinrichtungen decken können. Junge Verkehrsteilnehmer werden noch früher als heute ihren Führerschein machen und dem ÖPNV, der im Schülerverkehr oft viel Komfort vermissen lässt, freudig und dauerhaft den Rücken kehren.

Viele seit den 1970er-Jahren gemachte Planungsfehler liegen der Misere zugrunde, nämlich die zu üppige und disperse Ausweisung von Baugebieten im Zuge der Suburbanisierung und die Entscheidung, verkehrsinduzierende Institutionen wie Gemeindeverwaltungen, Mittelpunktschulen, Ärztehäuser und viel frequentierte Handelseinrichtungen nicht an SPNV-Haltepunkten zu bündeln. Hinzu kamen und kommen bundespolitische Einflüsse durch Pendlerpauschale und Eigenheimzulagen für Einfamilienhäuser, die vielfach wegen ihrer Lage bald fast unverkäuflich sein werden. Die seit dem Zweiten Weltkrieg unaufhaltsame gesamtgesellschaftliche Fixierung auf das Auto hat zudem zu kaum veränderbaren Routinen bei Nutzern und Entscheidern geführt, sodass Ideen für angepasste ÖPNV-Angebote (z. B. Rufbusse, Bürgerbusse oder organisiertes Trampen) selten über den teuren Pilotprojekt-Status hinaus erhalten bleiben. Linien- und Anrufsammeltaxiangebote dürften hingegen zumindest als Zwischenstufe der Angebotsverschlechterung im ländlichen Raum zeitweise weiter zunehmen.

2.1.5 Schienenpersonenfernverkehr (SPFV)

Auch der Schienenpersonenfernverkehr in Niedersachsen und Bremen ist von den typischen zentralperipheren Gegensätzen der Region geprägt. An der Spitze hinsichtlich der Erreichbarkeitsqualität stehen die viel frequentierten ICE/IC-Bahnhöfe Bremen, Hannover, Osnabrück, Wolfsburg, Braunschweig, Hildesheim, Göttingen und auch der für Nordostniedersachsen wichtige Knotenpunkt Hamburg-Harburg. Dann folgen Bahnhöfe wie Emden, Oldenburg, Verden, Lüneburg, Uelzen, Celle oder Helmstedt mit akzeptablen Fernverkehrsanschlüssen. Problematischer ist hingegen die Erreichbarkeit von Ober- und Mittelzentren ohne ICE- oder IC-Anschluss, die wegen des dort rein topographisch verkleinerten Einzugsgebiets typischerweise an der Küste liegen (z. B. Wilhelmshaven, Cuxhaven oder Bremerhaven) oder sich im Verkehrsschatten von Fernverkehrslinien befinden (z. B. Salzgitter, Vechta oder Holzminden).

Meilensteine der verbesserten nationalen und internationalen Erreichbarkeit des Untersuchungsgebiets auf der Schiene waren die Vollendungen der Neubaustrecke Hannover–Würzburg (1991) und der Neubau- bzw. die Ausbaustrecke Hannover–Berlin (1998). Letztere gehörte zu den "Verkehrsprojekten Deutsche Einheit", zu denen auch der Neu- und Ausbau des Lückenschlusses zwischen Uelzen und Salzwedel (1999), der heute jedoch im Fernverkehr nur von einem täglichen Zugpaar genutzt wird, und der Ausbau der Strecke Helmstedt–Magdeburg–Berlin (1995) zählten. Die mit bis zu 250 km/h befahrenen ICE-Verbindungen haben bei einigen Relationen die Isochronen erheblich geweitet. Neue Tagespendelmöglichkeiten haben sich ergeben und werden mittlerweile sehr intensiv genutzt (z. B. Göttingen–Hannover oder Hannover–Wolfsburg). Auch die Fahrzeiten auf nationalen Fernverbindungen haben sich erheblich reduziert und den 'Modal Split'-Anteil der Bahn zu Lasten des Flugzeugs und des MIV verändert. Beeindruckende Beispiele sind Hannover–Berlin (ab 1:33 h), Hannover–Frankfurt (ab 2:19 h), Bremen–Köln (ab 3:01 h) oder Göttingen–München (ab 3.40 h). Züge mit Flugnummern wie zwischen Stuttgart bzw. Köln und Frankfurt zur Verbesserung der Bahn-Flugzeug-Intermodalität gibt es jedoch nicht. Problematisch ist auch die ICE-Direktverbindung Bremen–Süddeutschland über Hannover, da sie derzeit nur alle zwei Stunden im zeitraubenden Flügelzugprinzip angeboten wird. Eine Innovation, von der jedoch zuerst Niedersachsen und Bremen profitieren werden, werden die ab 2014 eingesetzten IC-Doppelstockzüge mit bisher ungekanntem Komfort sein.

Regionale Erhebungen der Verkehrsleistungen im SPFV liegen nicht vor. So kann nur gemutmaßt werden, dass er auch im Untersuchungsgebiet dem aktuellen nationalen Trend der Stagnation auf hohem Niveau folgt. Eine Ausnahme stellt dabei der Nachtzugverkehr dar, der in den letzten Jahren von Streichungen betroffen war (z. B. Hamburg–München ohne Halt in Bremen, Aufgabe von Berlin–Hannover/Hamburg–Bremen–Brüssel und von Wintersportzügen in die Alpen).

Um die Voraussetzungen für weiteres Wachstums des Schienenverkehrs zu schaffen, sind für die Zukunft weitere bauliche Verbesserungen des Streckennetzes geplant. Im Bedarfsplan für die Bundesschienenwege finden folgende Strecken im Untersuchungsgebiet in der Kategorie "Vordringlicher Bedarf" Erwähnung, wobei die Y-Trasse zwischen Hamburg/Bremen und Hannover, für die sogar die Idee eines ICE-Bahnhofs bei Walsrode diskutiert wird, am umstrittensten ist:

- Ausbaustrecke Stelle–Lüneburg (laufend),
- Ausbaustrecke Hannover–Lehrte (laufend),
- Ausbaustrecke Löhne–Braunschweig–Wolfsburg (laufend),
- Neu- und Ausbaustrecke Hamburg/Bremen–Hannover,
- Ausbaustrecke Oldenburg–Wilhelmshaven/Langwedel–Uelzen,
- Ausbaustrecke Rotenburg–Minden,
- Ausbaustrecke Uelzen–Stendal,
- Neu- und Ausbaustrecke Minden–Haste–Seelze.

Im Gegensatz zum Nahverkehr wird der Fernverkehr auf der Schiene weiterhin nahezu ausschließlich von der Deutschen Bahn AG betrieben. Konkurrenz gibt es bisher nur auf einigen wenigen Strecken in Ostdeutschland. Der neue private Hamburg-Köln-Express (ab 10/2012) fährt mit Osnabrück immerhin einen Bahnhof im Untersuchungsgebiet mit drei täglichen Zugpaaren an. Neue Konkurrenz ist vielmehr vom Busfernverkehr zu erwarten. Dessen Liberalisierung soll auf Bundesebene 2012 in Kraft treten. Bisher war er innerdeutsch zum Schutz der Bahn nur innerhalb der vom Personenbeförderungsgesetz sehr eng gesetzten Grenzen (Berlin- und Flughafen-Linien) möglich. Folgende Strecken werden von oder nach Niedersachen oder Bremen angeboten (ab 9.- €):

- Berlin–Göttingen, –Hannover, –Braunschweig, –Bremen, –Cuxhaven, –Wilhelmshaven,

- Flughafen Hamburg–Hannover–Göttingen–Flughafen Frankfurt–Mannheim,

- Flughafen Bremen–Hamburg, –Oldenburg, –Groningen,

- Göttingen/Kassel–Flughafen Halle/Leipzig–Leipzig (nur bis 2/2012),

- weitere internationale Linien.

2.1.6 Luftverkehr

Die Zeiten der statischen Einzugsgebiete von Flughäfen sind in einer besonders volatilen und vulnerablen Branche lange vorbei. Und so müssen sich die etablierten Flughäfen Hamburg (13,6 Mio. Passagiere, 2011), Hannover (5,3 Mio.), Bremen (2,6 Mio.) und Münster/Osnabrück (1,3 Mio.), die traditionell das Untersuchungsgebiet bedient haben, immer wieder neuen Herausforderungen des Marktes stellen, seien es globale Nachfrageschwankungen, europäische Liberalisierungs-, aber auch Umweltschutzmaßnahmen, nationale Luftverkehrsabgaben oder neue Konkurrenz. Der Umfang und Anteil der Luftfracht ist dort eher unbedeutend und wird deshalb hier nicht thematisiert.

Die drei größten Flughäfen liegen sehr stadtnah und sind deshalb Objekte einer dauerhaften Debatte über belastenden Fluglärm. Dies betrifft besonders Hannover, wo Flüge zwischen 22:00 und 6:00 Uhr weitgehender als andernorts erlaubt sind, überwiegend von Charterfluggesellschaften wie dem *Homecarrier TUIfly* durchgeführt werden, einen Wert von fast 11.000 pro Jahr erreichen und damit einen Anteil von 13 % (2011) an allen Flugbewegungen haben (THOMAS 2012). Die auch von den Kritikern anerkannten technischen und organisatorischen Verbesserungen werden jedoch durch das langfristige Verkehrswachstum an den Flughäfen teilweise kompensiert. Trotz aller Belastungen durch die Siedlungsnähe ist der Bestand der Flughäfen Hamburg, Hannover und Bremen nicht zuletzt wegen ihres ökonomischen Erfolgs langfristig gesichert. Alternativplanungen, wie sie in Berlin und München mit neuen, zentrumsferneren Standorten umgesetzt wurden, gibt es nicht. Der Nachteil der innerstädtischen Lage eines Flughafens kann aber auch zum Vorteil bei der landseitigen Erreichbarkeit und der Intermodalität werden, wie etwa in Bremen. Dort gibt es bis zu 154 Mal am Tag eine

16-minütige Straßenbahnverbindung zum Hauptbahnhof (Abb. 3). Die Werte für Hamburg sind ähnlich attraktiv (110 Fahrten, 25 Minuten). In Hannover ist die Taktfolge deutlich geringer (40 Fahrten, 17 Minuten).

Abb. 3: Straßenbahnanschluss des Flughafens Bremen

Foto: T. Behnen

Seit mehr als zehn Jahren hat auch in Norddeutschland das *„Newcomer Airports"*-Phänomen eingesetzt. Es bezeichnet die Zunahme von Flughäfen, die durch Neubau, Ausbau oder Konversion versuchen, Nischen zu erschließen oder in direkte Konkurrenz zu den etablierten Standorten zu treten (BEHNEN 2008). Die häufigste Triebfeder ist die prognostizierte hohe Nachfrage im Passagiersegment, insbesondere bei *„Low-Cost Carriern"* wie *Ryanair*. Es gibt Flughäfen unweit der niedersächsischen Grenze, die in dieses Schema passen (z. B. Kassel, Lübeck, Cochstedt oder Enschede). Aber auch im Land selbst gibt es Veränderungen. Im Fall der heftig umstrittenen, 2011 fertig gestellten Verlängerung der Runway des Flughafens Braunschweig-Wolfsburg von 1.680 auf 2.300 m ist das Hauptargument der Forschungsflugbetrieb. Interessen des Anteilseigners Volkswagen AG und die Option für regelmäßigen kommerziellen Verkehr sind aber als Ausbaugründe nicht von der Hand zu weisen. Der *Sea-Airport* Cuxhaven/Nordholz ist hingegen von Beginn an als *Public-Private-Partnership*-Vorhaben der zivilen Mitbenutzung eines Militärstandorts gestartet. Die mit ihm verbundenen Hoffnungen haben sich nie erfüllt. Nur sehr kurzzeitig konnte bisher Passagierflugverkehr (z. B. nach Mallorca) und nur unregelmäßig Frachtflugverkehr abgewickelt werden. Die ständigen Defizite stellen für den Landkreis Cuxhaven eine große Belastung dar. Nicht völlig unberechtigte Hoffnungen werden in den Verkehr zu den Offshore-Windenergieparks gesetzt, zumal der Konkurrenzflugplatz Bremerhaven, dessen Flächen für ein Offshore-Terminal des Hafens gebraucht werden, geschlossen wird.

Eine weitere küstenbezogene Besonderheit im Untersuchungsgebiet ist der Flugverkehr zu den Ostfriesischen Inseln. Er wird mit kleinen Fluggeräten als Bedarfsflugverkehr zu festen Flugzeiten angeboten. Infolge seiner Tideunabhängigkeit ist er bisher erfolgreich. Die seit 2011 erhobene Luftverkehrssteuer war zwar nicht ausschlaggebend für die Probleme des früheren Anbieters OLT, könnte den Verkehr auf den sehr kurzen Strecken aber mittelfristig in Frage stellen, auch wenn Inselbewohner davon befreit sind.

2.2 Güterverkehr

Über die bereits erwähnten Trends hinaus gibt es beim Güterverkehr besondere Entwicklungen:

- **LKW-Verkehr:** Der überdurchschnittlich intensive Schwerlastverkehr in Niedersachsen und Bremen stellt eine dauerhaft hohe Belastung für Umwelt, Anwohner, andere Verkehrsteilnehmer und auch für die Verkehrswege dar. Symptomatisch ist, dass mittlerweile LKW-Parkplätze an Bundesfernstraßen knapp werden. In Niedersachsen sollen deshalb kurzfristig 3.000 neue Stellplätze an Autobahnen entstehen. Die 2005 eingeführte Maut für Fahrzeuge ab 12 t ist zwar streckenbezogen, hat aber nicht zu einer Senkung der Verkehrsmenge geführt. Unmittelbar danach kam es zu einem signifikanten Mautausweichverkehr auf Bundesstraßen (z. B. +33 % nachts auf der B6 Hannover–Nienburg). Er ließ bis heute vielerorts zwar wieder nach, auf zehn Bundesstraßen in Niedersachsen und Bremen wurde aber 2012 trotz Protesten durch das Verkehrsgewerbe auf einer Gesamtlänge von 100 km die Maut eingeführt. Weitere Entlastungen möchte das Land Niedersachsen durch den Einsatz von 25 m langen 44-t-Gigalinern erzielen. Schon ab 2006 lief dort ein Probebetrieb. 2011 wurde der bundesweite Testeinsatz beschlossen. Da Bremen im Bundesrat dagegen gestimmt hat, nimmt es daran nicht teil. Parallel

laufen Bemühungen weiter, den stagnierenden kombinierten Ladungsverkehrs auf der Schiene mit Hilfe der neun Güterverkehrszentren im Untersuchungsgebiet und durch öffentliche Fördermittel zu intensivieren. Für die verkannten Probleme beim innerstädtischen Wirtschaftsverkehr wird dies aber keine Lösung sein. Er wird zwar teilweise mit kleineren Fahrzeugen abgewickelt, deren Zahl ist aber so groß, z.B. aufgrund der vielen Wettbewerber bei Paketdiensten, dass Verkehrssicherheit und Aufenthaltsqualität (z.B. vormittags in Fußgängerzonen) darunter leiden. Hier sind weitere Forschungsanstrengungen für innovative Logistiklösungen nötig.

- **Schienengüterverkehr:** Die Besonderheiten des Güterverkehrs auf der Schiene im Untersuchungsgebiet ergeben sich traditionell aus den drei Segmenten Eigenverkehr (z. B. von und zu Betrieben des Automobilclusters), Transitverkehr (z. B. auf den Achsen Skandinavien–Italien und Benelux–Osteuropa) und Hafenhinterlandverkehr. Gerade die Anbindung des zukünftig besonders viel Verkehr generierenden Jade-Weser-Ports stellt die gesamte Region vor große Herausforderungen. Es wird befürchtet, dass das Hinterland den zusätzlichen Güterverkehr nur schwer verkraften kann und wegen mangelnder Kapazitäten auf der Schiene zum Flaschenhals wird. Dieses Problem beginnt unmittelbar an der Küste und reicht weit nach Süden. So gibt es etwa schon länger hinsichtlich der demnächst für 500 Mio. € zweigleisig ausgebauten, elektrifizierten und mit Lärmschutzwänden versehenen Strecke Wilhelmshaven–Oldenburg wegen Finanzierungsunklarheiten zwischen Land, EU und DB intensive Debatten, z. B. zur Bahnumfahrung Sande (Kreis Friesland). Geplant sind dort 130 statt bisher 52 Züge pro Tag. Bürgerproteste gegen Lärm und Vibrationen gibt es mittlerweile nicht nur in Oldenburg, sondern auch in Bremen. Ob die Y-Trasse Hamburg/Bremen–Hannover umgesetzt wird und damit für Entlastung sorgen wird, ist, wie erwähnt, fraglich. Auch in der Region Hannover wird der auf +50 % geschätzte Anstieg des Schienengüterverkehrs bis 2025 den Neubau einer Ostumfahrung erfordern. Der Baubeginn des Megahub-Containerbahnhofs bei Lehrte wurde jedoch verschoben. Die Idee eines Seilbahn- und

Tunnelsystems für den Containertransport vom Hamburger Hafen bis zum Rangierbahnhof Maschen (Kreis Harburg) würde Niedersachsen kaum eine Entlastung bringen (ab 2025, 1,6 Mrd. €).

- **Schiffsverkehr:** Der Seeverkehr leidet besonders unter der Wirtschaftskrise. So verringerte sich die Menge der umgeschlagenen Güter in den niedersächsischen Häfen von 2008 bis 2010 um 25 %. Die Bremischen Häfen konnten die Nachfrageschwäche mit -8 % besser verkraften. Langfristig wird aber mit einem massiven Anstieg des Seeverkehrs gerechnet, so dass auch der Jade-Weser-Port mit seinen enormen Dimensionen (vier Liegeplätze für Schiffe mit bis zu 430 m Länge bei 16,5 m Tiefgang) seine Wachstumsziele vermutlich erreichen dürfte. Es gibt aber auch seriöse Stimmen, die den Bedarf anzweifeln.

Auch der per se umweltfreundlichere Seeverkehr muss sich Reduktionszielen stellen. Er erzeugt immerhin 4,5 % der globalen CO_2-Emissonen. Für die Hafenstädte relevanter sind aber die SO_2-Emissionen durch den Betrieb der meisten Schiffsmotoren mit minderwertigem Schweröl. Dies könnte in den Häfen durch eine landseitige Stromversorgung oder schwimmende Blockheizkraftwerke gemindert werden.

Ob der Schiffsverkehr in den Ästuaren von Ems, Weser und Elbe langfristig noch möglich ist, ist nicht nur von den Kosten für die permanente Ausbaggerung, sondern auch von der Durchsetzbarkeit gegenüber den Interessen des Küstenschutzes unter dem Vorzeichen des Klimawandels abhängig.

Im Gegensatz zum Seeverkehr befindet sich der Binnenschiffsverkehr derzeit im Aufschwung. 2010 schlugen die niedersächsischen Binnenhäfen 21 Mio. t Güter um (+6 %). Neue Ideen für den Ausbau des Jade-Ems-Kanal (72 km) als Hinterlandanbindung des Jade-Weser-Ports und den Neubau eines Kanals Leer-Papenburg (20 km) zur umweltschonenden Überführung der Schiffe der Meyer-Werft werden wohl nicht umgesetzt, der Verkehr auf den bestehenden Wasserstraßen dürfte aber weiter steigen. Wachstumspotenzial gibt es besonders bei Containerbinnenschiffen, die schon mit bis zu 100 Containern auf Weser, Ems und Mittellandkanal

verkehren, und eventuell wegen der terminlichen Zuverlässigkeit auch durch die Warenlogistik der Volkswagen AG.

- **Leitungsverkehr:** Der Transport von Gütern oder Nachrichten durch Rohre oder Kabel rückt gegenwärtig auch in Niedersachsen in bisher ungekanntem Ausmaß in den Fokus öffentlicher Debatten. Gemeinsam sind den Projekten der enorme bauliche Aufwand und oft das raumrelevante Konfliktpotential, an dem sie auch scheitern können (Tab. 1).

Norddeutsche Erdgasleitung	Als Verlängerung der Ostseepipeline ist das 1 Mrd. €-Projekt bereits im Bau (Abb. 4). Die Leitung für russisches Erdgas führt über 440 km von Lubmin in Mecklenburg-Vorpommern bis zum Kontenpunkt Rehden östlich von Diepholz. Ihre jährliche Kapazität entspricht einem Fünftel des heutigen deutschen Bedarfs.
Kalilaugenpipeline Hessen–Nordsee	Die K+S AG möchte die im hessisch-thüringischen Revier anfallende Kalilauge umweltschonender als bisher (durch die Einleitung in die Werra) durch Röhren bis in die Nordsee leiten. Da Hessen dafür, Niedersachsen aber dagegen ist, ist die Perspektive des auf 0,5 Mrd. € geschätzten Projekts unklar.
CO_2-Pipeline Hürth–Nordfriesland	Die RWE AG möchte eine 530 km lange Verbindung vom nordrhein-westfälischen Braunkohlekraftwerk Hürth nach Nordfriesland bauen, um dort CO_2 unterirdisch zu speichern. Der Trassenverlauf durch Niedersachsen ist vage. Da der Bundesrat 2011 gegen ein entsprechendes Gesetz stimmte, dürften aber CCS-Projekte, die besonders in Norddeutschland machbar wären, vorerst nicht umgesetzt werden.
Höchstspannungsleitung Wahle–Mecklar	Die E.ON AG plant zur Energieverteilung der Offshore-Windenergie eine 190 km lange 380-kV-Stromleitung von Niedersachsen nach Hessen. Das Vorhaben wurde 2009 durch das Energieleitungsausbaugesetz als Verbindung mit vordringlichem Bedarf beschlossen. Das von Protesten begleitete Raumordnungsverfahren ist abgeschlossen, die Linie bestimmt. Sie verläuft auf bis zu 80 m hohen Strommasten durch die Landkreise Peine, Stadt Salzgitter, Wolfenbüttel, Hildesheim, Northeim und Göttingen, wobei ein Kilometer Freileitung über 1 Mio. € kosten dürfte. Die von Anwohnern geforderte und von den Betreibern abgelehnte unterirdische Verlegung kostet das Mehrfache und ist technisch schwieriger.
Breitband-Internet	Der Möglichkeit des Internetzugangs mit mindestens 1 Mbit/s wurde von der Politik als Voraussetzung für ökonomische und gesellschaftliche Teilhabe erkannt. In Städten wie Bremen liegt der Verfügbarkeitsgrad bei fast 100 % der Haushalte (2010). Durch den hohen Anteil an dispers besiedelten Regionen nimmt Niedersachsen im bundesweiten Vergleich mit 97,7% nur eine Mittelstellung ein. Der „Breitband-Atlas Niedersachsen" (NETZ 2011) weist trotz großer Verbesserungen in den letzten Jahren, z. B. für die Ostfriesischen Inseln, immer noch Lücken auf. Bei kleineren Orten abseits von Hauptleitungen weigern sich oft die Netzbetreiber trotz Zuschüssen die Kosten zu übernehmen und bieten stattdessen teureres Funk-Internet an.

Tab. 1: Neue Projekte des Leitungsverkehrs

Abb. 4: Bau der Norddeutschen Erdgasleitung bei Okel (Landkreis Diepholz)

Foto: T. Behnen)

3. Szenarien für 2037

3.1 Szenario „*Worst Case*"

Schon eine Fortschreibung der aktuellen Trends wäre der nahezu schlechteste Fall für die Verkehrsentwicklung der nächsten 25 Jahre in Niedersachsen und Bremen. Dies würde allen heutigen positiven Ansätzen und Verbesserungen für mehr Verträglichkeit zum Trotz die dauerhafte Fixierung beim Personen- und Gütertransport auf besonders umweltschädliche Verkehrsarten wie den Straßenverkehr und eine Zunahme der Erreichbarkeitsdisparitäten statt des nötigen deutlicheren Umdenkens bedeuten. Die genannten negativen Folgen würden zunehmen. Der Schienenverkehr würde weiterhin stagnieren, im öffentlichen Personenverkehr würde man sich nur wenig an „*Best Practice*"-Beispielen orientieren, und die Finanznot der öffentlichen Haushalte würde ihr Übriges tun. Eine PKW-Maut wäre 2037 längst eingeführt, aber nur durch eine Vignette für die Straßenbaufinanzierung statt als Instrument einer modernen verkehrspolitischen Steuerung. Infolgedessen würde sich die Parole der Kritiker „*Wer Straßen sät, wird Autos ernten*" mit Sicherheit bewahrheiten. Staus würden durch den ungehemmt wachsenden PKW-Verkehr und den von Politik geförderten LKW-Verkehr zunehmen. Sie wären nicht nur auf der A1, A2 und A7, sondern auch auf heute weniger belasteten Bundesfernstraßen in Niedersachsen und Bremen an der Tagesordnung. Reflexartige Rufe nach großen Aus- und Neubauten würden sofort erhört, wohingegen kleinere, sehr sinnvolle Straßenbauprojekte paradoxerweise aus finanziellen Gründen scheitern würden. Straßen-rückbaumaßnahmen wären völlig ausgeschlossen.

Im Luftverkehr würde auch auf relativ kurzen Strecken kein Rückgang verzeichnet werden können und die ticketpreisinduzierte „*Mindless Mobility*" zunehmen. Zusätzlich würden „*Newcomer Airports*" für erheblichen Fluglärm sorgen und gleichzeitig Subventionen verbrauchen.

Der ÖPNV würde gerade in kleinen Städten und im ländlichen Raum noch nicht einmal bescheidenen Fahrgastbedürfnissen entsprechen. Verkehrsangebote würden dort nur nach Kassenlage gemacht, statt sie innovativ und mutig zu entwickeln und so den Kostendeckungsgrad langfristig zu verbessern.

Die Intermodalität im öffentlichen Verkehr würde weiterhin mit vielen Mängeln behaftet sein. Dazu würde auch das wenig kundenfreundliche „*Not my job*"-Phänomen bei den einzelnen Verkehrsunternehmen zählen, die weiterhin nur den Teil der Verkehrskette, die der Fahrgast in ihren Verkehrsmitteln verbringt, im Blick hätten.

3.2 Szenario „*Best Case*"

Der aus Sicht der nachhaltigen Verkehrsentwicklung wünschenswerteste Fall für Niedersachsen und Bremen würde beinhalten, dass Entscheider und Nutzer die „Verkehrswende" schon 2012 als große Herausforderung der nächsten 25 Jahre begriffen hätten und sie 2037 zumindest weitgehend eingeleitet wäre. Dazu gehören das Vermeiden unnötigen Verkehrs, das Verlagern unvermeidbaren Verkehrs auf den Umweltverbund (zu Fuß, Fahrrad, Bus und Bahn) und das Verbessern des Verkehrs durch Innovationen an Fahrzeugen (z. B. Hybrid-Stadtbusse wie bereits in Hannover), Verkehrswegen (z. B. Lärmschutz) und Organisation (z. B. echte Mobilitätszentralen). Der „*Best Case*" würde sich auch durch eine Internalisierung der externen Effekte und eine optimierte Intermodalität des Verkehrs auszeichnen. Auch würde sich 2037 Verkehrserziehung nicht nur auf wichtige Verkehrssicherheitsaspekte und damit ein Funktionieren von Kindern in der automobilen Gesellschaft, sondern auf ein ganzheitliches Verständnis von verträglichem Verkehrshandeln beziehen, wobei z. B. auch die in Gütern des täglichen Bedarf versteckten LKW-Kilometer zum Allgemeinwissen gehören würden. Die Verträglichkeit und gleichzeitige hohe Attraktivität der Verkehrsmittel des Umweltverbunds würde durch die intensive Suche in Forschung und Praxis nach Innovationen, die heute noch nicht denkbar sind, wie z. B. der Einsatz von innerstädtischen ÖPNV-Seilbahnen (MONHEIM 2011), befördert.

Der „*Modal Split*" würde sich deutlich zugunsten der Verkehrsmittel des Umweltverbunds verändern. MIV-Werte von über 50 % im Personenverkehr würden nicht nur in urbanen Räumen der Vergangenheit angehören. Hoch belastete Hauptverkehrsstraßen würden bewohnbarer werden. Die Zahl der Verkehrstoten würde sich weiter reduzieren. Außerdem würde der LKW-Verkehr einschließlich des

Transitverkehrs auf den im bundesweiten Vergleich relativ stark frequentierten Autobahnen zurückgehen. Die wohl unumgängliche Zunahme des Schienenverkehrs auf den dann noch höher frequentierten Relationen Hamburg–Hannover–Göttingen, Hamburg–Bremen–Osnabrück und Ruhrgebiet–Hannover–Ostdeutschland auf bisherigen, wieder aktivierten oder neuen Trassen wäre immer noch ein erhebliches Übel, das aber durch die konsequente Umsetzung innovativer Lärmminderungsverfahren gemildert werden könnte. Insgesamt würden die Personen- und Tonnenkilometer und die Zahl der Wege durch eine intelligente Verkehrs- und Raumplanung der beiden Länder und der Gemeinden und durch bundes- und europapolitische Rahmenbedingungen und Reglementierungen (z. B. zum Nachtflugverkehr) sinken statt steigen. Die Entkoppelung von Wirtschaftswachstum und Verkehr (DEITERS 2007) würde von der Utopie zum realistischen Ziel. Elementar wären in heutigen Auspendlerregionen auch Maßnahmen für eine nachhaltige endogene Regionalentwicklung mit verkehrsmindernden Effekten. Die Raumrelevanz all dieser Prozesse, für die es durchaus vielversprechende Ansätze gibt, würde sich z. B. im verringerten zusätzlichen Flächenverbrauch für Verkehrswege und einer verbesserten Lebensqualität aufgrund geringerer Emissionen manifestieren, wobei Wirtschaft und Einwohner zwar auf Mobilitätsquantität nicht aber auf Mobilitätsqualität verzichten müssten. Extrem periphere Räume, in die die „Dauerpenetration des Kommunikationszwanges noch nicht eingedrungen ist", könnten in Zukunft durch die Definition der „Unerreichbarkeit als Privileg" sogar eine positive Aufwertung erfahren (SLOTERDIJK 2011).

Literatur

ACE (2010): Bundesländervergleich ACE - Allradautos erfreuen sich wachsender Beliebtheit. – Pressemitteilung vom 3.5.2010

ADFC (2005): Fahrradklimatest. Bremen. –www.adfc.de/files/2/110/114/Ergebnisse_Fahrradklimatest_2005.pdf, Abruf: 7.10.2011

BAST (Bundesanstalt für Straßenwesen) (2010): Verkehrsentwicklung auf Bundesfernstraßen 2009. – Bergisch Gladbach

BEHNEN, T. (1996): Niedersachsen - ein geographischer Überblick. – In: Niedersachsen - Streiflichter aus 50 Jahren (Hrsg.: Niedersächsische Landeszentrale für politische Bildung), S. 59-63

BEHNEN, T. (2008): Regionalflughäfen in Niedersachsen - Relevanz und Entwicklungspotenziale. – In: Neues Archiv für Niedersachsen, Heft 1, S. 28-47

DEITERS, J. (2003): Wirkungen der Verkehrsinfrastruktur auf die Regionalentwicklung im Nordwesten. – In: Dokumentation zum Fachtag „Verkehr im Nordwesten", S. 13-22

DEITERS, J. (2007): Güterverkehr zwischen Wachstum und Nachhaltigkeit. – In: NOBIS, C. & LENZ, B. (Hrsg.): Wirtschaftsverkehr: Alles in Bewegung, Mannheim, S. 229-244

GEERS-STFTUNG (2011): Städtelärmranking 2011. – Pressemitteilung vom 20.11.2011

HANDELSBLATT (2011): Die Autobranche nähert sich den CO2-Zielen. – 16.9.2011

MONHEIM, H. (2011): Urbane Seilbahnen. – In: fairkehr 5, S. 30-31

NETZ (Zentrum für innovative Technologie Osterholz GmbH) (2011): Breitband-Atlas Niedersachsen. – www.breitband-niedersachsen.de (Abruf: 7.10.2011)

NIEDERSÄCHSISCHES MINISTERIUM FÜR UMWELT UND KLIMASCHUTZ (2010): Umweltbericht Niedersachsen. – Hannover

REGION HANNOVER (2005): Verkehr in der Region Hannover. Zustandsanalyse und Handlungsansätze. – Hannover

SLOTERDIJK, P. (2011): Dauerverfügbarkeit ist eine neue Form der Sklaverei. – In: FAZ, 13.11.2011 (Verlagsbeilage „Mobilität ohne Grenzen")

STATISTISCHES BUNDESAMT (2012): Unfallentwicklung auf deutschen Straßen 2011. – Wiesbaden

THOMAS, R. (2012): Jahresbericht 2011 des Fluglärmschutzbeauftragten des Niedersächsischen Ministeriums für Wirtschaft, Arbeit und Verkehr für den Verkehrsflughafen Hannover-Langenhagen. – Hannover

Summary

Transportation in Lower Saxony and Bremen is basically no different from other German regions, with a similar spatial structure. It is omnipresent, intensive, highly developed, differentiated, partly liberalised and partly regulated. The routes enable relations, the means of transport permit economic growth and mobility, while the transportation sector offers many jobs, however, traffic also imposes a considerable burden. It boosts energy consumption and noise, affects road safety, consumes land and generates landscape fragmentation. Often, technical innovations are compensated by the growth of traffic. The following facts exemplify the scale of the problem:

- Motorised individual transport already comprises large shares in Lower Saxony (58 %) and Bremen (43 %).

- Inner city noise is a permanent problem, especially in the City of Hanover which was rated No. 1 in the national "Städtelärm-Ranking" of the Fraunhofer Institute for Building Physics. 69 % of the city are observed to be burdened with a daily average of more than 55 dB (A). The portion of Bremen observed with a similar noise-burden was 41 %.

- Truck traffic on the A2 Motorway, near Peine (Lower Saxony), averaged nearly 19,000 lorries per day in 2009 (No. 3 of 600 German counting stations). The highest amount for Bremen occurred on the A1 Motorway (17,000, No. 16).

- While the yearly amount of road fatalities has lately been decreasing, it remains high. On roads in Lower Saxony, a total of 540 people died and 40,802 were injured in 2011. The corresponding numbers for Bremen are 15 and 3,757.

- Land consumption by thoroughfares is high, e.g. > 2 ha each day in Lower Saxony, where 5 % of the total area is used for transportation; the share in Bremen is 12 %. Therefore the area that is left undisturbed by traffic is continuously diminishing.

Due to several global and regional variables (e.g. concerning climate, energy, demography and the economy) it is difficult to forecast the future development of transportation in Lower Saxony and Bremen. Two case scenarios can help to understand the variety of the influencing factors:

- Worst Case Scenario: A continuation of the current trends for the next 25 years would create a highly problematic situation in the year 2037. Despite some improvements in compatibility for the growing traffic, the fixation on road transportation would heighten both the environmental and social impacts of the phenomenon. The disparities concerning accessibility would grow; the share of rail transport would stagnate, while public transportation would be less innovative than elsewhere. It is likely that in 25 years a car-toll will be in place, but only to finance road construction, not as an instrument of modern transportation policy to reduce traffic. The increase in road transportation would precipitate more traffic jams, not only on the main Motorways A1, A2 and A7, but also on many other roads which are less frequented today. As a result, a great number of new roads would be projected. Air transport would also increase, with low-cost air-fares serving to encourage more 'mindless mobility'. Additionally, 'newcomer airports' would induce aircraft noise and require subsidies. Public transportation in smaller cities and rural areas would have a low standard in every respect. Inter-modality would be especially deficient, while transportation companies, instead of serving consumer-interests would exacerbate the problem, by failing to integrate the transportation system as a whole.

- Best Case Scenario: The best way to achieve the goal of 'sustainable mobility' in Lower Saxony and Bremen would be through a complete change of the current transportation system. Unnecessary traffic would be strongly discouraged; necessary traffic would be shifted to such environmentally-friendly modes as: by foot, bicycle, bus and train. Technical innovations would reduce emissions (e.g. by the adoption of hybrid buses in cities other than just Hanover). The external effects of every mode would be internalised, while the inter-modality of transportation would be enhanced. As a result, the portion of motorised individual transportation would be less than 50 %. The quality of life along main roads would improve, while the number of road fatalities would decline. Truck traffic (including transit traffic) would be reduced, while train transport would increase, especially on the following routes: Hamburg–Hanover–Göttingen, Hamburg–Bremen–Osnabrück and Ruhr area–Hanover–East Germany. Several rail tracks would be renovated, or newly constructed, while innovative measures for noise protection would be indispensable. As a result of the coordinated efforts of local communities, state and national government bodies, with regard to transportation policy and spatial planning, the total passenger- and ton-kilometers would both be reduced. No longer would growth in the transportation sector be assumed as one of the pre-requisites for economic growth, in general.

Die Zukunft der Verwaltungsstruktur in Niedersachsen

Axel Priebs*

1. Einleitung

Die Organisation der öffentlichen Verwaltung und Daseinsvorsorge ist für Niedersachsen als großes Flächenland eine wesentliche Zukunftsfrage. Eine gut aufgestellte öffentliche Verwaltung und effizientes Behördenhandeln alleine bieten zwar noch keine Garantie für eine erfolgreiche Landesentwicklung, sind aber notwendige Infrastruktur, von der die Gesellschaft und nicht zuletzt die Wirtschaft profitieren. Überlegungen zur Optimierung von Aufbau und räumlicher Organisation der Verwaltung stehen in einem vielfältigen Spannungsfeld. Für die staatliche Verwaltung ist eine starke und handlungsfähige Zentraladministration ebenso wichtig wie dezentrale Präsenz und Entscheidungskompetenz. Im kommunalen Bereich ist Orts- und Bürgernähe unverzichtbar, doch erfordert ein umfassendes Dienstleistungsspektrum auch notwendige Betriebsgrößen der Kommunalverwaltung. Eine enge Abhängigkeit von der Leistungsfähigkeit der Gemeindeebene besteht auch beim Aufgaben- und Leistungsprofil der Kreisebene, die für die überörtliche kommunale Daseinsvorsorge verantwortlich ist. In einem Handlungsfeld, das stark abhängig ist von der Entwicklung der gesellschaftlichen, wirtschaftlichen und landespolitischen Rahmenbedingungen, ist eine eindeutige Prognose über 25 Jahre nicht seriös möglich. Allerdings ermöglichen ein kurzer Rückblick und eine Bewertung der vorhandenen Verwaltungsstruktur eine Darstellung des landespolitischen Handlungsbedarfs und die Entwicklung denkbarer Szenarien zur künftigen Struktur der niedersächsischen Verwaltung.

2. Rückblick auf die 1970er- bis 1990er-Jahre

In den 1970er-Jahren ist die niedersächsische Verwaltung grundlegend und umfassend erneuert worden. Sowohl die staatlichen Behörden als auch die kommunalen Strukturen auf Gemeinde- und Kreisebene erlebten tief greifende Reformen. Diese betrafen sowohl die Zuordnung von Aufgaben als auch den räumlichen Zuschnitt von Verwaltungsräumen, wobei es zwischen beiden Aspekten stets enge Abhängigkeiten gibt. Betrachtet man die Auswirkungen in der Fläche, war die Neugliederung auf der Ebene der staatlichen Mittelinstanz und bei den Landkreisen von besonderer Bedeutung. Die Reform der Mittelinstanz im Jahr 1978 führte dazu, dass die vormaligen sechs Regierungs- und zwei Verwaltungsbezirke zu vier neuen Regierungsbezirken (Braunschweig, Hannover, Lüneburg und Weser-Ems) zusammengefasst wurden. Auf der Kreisebene entstanden aus vormals 60 Landkreisen unter Einbeziehung einer Reihe vorher kreisfreier Städte 38 neue Landkreise, neun Städte blieben kreisfrei. In der letzten Phase der Kreisreform ging die Landespolitik mehrere Kompromisse ein, sodass die Landkreise letztlich nicht überall die Größe und Leistungsfähigkeit erreichten, die ihnen zugedacht war. Weder folgte die Landesregierung vollständig den Empfehlungen der von ihr eingesetzten Sachverständigenkommission („Weber-Kommission"), die eine Gliederung des Landes in 28 Landkreise empfohlen hatte[9], noch ihrem eigenen Leitbild, wonach ein Landkreis mindestens 150.000 Einwohner haben sollte. Die Spannbreite der Kreisgröße reichte nach der Reform von 49.000 Einwohnern (Landkreis Lüchow-Dannenberg) bis 532.000 Einwohnern (Landkreis Hannover). Zu den Ergebnissen der Reform im Einzelnen sei auf die Ausführungen von KOHN (1981) verwiesen.

Das politisch-administrative Problem der großen Städte und ihres Umlandes wurde in den 1970er-Jahren zumindest für die beiden am stärksten verdichteten Regionen zufriedenstellend gelöst. So wurde der seit 1963 bestehende Verband Großraum Hannover 1974 durch eine direkt gewählte Verbandsversammlung und zusätzliche Aufgaben gestärkt, nachdem sich weder eine Regionalkreis-

---

* 1. Regierungsrat Prof. Dr. A. Priebs, Region Hannover, Hildesheimer Str. 20, 30169 Hannover; E-Mail: axel.priebs@region–hannover.de

[9] Vgl. Der Niedersächsische Minister des Innern (Hrsg.): Verwaltungs- und Gebietsreform in Niedersachsen. Gutachten der Sachverständigenkommission für die Verwaltungs- und Gebietsreform, Hannover 1969

noch eine Regionalstadt-Lösung als realisierbar gezeigt hatten. Für den benachbarten Großraum Braunschweig wurde 1973 der in seiner räumlichen Ausdehnung deutlich größere Verband Großraum Braunschweig gebildet. Allerdings wurden dem Braunschweiger Verband deutlich weniger Kompetenzen zugeteilt als dem Nachbarverband in Hannover. Einen Rückschlag für diese Bemühungen zur Ordnung des Stadt-Umland-Verhältnisses bedeutete allerdings wenige Jahre später das Bestreben der von anderen Mehrheiten getragenen nachfolgenden Landesregierung, die beiden Großraumverbände aufzulösen. Während der Verband in Hannover angesichts des starken Rückhalts, den er bei wesentlichen regionalen Akteuren besaß, „nur" geschwächt wurde, konnte sich die Landesregierung mit der Auflösung des Braunschweiger Großraumverbandes durchsetzen.

Anfang der 1990er-Jahre wurde bundesweit die zentrale Bedeutung von Regionen im „neuen Europa" diskutiert. Auch die seit 1991 amtierende neue niedersächsische Landesregierung ging unverzüglich daran, die regionale Ebene zu stärken und neu zu ordnen. 1992 erhielt der Großraum Hannover wieder eine verbesserte Rechtsgrundlage, und für den Großraum Braun-schweig wurde erneut ein stadtregionaler Verband etabliert. Ebenfalls 1992 schlug die Landesregierung im Entwurf zu einem neuen Landes-Raumordnungsprogramm eine Einteilung des Landes in sieben „Regionale Kooperationsräume" vor[10]. Diese Regionalisierungsbemühungen stießen allerdings bei den Landkreisen, die dadurch eine Schwächung und in letzter Konsequenz auch ihre Abschaffung befürchteten, auf starke Ablehnung. Obwohl es in der Öffentlichkeit und in den Medien durchaus auch Unterstützung für eine Gliederung des Landes in ca. zehn Regionen gab[11], zog die Landesregierung ihren „Regionalisierungsvorschlag von oben" zurück und setzte auf die freiwillige Kooperation in den Regionen des Landes, die sie als „Hoffnungsträger für eine zukunftsorientierte moderne Landesentwicklung" sah (GLOGOWSKI 1997). Auf die immer wieder geäußerte Kritik an den Bezirksregierungen reagierte die Landesregierung und die sie tragende Mehrheitsfraktion mit dem Ansatz, diese zu zeitgemäßen

„Regionalverwaltungen" umzubauen, ihre Bündelungs- und Servicefunktion stärker zu betonen und ihnen das Regionalmanagement zu übertragen (GABRIEL 1996). Als landesweiter Sonderfall ist schließlich die Bildung der kreisähnlich verfassten Region Hannover zu erwähnen, die zwar durch Landesgesetz im Jahr 2001 gebildet wurde, aber als Folge eines engagierten bottom-up-Prozesses auf Initiative kommunaler Praktiker entstanden ist und die Rechtsnachfolge für den aufgelösten Landkreis Hannover und den ebenfalls aufgelösten Kommunalverband Großraum Hannover angetreten hat (vgl. PRIEBS 2002).

3. Neuordnung der Landesverwaltung nach dem Regierungswechsel 2003

Nach dem Amtsantritt der neuen niedersächsischen Landesregierung im Jahr 2003 kündigte der Ministerpräsident in seiner Regierungserklärung an, dass die Bezirksregierungen abgeschafft werden sollten, 6000 Stellen in der Landesverwaltung entbehrlich werden sollten und eine die gesamte Landesverwaltung einbeziehende Verwaltungsreform durchgeführt werden sollte.[12] Durch die Abschaffung der Bezirksregierungen sollte als vorrangiges Ziel der Phase I der Verwaltungsreform ein zweistufiger Verwaltungsaufbau in der allgemeinen Landesverwaltung erreicht werden.[13] Deren Aufgaben sollten in Landesämtern und Landesbetrieben konzentriert werden, auf Doppelstrukturen sollte verzichtet werden, die Fachbehörden sollten direkt an die zuständigen Ministerien angebunden werden. Angekündigt wurden eine umfassende Aufgabenkritik und eine Konzentration auf die Kernaufgaben des Landes. Auf entbehrliche Aufgaben und Reglementierungen sollte verzichtet werden und das Widerspruchverfahren abgeschafft werden, außerdem sollte die kommunale Selbstverwaltung durch Aufgabenübertragung unter Berücksichtigung des Konnexitätsprinzips gestärkt werden. Durch den angekündigten Stellenabbau sollte ein wesentlicher Beitrag zur Haushaltskonsolidierung geleistet wer-

---

[10] Landes-Raumordnungsprogramm Niedersachsen. Entwurf 1982, S. 49

[11] Vgl. den Kommentar „Auf zur Reform!" von Klaus Wallbaum in der Hannoverschen Allgemeinen Zeitung vom 1.3.1999

[12] Regierungserklärung von Ministerpräsident Wulff vom 4.3.2003, vgl. Landtags-Drs. 15/1121

[13] Die folgenden Aussagen zu den drei Phasen der niedersächsischen Verwaltungsreform beruhen auf der Präsentation von Bernd Häusler zu seinem Vortrag auf dem Speyerer Forum zur Kommunal- und Verwaltungsreform 2012: Brauchen wir Mittelbehörden im Flächenland? Niedersachsen nach dem „Systemwechsel" (www.dhv-speyer.de)

den. 2006 folgte die Phase II der Verwaltungsmodernisierung, bei der die Binnenreform im Mittelpunkt stand. Seit 2010 ist Phase III der Verwaltungsmodernisierung angelaufen, in der u.a. eine weitere Konzentration auf die Kernaufgaben des Landes sowie der Abbau weiterer Stellen zur Haushaltskonsolidierung vorgesehen ist.

Nach der Auflösung der Bezirksregierungen zum Jahresanfang 2005 zeigte sich, dass die angestrebten Ziele nur teilweise erreicht wurden. Insbesondere war die propagierte Zweistufigkeit der Verwaltung in einem Land der Größe Niedersachsens nicht durchgängig umsetzbar. Deswegen zeigt der aktuelle Verwaltungsaufbau zahlreiche Systembrüche. Während die Führung der Polizei bis 2005 in die vier Bezirksregierungen eingegliedert war, bestehen inzwischen eigene Strukturen für die Polizei mit sechs regionalen und einer zentralen Polizeidirektion. Die Landesschulbehörde hat weiterhin vier Regionalabteilungen und neun Außenstellen. Nicht leicht verständlich sind die Strukturen des Niedersächsischen Landesbetriebs für Wasserwirtschaft, Küsten- und Naturschutz (NLWKN), der die Umweltbehörden des Landes bündelt. Hier finden sich im Wesentlichen die Dienststellen, die bis 2005 Teil der Bezirksregierun-gen oder des ebenfalls aufgelösten Landesamtes für Ökologie waren. Der NLWKN verfügt über drei Di-rektions- und 15 Betriebsstellenstandorte. Ebenfalls landesweit präsent ist das Landesamt für Geoinformation und Landentwicklung mit elf Regionaldirektionen. Dezentral organisiert ist auch die Gewerbeaufsicht mit zehn Staatlichen Gewerbeaufsichtsämtern, die Aufgaben im Arbeits-, Umwelt- und Verbraucherschutz wahrnehmen. Insgesamt wird geschätzt, dass nur etwa 10 % der mittelinstanzlichen Aufgaben kommunalisiert wurden, während der größte Teil auf die ministerielle Ebene gezogen oder durch Sonderbehörden aufgefangen wurde.

Da mit der Auflösung der Bezirksregierungen keine staatlichen Bündelungsbehörden mehr in der Fläche bestehen, wurden an den Standorten der Bezirksregierungen vier Regierungsvertretungen eingerichtet, mit denen die Landesregierung vor Ort präsent sein wollte. In den Regierungsvertretungen werden – nach Auflösung der Regierungsvertretung Hannover - an drei Standorten (Braunschweig, Lüneburg und Oldenburg) Aufgaben der Staatskanzlei und der Ministerien dezentral wahrgenommen. Die Regierungsvertretungen bilden eine Referatsgruppe im Ministerium für Inneres und Sport, sind also keine eigenständigen Behörden. Aus Sicht des Ministeriums fördern und unterstützen die Regierungsvertretungen als Serviceeinrichtung in erster Linie den ländlichen Raum mit seinen Regionen.[14] Entgegen dieser Zielsetzung haben die Regierungsvertretungen bis heute ein unklares Profil behalten. Als unselbstständige „Außenstellen" der Landesregierung haben sie wenige Kompetenzen und kaum Möglichkeiten, eine Abstimmung von Fachbehörden zu bewirken. Im Ergebnis sprechen die Entscheidungsträger von Kommunen im ländlichen Raum ohnehin direkt die Ministerien in Hannover an. Die daraus resultierende große Zahl exekutiver Aufgaben führt zu einer Überfrachtung der Ministerien, wobei im Falle der Betroffenheit mehrerer Fachressorts eine Koordinierung bestenfalls durch die Staatskanzlei erreicht werden kann, die sich aber nur in besonderen Fällen einschaltet. Beklagt werden deswegen Ressortegoismen und Entscheidungsengpässe bei den Ministerien.

Überlastung ist auch bei den kleineren Landkreisen festzustellen, denen Aufgaben der Bezirksregierungen übertragen wurden. Hier macht sich bemerkbar, dass es keine durchdachte Verwaltungsreform für alle Ebenen der Landes- und Kommunalverwaltung gegeben hat. Obwohl auf Kreis- und Gemeindeebene sehr unterschiedliche Größenstrukturen nebeneinander bestehen, hatten die Mehrheitsfraktionen in ihrer Koalitionsvereinbarung betont, sie stünden zu den 37 Landkreisen und acht kreisfreien Städten sowie zur Region Hannover und zur Landeshauptstadt Hannover. Auf der Kreisebene wird eine große Spannbreite deutlich. Während die kleinsten Landkreise (Lüchow-Dannenberg, Wittmund) um 50.000 Einwohner/innen haben, sind der Landkreis Emsland von seiner Fläche und die Region Hannover von ihrer Einwohnerzahl her größer als das Bundesland Saarland. Auf der Gemeindeebene hat Niedersachsen 1008 Gemeinden, davon 722 Mitgliedsgemeinden von Samtgemeinden und 286 Einheitsgemeinden. Während es in Teilräumen des Landes, etwa in der Region Hannover und im Oldenburger Land, sehr leistungsfähige Gemeindestrukturen gibt, herrschen in anderen Teilen sehr kleinteilige Strukturen vor. Umstritten ist auch, ob das neben den Einheitsgemeinden bestehende Sys-

---

[14] Quelle: www.mi.niedersachsen.de (aufgerufen am 6.4.2012)

tem der Samt- und Mitgliedsgemeinden noch zeitgemäß ist.

Die Landesregierung hat durchaus erkannt, dass es angesichts eingeschränkter Leistungsfähigkeit und Finanzkraft der Kommunen Handlungsbedarf bezüglich der kommunalen Strukturen gibt. Ein von ihr in Auftrag gegebenes Gutachten kommt nämlich zu dem Ergebnis, dass 19 von 37 niedersächsischen Landkreisen und drei von acht kreisfreien Städten als „Räume mit Stabilisierungsbedarf" anzusehen sind. Dabei handelt es sich um Kommunen im Harz, im Weserbergland, im Großraum Braunschweig, in Nordost-Niedersachsen und im Küstenraum (HESSE 2010). Sie setzt aber weiterhin auf die Freiwilligkeit der Kommunen, zusammenzuarbeiten oder sich zu leistungsfähigeren Einheiten zusammenzuschließen. Um einen Ansporn zu geben, hatte sie schon im Dezember 2009 einen Zukunftsvertrag mit den kommunalen Spitzenverbänden geschlossen, der im Juli 2011 bis 2013 verlängert wurde. Allerdings waren bislang keine durchschlagenden Erfolge, sondern nur einzelne Gemeindezusammenschlüsse und Mitnahmeeffekte zu verzeichnen. Die Hilfen zur Entschuldung bedeuten zudem keine strukturellen Verbesserungen für die betroffenen Kommunen. Auf Kreisebene herrscht bezüglich des Zusammenschlusses von Landkreisen starke Zurückhaltung vor, doch wird im Raum Südniedersachsen die notwendige Fusion von Landkreisen inzwischen auch von Akteuren der Kreisebene offen thematisiert.

Bereits 2006 hatte ein Gutachten vor den Folgen der Abschaffung der Bezirksregierungen gewarnt (BOGUMIL & KOTTMANN 2006). Es prognostizierte einen wachsenden Ressortegoismus, das Anwachsen und die Verfestigung von Sonderbehörden und weitere negative Auswirkungen. Tatsächlich kann heute festgestellt werden, dass die 2003 begonnene niedersächsische Verwaltungsmodernisierung ein Fragment ist. Vielmehr gibt es in der Praxis viele ungelöste Fragen auf der regionalen Ebene, was sowohl die staatliche Verwaltung als auch die Landkreise betrifft. Die Ministerien sind mit exekutiven Aufgaben belastet und können sich nicht auf ihre gubernativen Aufgaben konzentrieren. Da für die Aufgaben der Bezirksregierungen keine überzeugende Nachfolgeregelung gefunden wurde, ist die Frage der Vertretung des Landes in der Fläche mit den Regierungsvertretungen und den

Fachbehörden nur unzureichend geklärt. Kritisch ist anzumerken, dass die Landesregierung weder ein Leitbild noch ein Gesamtkonzept zur künftigen kommunalen Struktur (Kreis- und Gemeindeebene) vorgelegt hat.

4. Zentrale Fragen für eine zukunftsfähige Verwaltungsstruktur in Niedersachsen

Eine umfassende Reform der Verwaltungsstruktur muss alle Ebenen der staatlichen und kommunalen Verwaltung im Zusammenhang sehen. Dabei ist stets zu beachten, dass eine zukunftsfähige Verwaltung ohne starke Städte und Gemeinden nicht denkbar ist, weil die Rathäuser die zentralen Anlaufstationen für die Bürger/innen sind. Deswegen ist der Erhalt bzw. die Schaffung einer bürgerorientierten und leistungsstarken Kommunalverwaltung Basis aller Überlegungen für eine zukunftsfähige Verwaltungsstruktur. Für die Leistungsfähigkeit der Gemeindeebene ist es von hoher Bedeutung, dass die Gemeinden die erforderliche Finanzausstattung und Verwaltungskraft haben, was auch die Überprüfung von Größenordnungen und Gebietszuschnitten erfordert. Allerdings entsteht bei größeren gemeindlichen Einheiten unweigerlich ein Spannungsfeld zwischen der ortsbezogenen Identität der Menschen und den notwendigen Betriebsgrößen für eine leistungsfähige Kommunalverwaltung. Deswegen müssen auch im Falle der Bildung größerer Gemeinden immer örtliche Ansprechpartner/innen erhalten bleiben. Die Bedeutung der Ortsräte, die über bestimmte Mitwirkungsmöglichkeiten in der Kommunalpolitik verfügen, darf dabei nicht unterschätzt werden. Mit den Mitgliedern des Ortsrates und insbesondere dem Ortsbürgermeister bzw. der Ortsbürgermeisterin ist „der Staat" vor Ort präsent und ansprechbar.

Nur wenn auf der Gemeindeebene leistungsstarke Einheiten alle bürgernah zu erledigenden Aufgaben anbieten können, kann sich die Kreisebene auf strukturbestimmende übergemeindliche Aufgaben in größeren räumlichen Zusammenhängen konzentrieren. Hier müssen diejenigen kommunalen Aufgaben an-gesiedelt sein, die die Leistungsfähigkeit einzelner Städte und Gemeinden übersteigen, z. B. die Trägerschaft von sozialen Leistungen, von

Krankenhäusern und Berufsschulen, die Abfallwirtschaft und der Nahverkehr. Diese Aufgaben der Daseinsvorsorge bestimmen letztlich den erforderlichen Größenzuschnitt der Verwaltungseinheiten auf Kreisebene. In diesem Zusammenhang ist auch zu prüfen, ob die Kreisfreiheit einzelner Städte weiterhin sinnvoll ist. Bei einer Integration dieser Städte in die vergrößerten Einheiten auf Kreisebene würden auch die Bearbeitung von Stadt-Umland-Problemen sowie der regionale Vorteils- und Lastenausgleich erleichtert.

Für die Organisation der staatlichen Verwaltung stellen sich in einem Flächenland zwei zentrale Fragen. Erstens ist zu fragen, ob die Landesregierung mit eigenen Mittelinstanzen oder zumindest regionalen Bündelungsbehörden in der Fläche präsent und ansprechbar sein will oder ob die Fachressorts jeweils einen eigenen sektoralen Unterbau unterhalten. Da sich auf der regionalen Ebene die dezentralen Organisationsstrukturen des Landes und die überörtliche kommunale Selbstverwaltung der Landkreise treffen, muss das Land zweitens entscheiden, ob es in der Fläche einen eigenen Behördenunterbau unterhält oder ob es – wie seit 2005 in Baden-Württemberg konsequent umgesetzt – auf der unteren Verwaltungsebene weitestgehend die Landkreise nutzt. Während es bei den staatlichen Behörden darum geht, dass die Landesregierung in der Fläche präsent ist und originäre Landesaufgaben möglichst orts- und problemnah gelöst werden, werden bei den Landkreisen neben den erwähnten kommunalen Aufgaben im so genannten übertragenen Wirkungskreis traditionell auch staatliche Aufgaben für das Land wahrgenommen. So sind die Landkreise ebenso wie die kreisfreien Städte und die Region Hannover untere (staatliche) Behörden für Naturschutz, Wasserwirtschaft, Abfall und Bodenschutz, Landesplanung, Wald und weitere Aufgaben. Allerdings bestehen Zweifel, ob staatliche Aufgaben in quasi unbegrenztem Umfang auf die Landkreise übertragen werden sollen. THIELE (2003) warnt jedenfalls davor, dass zu viele staatliche Aufgaben den kommunalen Charakter der Landkreise, der eigentlich durch Selbstverwaltungsaufgaben und Sicherung der öffentlichen Daseinsvorsorge geprägt sein sollte, verändern oder gar in den Hintergrund drängen können.

Für den räumlichen Zuschnitt von administrativen Zuständigkeiten stellt sich stets die Frage, ob für staatliche Fachbehörden und kommunale Einheiten jeweils eigene Raumzuschnitte sinnvoll sind. Um die Transparenz zu erhalten und die Kooperation der Behörden zu erleichtern, sollte künftig wieder verstärkt das Prinzip der Einräumigkeit der Verwaltung berücksichtigt werden, d. h. dass die Zuständigkeitsbereiche unterschiedlicher Behörden möglichst weitgehend kongruent sind. Um dies zu ermöglichen, sollten auch für Niedersachsen Verwaltungsräume definiert werden, die mit ihren wirtschaftlichen und strukturellen Verflechtungen ein räumliches Organisationsraster sowohl für staatliche Fachbehörden als auch für überörtliche Selbstverwaltungsaufgaben der Kreisebene bieten.

Ein Problem, aber auch eine Chance bei der Vermittlung von Verwaltungsreformprozessen gegenüber den Bürger/innen ist, dass diese Defizite der Verwaltungsorganisation in der Regel nur dann wahrnehmen, wenn sie selbst z. B. durch die Dienstleistungsqualität betroffen sind. Sie wollen vor allem leistungsfähige Ansprechpartner und die Gewissheit, dass ihr Anliegen schnell und gut erledigt wird; dahinter liegende Verwaltungsstrukturen interessieren weniger. Dies spricht dafür, neue Verwaltungsstrukturen immer von den Aufgaben her zu beleuchten („form follows function"). Allerdings stehen bei Verwaltungsstrukturreformen auch die unterschiedlichen Zielkategorien in einem Spannungsfeld. So folgen Effizienz, Wirtschaftlichkeit und Bürgernähe jeweils eigenen Logiken – welchen Aspekten mehr und welchen weniger Bedeutung geschenkt wird, ist eine im besten Wortsinne politische Entscheidung, weil es ein „objektives Optimum" bei dieser Frage nicht gibt. Nicht zu unterschätzen sind für die politischen Diskussionen freilich auch die Fragen historischer Bezüge und traditioneller räumlicher Ausrichtungen. Administrative Einheiten sind nicht nur rationale Verwaltungsräume, sondern ihre Neuordnung kann auch emotionale Bindungen an Heimaträume berühren und damit Widerstände in der Öffentlichkeit hervorrufen.

Deutlich wird aus diesen Ausführungen, dass in Niedersachsen unzweifelhaft ein erheblicher Handlungsbedarf zur Optimierung der Verwaltungsstruktur besteht. Sie lassen jedoch sehr unterschiedliche politische Schlüsse zu. Für das systematische Durchdenken alternativer Handlungsoptionen hat es sich bewährt, unterschiedliche Entwicklungspfade bewusst vereinfachend in Form von Szenarien darzustellen und zu bewerten. In diesem Sinne hat ein Arbeitskreis des Landesbüros Niedersachsen der Friedrich-Ebert-Stiftung im Jahr 2010 ein Arbeitspapier zu den künftigen Verwaltungsstrukturen Niedersachsens erstellt, an dem der Verfasser beteiligt war. Nachfolgend sollen diese Szenarien mit ihren wesentlichen Grundprinzipien skizziert werden. Bezüglich weiterer Einzelheiten sei auf das Arbeitspapier selbst verwiesen.[15]

5. Szenarien künftiger Verwaltungsstrukturen in Niedersachsen

5.1 Szenario 1: „Optimierter Status quo"

Dieses Szenario unterstellt eine mäßige Bereitschaft auf Landesebene, zu durchgreifenden Reformen zu kommen. Es werden deswegen nur die deutlichsten Schwachstellen der gegenwärtigen Struktur beseitigt. So werden auf Landesebene die Ministerien verschlankt und auf ihre gubernativen Aufgaben konzentriert. Einzelne Landesoberbehörden bzw. landesweit tätige Landesbetriebe mit Fach- und Beratungsaufgaben bleiben bestehen (z. B. Landessozialamt, Landesamt für Bergbau, Energie und Geologie, Landesamt für Bezüge und Versorgung, Landesbehörde für Straßenbau und Verkehr). Dezentral werden ca. zwölf staatliche Regionalverwaltungen mit Bündelungsfunktion für diejenigen Aufgaben eingerichtet, die beim Land verbleiben (z. B. Schulen, Gewerbeaufsicht, Aufgaben des jetzigen NLWKN); gleichzeitig werden hier die regionalen Geschäftsbereiche der Landesoberbehörden verankert (z. B. Straßenbau) und Planfeststellungsverfahren für Großvorhaben durchgeführt.

Auf der Kreisebene werden die Haupt-Schwachstellen beseitigt, d.h. die sehr kleinen Land-kreise werden aufgelöst. Es werden ca. 30 leistungsfähige Landkreise mit einer Mindestgröße von 100.000 Einwohnern gebildet; die kreisfreien Städte bleiben erhalten. Das Aufgabenprofil der Landkreise und kreisfreien Städte bleibt weitestgehend unverändert.

Auf der Gemeindeebene werden leistungsfähige Verwaltungseinheiten geschaffen. Diese können als Einheits- oder als Samtgemeinden organisiert sein und haben jeweils mindestens 10.000 Einwohner.

Der Mehrwert dieses Szenarios besteht darin, dass es relativ kurzfristig und konfliktfrei umgesetzt werden kann. Das Land verbessert seine Handlungsfähigkeit und seine Präsenz in der Fläche, auf Ebene der staatlichen Regionalverwaltungen sind klare Synergien erreichbar. Risiken liegen bei diesem Szenario darin, dass die Leistungsfähigkeit noch nicht optimiert wird und die wirtschaftsräumlichen Verflechtungen auf Kreisebene nur teilweise abgebildet werden. Eine gewisse Einräumigkeit wird dadurch erzielt, dass die Bezirke der staatlichen Regionalverwaltungen stets ein Sample von Landkreisen und kreisfreien Städten um-fassen.

5.2 Szenario 2: Leistungssteigerung der Selbstverwaltung auf Regional- und Gemeindeebene

Auch bei diesem Szenario werden auf Landesebene die Ministerien verschlankt und auf ihre gubernativen Aufgaben konzentriert. Einzelne Landesoberbehörden bzw. landesweit tätige Landesbetriebe mit Fach- und Beratungsaufgaben bleiben bestehen (z. B. Landessozialamt, Landesamt für Bergbau, Energie und Geologie, Landesamt für Bezüge und Versorgung, Landesbehörde für Straßenbau und Verkehr). Dezentral gibt es nur einzelne staatliche Sonderbehörden, z. B. für den Küstenschutz. Für die Zuordnung der Polizei kommen entweder weiterhin Landesbehörden oder die Kreisebene (wie in Nordrhein-Westfalen) in Frage.

Auf der Kreisebene werden zwölf Kreise unter Einschluss der heute kreisfreien Städte gebildet; die heute kreisfreien Städte erhalten einen Sonderstatus entsprechend der Landeshauptstadt Hannover in der Region Hannover. Die Vor-Ort-Aufgaben der Landesverwaltung werden wie andere Aufgaben der unteren Landesbehörde in die Kreisverwaltungen einbezogen.

Auf Gemeindeebene werden leistungsfähige Verwaltungseinheiten geschaffen. Diese können als Einheits- oder als Samtgemeinden organisiert sein und haben jeweils mindestens 20.000 Einwohner. Bei Einheitsgemeinden tritt eine gestärkte Ortsteil-

---

[15] Friedrich-Ebert-Stiftung, Landesbüro Niedersachsen (Hrsg.): Künftige Verwaltungsstrukturen in Niedersachsen. Defizite und Handlungsbedarf – Kriterien und Szenarien. Ein Arbeitspapier. Hannover 2010

verfassung in Kraft. Die Gemeindeebene übernimmt alle Aufgaben mit Publikumskontakt sowie die Schulträgerschaft für alle allgemeinbildenden Schulen.

Der Mehrwert dieses Szenarios besteht darin, dass die kommunalen Ebenen gestärkt werden und die wirtschaftsräumlichen Verflechtungen deutlich besser abgebildet werden. Die Stadt-Umland-Probleme werden innerhalb der zwölf Kreise durch Integration der bislang kreisfreien Städte deutlich besser bearbeitet als bisher, und die Bürgernähe wird durch die Stärkung der Gemeindeebene deutlich erhöht. Risiken liegen bei diesem Szenario darin, dass im Falle der Zusammenlegung starker und schwacher Landkreise Ausgleichsmechanismen etabliert werden müssen. Aus Sicht des Landes kann ein Verlust an Steuerungswirkung dadurch entstehen, dass es bei diesem Szenario in der Fläche nur in sehr geringem Umfang mit eigenen Behörden vertreten ist. Bei der Etablierung dieses Szenarios ist eine sehr klare Aufgabenabgrenzung zwischen Land und Kommunen erforderlich.

5.3 Szenario 3: Regionalkreise

Auch bei diesem Szenario werden auf Landesebene die Ministerien verschlankt und auf ihre gubernativen Aufgaben konzentriert. Einzelne Landesoberbehörden bzw. landesweit tätige Landesbetriebe vorrangig mit Beratungsaufgaben bleiben bestehen (z. B. Landessozialamt, Landesamt für Bergbau, Energie und Geologie, Landesamt für Bezüge und Versorgung, Landesbehörde für Straßenbau und Verkehr). Dezentrale Landesbehörden bestehen bei diesem Szenario nicht mehr.

Auf der Kreisebene werden acht Regionalkreise unter Einschluss der heute kreisfreien Städte gebildet; die heute kreisfreien Städte erhalten einen Sonderstatus entsprechend der Landeshauptstadt Hannover in der Region Hannover. Die Vor-Ort-Aufgaben der Landesverwaltung werden vollständig in die Regionalkreisverwaltungen einbezogen, die (zusammen mit den Gemeinden) für alle Landesaufgaben untere staatliche Verwaltungsbehörden sind. Die Regionalkreise übernehmen vorrangig strukturbestimmende Aufgaben (z. B. die Trägerschaft für den gesamten ÖPNV). Auch die Polizei wird entsprechend

der Regelung in Nordrhein-Westfalen bei den Regionalkreisen angesiedelt.

Auf Gemeindeebene werden leistungsfähige Verwaltungseinheiten als Einheitsgemeinden geschaffen. Diese haben jeweils mindestens 30.000 bzw. 35.000 Einwohner, was deutlich unter der durchschnittlichen Gemeindegröße in Nordrhein-Westfalen (45.000) liegt. Man mag einwenden, dass Nordrhein-Westfalen sehr städtisch geprägt ist, doch zeigt ein Blick auf den überwiegend ländlich geprägten Nachbarstaat Dänemark, dass der Durchschnittswert nach der letzten Reform bei 56.000 liegt (PRIEBS 2007). Es tritt eine gestärkte Ortsteilverfassung in Kraft. Die Gemeinden übernehmen alle Aufgaben mit Publikumskontakt, die Schulträgerschaft für alle allgemeinbildenden Schulen und damit auch einen großen Teil heutiger Kreisaufgaben (z. B. Bauaufsicht, Auszahlung der Sozialhilfe).

Der Mehrwert dieses Szenarios besteht darin, dass ein sehr klarer Verwaltungsaufbau mit eindeutig zugeordneten Kompetenzen geschaffen wird. Die Wirtschaftsräume werden weitestgehend optimiert abgebildet. Die gemeindliche Ebene wird erheblich gestärkt. Risiken liegen bei diesem Szenario darin, dass die örtliche Verbundenheit der Verwaltungen zurück tritt und dass das Land überhaupt nicht mehr in der Fläche präsent ist.

5.4 Szenario 4: Kooperationsmodell mit optimierten Verwaltungsräumen

Auch bei diesem Szenario werden auf Landesebene die Ministerien verschlankt und auf ihre gubernativen Aufgaben konzentriert. Einzelne Landesoberbehörden bzw. landesweit tätige Landesbetriebe mit Fach- und Beratungsaufgaben bleiben bestehen (z. B. Landessozialamt, Landesamt für Bergbau, Energie und Geologie, Landesamt für Bezüge und Versorgung, Landesbehörde für Straßenbau und Verkehr). Dezentral werden ca. zwölf staatliche Regionalverwaltungen mit Bündelungsfunktion für diejenigen Aufgaben eingerichtet, die beim Land verbleiben (z. B. Schulen, Gewerbeaufsicht, Aufgaben des jetzigen NLWKN); gleichzeitig werden hier die regionalen Geschäftsbereiche der Landesoberbehörden verankert (z. B. Straßenbau) und Planfeststellungsverfahren für Großvorhaben durchgeführt.

Auf der Kreisebene werden zwölf Verwaltungsräume definiert; für jeden Verwaltungsraum werden für regionale Aufgaben Kooperationsstrukturen geschaffen (z. B. Kommunal- bzw. Zweckverbände wie der Zweckverband Großraum Braunschweig, der erhalten bleibt und gestärkt wird). Fast alle Landkreise, die kreisfreien Städte sowie die Region Hannover bleiben erhalten. Die 12 Kooperationseinheiten übernehmen nach eigener Auswahl wesentliche strukturbestimmende Aufgaben (z. B. Regionalplanung, ÖPNV, Wirtschaftsförderung, Berufsschulen).

Auf Gemeindeebene werden vor allem Schwachstellen (sehr kleine, nicht leistungsfähige Gemeinden) beseitigt. Es werden Kooperationsräume mit mindestens 10.000 Einwohnern definiert.

Der Mehrwert dieses Szenarios besteht darin, dass Wildwuchs bei den notwendigen Kooperationen auf Kreisebene verhindert wird. Aus Sicht der Landespolitik mag es mit Erleichterung gesehen werden, dass eine Kreisreform „von oben" nicht durchgeführt werden muss. Dagegen wird die Selbstbestimmung bei der Definition von Kooperationsaufgaben innerhalb der zwölf Verwaltungsräume gestärkt. Dadurch ist in diesen Räumen eine individuelle, angepasste Kooperation möglich. Risiken liegen bei diesem Szenario darin, dass sich die Kooperationen in den einzelnen Landesteilen unterschiedlich entwickeln und zahlreiche Schwachstellen des heutigen Verwaltungsaufbaus bestehen bleiben.

6. Denkbare Entwicklung der Verwaltungsstruktur in Niedersachsen bis 2037

Langfristig ist eine zukunftsfähige Verwaltung für Niedersachsen kaum denkbar ohne starke und damit auch größere Gemeinden und eine Einteilung in etwa ein Dutzend leistungsfähiger Regionen, in denen die Landesregierung dezentral präsent ist und in denen die überörtliche kommunale Daseinsvorsorge in gebietskörperschaftlichen oder kooperativen Strukturen organisiert ist. Offen ist jedoch die Frage, wann und auf welchem Wege dieser Zustand erreicht sein wird. Wenn nachfolgend - aufbauend

auf den dargestellten Szenarien - eine denkbare Entwicklung skizziert wird, dann wird von folgenden Prämissen ausgegangen:

- Kurzfristig müssen vor allem die offensichtlichsten Strukturdefizite auf der Kreis- und Gemeindeebene gelöst werden. In diesem Sinne werden die besonders kleinen und leistungsschwachen Landkreise (z. B. Lüchow-Dannenberg, Holzminden, Osterode) fusionieren. Auf Gemeindeebene muss landesweit eine Mindest-Leistungsfähigkeit erreicht werden.

- Die Integration heute kreisfreier Städte und ihrer benachbarten Landkreise in eine größere Verwaltungseinheit der Kreisstufe dürfte nur dort kurzfristig realistisch sein, wo die Kreisfreiheit und die damit verbundenen Leistungsverpflichtungen zu erheblichen finanziellen Belastungen und damit Einschränkungen der Handlungsfähigkeit führt (z. B. in Wilhelmshaven).

- Die unbefriedigende Vertretung der Landesregierung in der Fläche, die Überlastung der Ministerien und die Unübersichtlichkeit bei den staatlichen Fachbehörden zwingen zu einer Neukonzeption der staatlichen Verwaltung auf regionaler Ebene.

- Dem Prinzip der Einräumigkeit der öffentlichen Verwaltung muss wieder stärker Rechnung getragen werden. Als Gebietskulisse müssen Verwaltungsräume definiert werden, die sowohl für die Fachbehörden des Landes gelten als auch zur Orientierung für Kooperationen auf Kreisebene Anwendung finden.

Angesichts des noch nicht von allen Entscheidungsträgern in seiner Dringlichkeit wahrgenommenen Handlungsdrucks, wegen der vorrangig zu lösenden Strukturprobleme der Landesverwaltung sowie der Möglichkeit, die deutlichsten Schwachstellen der kommunalen Ebenen durch weniger einschneidende Maßnahmen zu beseitigen, ist es derzeit unwahrscheinlich, dass in einem Schritt eine große Verwaltungsstrukturreform „von oben" entsprechend den Szenarien 2 und 3 in Angriff genommen wird. Denkbar ist jedoch eine Entwicklung in Anlehnung an die Szenarien 1 und 4.

Bei der Implementation von Kooperationsstrukturen der Kreisebene in den Verwaltungsräumen wäre an die Bildung von Großraumverbänden zu denken.

Das Modell des Zweckverbandes Großraum Braunschweig, der für sein fünf Landkreise und drei kreisfreie Städte umfassendes Gebiet für die Regionalplanung und den gesamten ÖPNV zuständig ist, wäre hierfür fortzuentwickeln. Weitere Aufgaben solcher Verbände könnten in der Trägerschaft regionaler Daseinsvorsorge (Kliniken, Berufsschulen, Abfallwirtschaft) liegen. Ein Vorteil der Verbandskonstruktion liegt auch darin, dass zumindest die beiden Stadtgemeinden des Bundeslandes Bremen einbezogen werden könnten; hierfür wurde schon in der Regionalisierungsdiskussion der 1990er-Jahre die rechtliche und praktische Machbarkeit untersucht (FÜRST et al. 1994). Da eine Verbandslösung für den Hamburger Raum wegen dessen Größe und der Beteiligung weiterer Bundesländer (Schleswig-Holstein und Mecklenburg-Vorpommern) deutlich schwieriger ist, sollte das südliche Hamburger Umland als einer der niedersächsischen Verwaltungs- bzw. Kooperationsräume definiert werden.

In der langfristigen Perspektive muss laufend neu bewertet werden, ob die so gefundenen Effizienzgewinne und Synergien ausreichend sind. Ansonsten besteht stets die Möglichkeit, dass sich diese kooperativen regionalen Strukturen zu Regionalkreisen weiter entwickeln. Dann wäre auch zu entscheiden, ob diese kommunalen und die staatlichen Verwaltungen in der Fläche getrennte Institutionen bleiben oder ob sie zu gemischten Einrichtungen zusammengeführt werden. Bis dahin dürften auch belastbare Erfahrungen mit der erwähnten Lösung in Baden-Württemberg vorliegen, wo die unteren staatlichen Fachbehörden in die Kreisverwaltungen integriert wurden. Denkbar ist aber auch, dass die Strukturen weiter getrennt bleiben. Das Land könnte mit zwölf Regionalverwaltungen in der Fläche präsent sein, während im gleichen Gebietsumgriff zwölf Regionalkreise ein deutlich kommunal geprägtes Profil behalten könnten. Unabhängig von diesen unterschiedlichen Lösungswegen ist unbestritten, dass die regionale Ebene sowohl bei den staatlichen als auch bei den Selbstverwaltungsaufgaben an Bedeutung gewinnen wird.

Literatur

BOGUMIL, J. & KOTTMANN, S. (2006): Verwaltungsstrukturreform - die Abschaffung der Bezirksregierungen in Niedersachsen. – Ibbenbüren

Friedrich-Ebert-Stiftung, Landesbüro Niedersachsen (Hrsg.) (2010): Künftige Verwaltungsstrukturen in Niedersachsen. Defizite und Handlungsbedarf - Kriterien und Szenarien. Ein Arbeitspapier. – Hannover

FÜRST, D., MÜLLER, B. & SCHEFOLD, D. (1994): Weiterentwicklung der Gemeinsamen Landesplanung Bremen/Niedersachsen. – Schriften zur Innenpolitik und zur kommunalen Wissenschaft und Praxis, Bd. 10, Baden-Baden

GABRIEL, S. (1996): Von der Bezirksregierung zum Regionalmanagement. – In: Niedersächsischer Städtetag-Nachrichten, Heft 7/8-1996, S. 157-159

GLOGOWSKI, G. (1997): Bilanz und Perspektiven einer regionalisierten Landesentwicklungspolitik. – In: Regionale Kooperationen in Niedersachsen. Schriften der Landesplanung Niedersachsen, Hannover, S. 9-15

HESSE, J. J. (2010): Kommunalstrukturen in Niedersachsen. – Untersuchung im Auftrag des Ministeriums für Inneres und Sport des Landes Niedersachsen, Berlin.

KOHN, H. (1981): Gebiets- und Verwaltungsreform in Niedersachsen. – In: Der Landkreis, Heft 1/1981, S. 30-34

PRIEBS, A. (2002): Die Bildung der Region Hannover und ihre Bedeutung für die Zukunft stadtregionaler Organisationsstrukturen. – In: Die Öffentliche Verwaltung, Bd. 55, S. 144-151

PRIEBS, A. (2007): Ablauf und Ergebnisse der Verwaltungsreform in Dänemark. – In: NST-Nachrichten 5/2007, S. 108-112

THIELE, R. (2003): Aufgabenverlagerung auf Kommunen nach Auflösung der Bezirksregierungen. – In: NST-Nachrichten 2/2003, S. 48-49

Postdemokratie und Kälte auf Rädern: Ein Dialog über Politik und Klimawandel in der Metropolregion Bremen-Oldenburg im Jahre 2037

Michael Flitner und Heiko Garrelts*

I.

Die Zukunft der Welt hängt auch davon ab, wie wir sie uns vorstellen und wie wir diesen Vorstellungen entsprechend, oder ihnen entgegengesetzt, handeln. Das Wissen um die prinzipielle Offenheit der Zukunft steht dem Glauben an Einfluss und dem Willen zur Gestaltung nicht entgegen, und so findet die Zukunft professionelles Interesse in verschiedensten Branchen, bei Versicherungsexperten und Weltmodellierern ebenso wie bei Trendforschern und politischen *think tanks*, die allesamt darauf zielen, die Risiken ihrer Klientel von deren (und ihren) Chancen zu trennen. Das geschieht in unterschiedlichen Mischungen von Extrapolation, Befragung und Phantasie, mal mehr und mal weniger seriös. An Fehleinschätzungen aus der Computerindustrie lässt sich beispielhaft illustrieren, wie sehr sich selbst ausgewiesene Experten in ihren Zukunftserwartungen täuschen können. *„Die ganze Welt braucht nur vier oder fünf Computer"*, soll IBM-Chef Watson Ende der 1940er-Jahre orakelt haben. Und noch 1977 vermochte sich der Gründer und Präsident der Firma Digital Equipment Corporation, Ken Olsen, nicht vorzustellen, irgendjemand könnte einen Computer im eigenen Haus haben wollen. Solche Fehleinschätzung erheitert im Nachhinein. Sie macht zugleich klar, dass Prognosen wohl erst recht schwierig sein dürften, wenn sie nicht greifbar nahe technische Optionen betreffen, sondern komplexe gesellschaftliche, moralische oder politische Verhältnisse in einigen Jahrzehnten.

Was es heißt, in diesem Sinn im Jahr 2012 über das Jahr 2037 nachzudenken, lässt sich mit dem einfachen Gedankenexperiment durchspielen, hundert Jahre zurückzugehen, um von dort aus vergleichbar lange Zeiträume in den Blick zu nehmen. Gerade in Deutschland hätten wohl nur wenige, gleichermaßen finstere wie kühne Pessimisten im Jahr 1912 die Abfolge von Ereignissen und gesellschaftlichen Verhältnissen erwogen, die bis 1937 eingetreten sind, vom Ersten Weltkrieg bis zum NS-Faschismus. Zehn Jahre später war dann schon der nächste Weltkrieg vorüber. Man muss dieses Beispiel nicht weiter strapazieren; es legt uns jedenfalls nahe, bei eigenen Prognosen ebenso vorsichtig wie mutig zu sein, und uns vor allem mit einfachen Fortschreibungen nicht zufrieden zu geben.

II.

Die Autoren des vorliegenden Beitrags sind Teilnehmer eines Projekt unter dem programmatischen Titel *nordwest2050*, das vom Bundesministerium für Bildung und Forschung unterstützt die Anpassung der Metropolregion Bremen-Oldenburg an den Klimawandel forschend unterstützen soll. Das Projekt läuft über fünf Jahre (2009-2014) und soll Perspektiven für klimaangepasste Innovationsprozesse in der Region entwickeln. Schwerpunkte liegen in den Bereichen Energie, Hafen/Logistik und Ernährungswirtschaft; wesentliche Fragen beziehen sich zudem auf den Bereich der ,*Governance*', d. h. der Erforschung von Politikprozessen in der Region und über diese hinaus, sowie der konstruktiven Weiterentwicklung bestehender Ansatzpunkte für regionale Steuerungsprozesse der Klimaanpassung (mehr unter: www.nordwest2050.de). Wie im Namen des Projektes enthalten, liegt dessen langfristiger Zielhorizont im Jahr 2050. Um eine ,*Roadmap of Change*' oder jedenfalls Teiletappen auf dem langen Weg zur Anpassung an den Klimawandel konzipieren zu können, ist es für das Projekt hilfreich wenn nicht notwendig, einige Anhaltspunkte zu haben, was in den kommenden Jahrzehnten an breiter politischen und gesellschaftlichen Entwicklungen möglich oder denkbar ist. Politologen und politische Geographen werden dabei gefragt, wie man sich Politik oder Governance im Jahre 2050 vorstellen kann und wie sich gesellschaftliche Reaktionsweisen auf den Klimawandel hierin einfügen könnten.

---

* Prof. Dr. M. Flitner, Dr. H. Garrelts, Universität Bremen, ARTEC/ Forschungszentrum Nachhaltigkeit, Enrique-Schmidt-Str. 7, 28359 Bremen; E-Mails: flitner@uni-bremen.de und garrelts@artec.uni-bremen.de

Vor dem Hintergrund dieser Fragen wurde im August 2011 ein Workshop durchgeführt, im Zuge dessen 17 Expertinnen und Experten Rahmen- bzw. Kontextszenarien für die Metropolregion Bremen-Oldenburg erstellt haben (vgl. WINGES et al. 2012). Dafür wurde ein breiter Möglichkeitsraum aufgespannt mit der Frage nach unterschiedlichen, denkbaren politischen Zukünften im Mittelpunkt. Es wurde also in explorativer Absicht gefragt *„Was kann passieren?"*, in Abgrenzung zur prognostischen Frage *„Was wird passieren?"* und zur normativen Frage *„Was soll passieren?"*. Zu diesem Zweck waren die wesentlichen Treiber der regionalen Entwicklung zu bestimmen und unter dem Blickwinkel einer hohen Relevanz (für die Region) bei gleichzeitig großer Unsicherheit bezüglich ihres Eintritts bzw. Wirksamwerdens zu gewichten bzw. zu selektieren (ebd.). Die Teilnehmenden einigten sich dabei im Laufe des Verfahrens auf eine Matrix mit zwei Achsen, deren eine unterschiedliche Formen von Staatlichkeit abbildet, die andere das Ausmaß einer sozial inklusiven Partizipation der Bürger und Bürgerinnen in den jeweiligen Gemeinwesen. Die folgende Abbildung gibt wenig abgewandelt die vier grundlegenden Szenarien wieder, die auf Basis dieser Unterscheidungen während des Workshops entwickelt wurden.

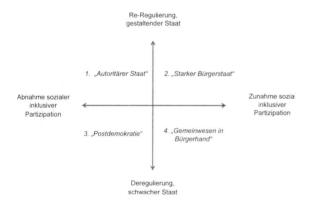

Abb. 1: Politische Rahmenszenarien der Regionalentwicklung

Die Ausarbeitung zu diesen Szenarien (ebd.) liefert den Hintergrund und auch Teile des Materials zu den folgenden Ausführungen. Wir haben für die Darstellung hier eine dialogische und streng subjektive Form gewählt. Wir nehmen dabei die beiden Szenarien 1 und 4 (*,Autoritärer Staat'* und *,Gemeinwesen in Bürgerhand'*) bzw. zwei Akteure, die darauf bezogene Positionen vertreten, zum Ausgangspunkt eines Streitgesprächs, das etwa im Herbst 2017 im politischen Mitternachtsmagazin

,Delta' eines öffentlichen Regionalsenders ausgestrahlt werden könnte.

III.

Moderator: Der Klimawandel, verehrte ,Delta'-Zuschauer, hat in den letzten Jahren zu globalen Problemlagen geführt. Die erschreckenden Bilder aus China, die sie gerade noch einmal gesehen haben, illustrieren das drastisch: Ganze Städte stehen dort seit Tagen unter Wasser. Wir wissen heute nicht, ob auch hier bei uns in der Metropolregion zukünftig mit solchen Ereignissen zu rechnen ist. Für die nächsten Jahre gehen wir nicht davon aus. Fest steht aber schon heute: Die Dynamik des globalen Klimawandels und seiner Folgen wird langfristig sein – schon allein deshalb, weil die schädlichen Treibhausgase so lange in der Atmosphäre aktiv bleiben. Eine Stabilisierung ist selbst bei einem weiteren Ausbau unterirdischer Gasspeicherung erst in Jahrzehnten zu erreichen. Wir wollen daher heute Abend hier bei ,Delta' versuchen, fünfundzwanzig Jahre vorauszudenken in das Jahr 2037, und wir wollen überlegen, wie wir uns am Besten vorbereiten können auf die Zukunft des Klimawandels, insbesondere welche Weichen für diese Zukunft schon heute gestellt werden sollten. Wir haben dazu zwei Personen ins Studio geladen, die ich hiermit begrüßen darf: Herrn von Ettenburg, Mitgründer und Leiter der *Advance Policy Consulting* in Bad Zwischenahn, sowie Frau Dr. Birksen, Vorsitzende der Deutschen Stiftung Bürgerwohl und bekannt geworden als innenpolitische Beraterin der Piratenpartei in den eben gescheiterten Koalitionsverhandlungen. – Herr von Ettenburg, machen Sie bitte den Anfang: Was sind denn die größten politischen Herausforderungen, die Sie in den nächsten Jahren auf uns zukommen sehen?

Von Ettenburg: Die größten Herausforderungen für die Politik sind seit Jahren dieselben, nämlich erstens die Finanzen und zweitens die Sicherheit. Lassen Sie mich dies plakativ sagen: Im Grunde ist das ein und dasselbe Problem, nämlich die Frage, wie wir die Steuerungsfähigkeit zurückgewinnen, die wir im Zuge übertriebener Liberalisierung und Privatisierung verloren haben und auch nach der politischen Wende weiter verlieren. Steuerungsfähigkeit heißt für mich auch: Steuerungs**wille**. Wir brauchen dazu natürlich auch wieder Politiker, die führen wollen. Die Krise der letzten Jahre ist ja einerseits dadurch entstanden, dass man in einen ultraliberalen Wahn verfallen ist und Aspekte wie Infrastruktur, Zuverlässigkeit und eben auch die innere und äußere Sicherheit nur noch privaten Anbietern überlassen hat. Gleichzeitig ist jeder markante Politiker bei uns zu Fall gebracht worden oder ins Ausland vertrieben, sodass nun auch kaum noch jemand mit Charisma da ist, der uns den Weg weisen und den Staat wieder stärken könnte. Stattdessen hat man die liberalen Projekte notdürftig neu aufgelegt oder gleich erklärten Systemkritikern wie der Occupy-Bewegung das Feld überlassen …

Moderator: Was heißt das nun im Hinblick auf unseren Umgang mit dem Klimawandel?

Von Ettenburg: Wie ich bereits sagte, die Hauptprobleme liegen hier wie überall im Bereich der Sicherheit und der Finanzen. Der zunehmende Abbau des Staates drückt sich ja nicht nur in der Schließung von kommunalen Kinos oder Bücherhallen aus, sondern darin, dass der Staat die Kontrolle verloren hat über weite Teile der Infrastruktur. Das wurde schon vor fast zehn Jahren von der damaligen Deutschen Anpassungsstrategie angemerkt: Mehr als 80 Prozent unserer gesellschaftlichen Lebensadern – ich meine hier die zentralen Infrastrukturen wie die Telekommunikations- und Informationstechnik oder die Autobahnen, die wir in großen Teilen schon dem Daimler-Konsortium überlassen haben – werden zu mehr als 80 Prozent von privaten oder privatisierten Unternehmen betrieben oder gesteuert. Wenn die dann die Funktionsfähigkeit der Einrichtungen verantworten – da lässt sich doch kein effektiver Schutz mehr für die Bürger herstellen! Das gilt genauso für die neuen terroristischen Bedrohungen wie für den Klimawandel. Denken Sie an unsere Offshore-Windenergieparks. Keiner hätte je gedacht, welch enormer Aufwand an Überwachung und Sicherung da erforderlich sein würde. Das ist heute Verwundbarkeit im Klimawandel! Ich bringe es einmal auf den Punkt: Um für die weitere Zukunft gut aufgestellt zu sein, brauchen wir heute wieder ein ‚Mehr‘ an Staatlichkeit im Sinne einer Re-Regulierung vieler Bereiche und neuer zentraler Kompetenzen. Das brauchen wir übrigens auch, um im Wettbewerb mit den anderen Metropolregionen bestehen zu können. Wir brauchen dazu auch neue und höhere Steuern, auch eine spürbare CO2-Steuer

des Bundes. Und die föderalistische Kleinstaaterei insgesamt muss ein Ende haben. Nur mit einem geschlossenen Nordstaat kann die Energiewende entschlossen geplant und vorangetrieben werden. Und nur sie wiederum bietet uns eine langfristige Versorgungssicherheit und zugleich die notwendigen ökologischen Entlastungen. Dafür müssen wir auch einmal durchsteuern können, wie das in China angesichts der Krise ja nun auch wieder geschieht.

Moderator: Frau Dr. Birksen …

Von Ettenburg: Sehen Sie doch – ich komme zum Schluss: Viele Demokratien haben seinerzeit nicht einmal die schwachen Klimaziele von Kyoto erreicht. In Deutschland war das auch vor allem historisches Glück, weil die Industrie in der alten DDR unterging. Ich sage den Zuschauerinnen und Zuschauern eines: In den demokratischen OECD-Ländern ist in den letzten Jahren der CO2-Ausstoß sowohl insgesamt wie pro Kopf immer noch weiter gestiegen. Wenn wir das nicht nach dem Ort der Erzeugung messen, wo das herkommt, sondern nach dem Verbrauch von Gütern, wo die letztlich hingehen, dann wird erst recht deutlich, was sich in den westlichen Demokratien abspielt. Und ich sehe gerade dort auch noch gar keine hinreichende Unterstützung für entschlossenes politisches Handeln. Mit anderen Worten: Bei dem, was wir tun müssen gegen den Klimawandel, wird man in den kommenden zwanzig Jahren einfach auch nicht jeden mitnehmen können. Demokratie will gelenkt sein.

Moderator: Frau Dr. Birksen – das Stichwort ist gefallen: „Durchsteuern.“ Sie haben in den jüngsten Koalitionsverhandlungen für die Piratenpartei ganz andere Konzepte in den Vordergrund gerückt: mehr Selbstorganisation und freiwillige Verbünde, weiterer Abbau des Staates, mehr Freiheit und zugleich mehr Vertrauen in die Leistungsfähigkeit der Bürger. Aber kann das aus Ihrer Sicht ausreichen, um den Herausforderungen des Klimawandels auch noch in zwanzig Jahren beizukommen?

Birksen: Ich will ihre Frage gleich direkt beantworten: Ja, das ist genau der Weg, den wir weiter und auch noch entschlossener gehen müssen. Aber lassen Sie auch mich zunächst kurz die grundsätzlichen Herausforderungen skizzieren, ehe ich auf den Klimawandel zurückkomme. Ich sehe in der Tat die Sachlage insgesamt etwas anders, als sie gerade geschildert worden ist. Es gibt Situationen, in denen wir bestimmte Aspekte des Staates durchaus gestärkt sehen wollen, so wie dies auf dem Höhepunkt der Finanzkrise vor zwei Jahren ja auch geschehen ist, jedenfalls temporär. Aber fast alle Banken sind auf gutem Wege, in Kürze wieder auf eigenen Füßen zu stehen, und nun muss auch wieder die Eigeninitiative gefördert werden, wie das ja schon geschieht. Es geht dabei gar nicht primär um Privatisierung und Liberalisierung, wie das oft verkürzt wird. Vielmehr geht es im Kern um uns, unsere Ideen, unsere Bürgerrechte und um das, was in den letzten Monaten unter dem Schlagwort Demokratie 3.0 diskutiert worden ist. Wir sehen heute die Chance, in eine ganz neue Phase für unser Gemeinwesen einzutreten. Selbstregulierung, Internet-Demokratie, Stärkung unserer Region: Das sind die drei Konzepte, auf die wir bauen sollten und bauen müssen. Nicht einfach, weil wir den Staat nicht wollen, sondern weil wir ihn nicht brauchen, so wie er ist und weil wir es selbst besser können in einem freien Land. Schon heute werden ja gerade hier im Nordwesten große Teile der klassischen Sozialleistungen privat erbracht, da hilft die lange bürgerschaftliche Tradition gerade an einem Ort wie Bremen. Wir alle halten uns doch gern in dem herrlichen Bürgerpark auf – und der ist nun einmal nicht staatlich finanziert, sondern von einem privaten Verein. In Kürze soll auch die Universität umfassend privatisiert werden, unterstützt von der großen Mehrheit der Professoren, die sich nicht länger von der Landespolitik gängeln lassen möchte und auch sagt: „Wissenschaft hat mit Politik nichts zu tun". Das sind Entwicklungen, die schon lange vor der jetzigen Krise begonnen haben und auch den Weg aufzeigen, wie wir mit dem Klimawandel umgehen können.

Moderator: Können Sie das noch konkretisieren? Hilft denn die Privatisierung bei der Anpassung an den Klimawandel?

Birksen: Nein, nicht auf die Privatisierung kommt es an, sondern auf die gemeinschaftliche Verantwortung, und da hilft die Privatisierung in vielen Fällen. Klimawandel braucht Wertewandel. Neue Ideen, aber zuerst und vor allem Wertewandel. Im Energiesektor heißt das Energieautonomie – erneuerbare Energien als kleine, saubere, individuelle Selbstversorgung. Da haben wir in den letzten Jahren ja schon enorme Fortschritte erzielt mit den

Bürgerwindanlagen, den Bürgersolaranlagen usw. Je mehr es von ihnen gibt, desto unabhängiger werden Städte und Region von den früheren Energielieferanten und ihren Preisdiktaten, das heißt von den großen multinationalen Öl- und Gaskonzernen. Nur Energieautonomie macht diese Tendenzen unumkehrbar, und sie führt zu wahrer Demokratie – Bürger, die über ihr Umfeld selbst und souverän entscheiden. Gleichzeitig ist der Cluster Windenergie in der Region auch noch zum Wachstumspfeiler geworden und zum Vorreiter des Energiewandels. Da passt also eines zum anderen. Aber ich gebe Ihnen auch gern ein Argument, das Ihre Frage unmittelbarer beantwortet. Ich meine die Deichverbände. Wer garantiert denn unabhängig von Themenkonjunkturen die Deichsicherheit, ist in der Fläche der Region verankert und macht damit seit langem einen wichtigen Teil regionaler Identität aus? Wer hat ganz maßgeblich dafür gesorgt, dass am Anfang dieses Jahrtausends die Klimaanpassung auf die regionale politische Agenda kam und administrative Routinen beim Küstenschutz aufgebrochen werden konnten? Das war der Deichverband am rechten Weserufer, hier in Bremen. Und, Herr von Ettenburg …

Von Ettenburg: Einspruch!

Birksen: Lassen Sie mich mein Argument zu Ende bringen. Auch ich kann mich auf die politischen Programme der damaligen Regierung berufen: Die komplette erste Säule im Aktionsplan *Klimaanpassung* zielte doch von Anbeginn vor allem auf die lokale Ebene, auf die Kommunen und in noch stärkerem Maße auf die Selbstregulierung der privaten Akteure.

Von Ettenburg: Es ist schon klar, worauf Sie hinauswollen …

Moderator: Herr von Ettenburg, der Wertewandel hin zu mehr Eigenverantwortung, die regionale Identität – welche Rolle spielt das denn für Sie?

Von Ettenburg: Wertewandel ist schön und gut, schafft aber weder Arbeit noch Sicherheit, noch hilft er den Finanzen. All das kann nur der Staat bewirken, für alle in gleichem Maße verbindlich und das auf Dauer. Und der Staat muss dazu seine Mittel ausschöpfen, ausbauen, und er muss erweiterte und neue Mittel in die Hand bekommen. Wir haben gesehen, wohin dieser so genannte Wertewandel führt. Die allgemeine und häufig ganz sachfremde Protesthaltung hat gerade hier in der Region schon reichlich Schaden angerichtet. Neue Kohlendioxidkavernen sind hier im Lande kaum mehr durchzusetzen, weil sie natürlich keiner haben will. Neue Bahnlinien sind schon längst nicht mehr zu bauen, obwohl wir sie dringend bräuchten, wenn wir eine vernünftige Politik für die Häfen und ihr Hinterland machen wollten aus einem Guss. Da helfen Ihnen der Bürgerwille nicht, und der angebliche Wertewandel gleich gar nicht. Wer sorgt denn für soziale Gerechtigkeit, soweit es sie noch gibt? Sponsoren finden Sie hier leicht für den Park oder für die Kunsthalle, aber auch für die Stromrechnung der ärmsten zehn Prozent? Da muss der Staat wieder ran. Und da sind wir auch gleich wieder bei der Sicherheit: An der chinesischen Küste gibt es im Moment schon fast zwei Millionen Klimaflüchtlinge, hier werden wir auch nicht mehr lange warten müssen, bis die Menschen aus Afrika …

Birksen: Ich will nun aber – ich dachte wir reden über Klimaanpassung?

Von Ettenburg: Aber das gehört ja gerade dazu, Sie müssen sich ja nicht nur an die Temperaturen hierzulande anpassen, sondern auch an das, was diese anderenorts auslösen. Und das gilt doch umso mehr, wenn Sie gar keinen Staat mehr wollen, der das kontrollieren kann. Wir sind ja mit Ihrer Nachbarschaftspolizei schon auf dem besten Wege dorthin.

Birksen: Das ist ein lokaler innenpolitischer Vorschlag unseres Berliner Senators und gehört hier auch nicht hin. Ich möchte …

Von Ettenburg: Doch, es gehört genau hier hin …

Moderator: Herr von Ettenburg …

Von Ettenburg: Es gehört genau hier hin, denn wer soll da diese Flüchtlinge stoppen oder auch nur lenken, wollen Sie auch eine internationale Nachbarschaftspolizei oder einen privatisierten Wachdienst im Mittelmeer, die entscheidenden Probleme überlassen Sie einfach der Nachwelt.

Moderator: Frau Birksen, ich richte eine Frage an Sie, und möchte noch einmal konkret fragen, wo sie uns heute sehen auf dem Weg hin zur Klimaanpassung und welche politischen Grundlagen dafür aus

Ihrer Sicht noch zu schaffen sind. Wo können und sollten wir da ansetzen?

Birksen: Ich denke zum einen, wir sollten nicht so aufgeregt hier diskutieren und uns ausreden lassen. Aber ganz sachlich zu ihrer Frage. Ich plädiere für einen Zuwachs an subsidiärer Selbstregulierung, wo immer dies möglich ist. Ich denke, wir haben hier schon sehr starke Ansatzpunkte seit der Krise mit der Aufgabe des Bremer Haushalts. Unterstützen lässt sich dies, indem wir die Kommunikation und das Zusammenwirken der Akteure aus der Notverwaltung, der Zivilgesellschaft und der regionalen Wirtschaft verstärken und responsiver gestalten. Das können wir durch dezentrale Foren erreichen, durch interaktive Konsultationen und Online-Referenden, wie wir sie längst kennen, aber nach wie vor viel zu wenig nutzen. Damit stärken wir lokale Gemeinschaften, wir stärken den sozialen Zusammenhalt, und wir schaffen mehr Demokratie. Ein zentrales Gewicht kommt dabei den modernen Informations- und Kommunikationstechnologien zu: Erst wenn die Kommunikation zwischen Bürgerinnen und Bürgern und den Strukturen der Metropolregion durch weitere Kanäle egalisiert wird, können sie sich selbst und gegenseitig in dem Maß mobilisieren, wie dies angesichts der Herausforderungen nötig ist. Am Ende steht dann einerseits so etwas wie die ‚virtuelle Agora' – die aber den Fokus der Metropolregion hat, in Anlehnung an die Idee der Polis, ein Stadtstaat mit kleinem Territorium und kleiner Population. Immer größere Verbünde und immer mehr Supranationalisierung lehne ich ab. Das stärkt nur die Bürokratien. Andererseits haben wir verbesserte Mechanismen etwa der nachbarschaftlichen Hilfe und der gegenseitigen Solidarität, gerade im Hochwasserschutz ist das von großem Wert. Aber – lassen Sie mich dies noch hinzufügen: Das ist alles nicht umsonst zu haben. Wir haben in den letzten Jahren erfolgreich begonnen, die Auswüchse übertriebenen liberalen Denkens zu bekämpfen und damit auch den Werteverfall und die Überbetonung des Individuellen. Das geht auf der anderen Seite nur, wenn wir auch eine erhöhte Eigenverantwortung bekommen in vielen Bereichen, was die Gesundheit anbelangt, die Altersvorsorge, und andere Bereiche. Da bieten sich hervorragende Ansätze, auch in der Metropolregion. Wegweisend sind da Einrichtungen wie die *London Resilience Partnership*, solche Ansätze, die wir nun auch hier etablieren...

Moderator: Dazu kommen wir noch. Zunächst bitte kurz noch einmal einen Schritt zurück, Frau Birksen. Sie sprachen von sozialem Zusammenhalt. Wie lässt sich verhindern, dass es hier Mechanismen der Ausgrenzung gibt? Das frage ich Sie beide, mit der Bitte um eine kurze Antwort: Wie verfahren Sie mit Randgruppen, Gruppen, die sich Ihren Sichtweisen nicht anschließen können oder wollen?

Birksen: Sind die Bürgerinnen und Bürger erst einmal gut informiert und sehen all die Mitwirkungsmöglichkeiten, dann sind sie auch motiviert. Da bin ich ganz zuversichtlich.

Von Ettenburg: Auch hier unterscheiden wir uns. Das von Ihnen immer noch so optimistisch beurteilte Medium Internet bietet Raum für alles, für vielen privaten Unsinn, wie wir alle wissen, auch für Straftaten, und letztlich erodiert es die Gestaltungspotenziale wichtiger Institutionen weiter, die wir zum Durchsteuern benötigen. Und was die so genannten Randgruppen angeht, so müssen wir dabei auch bedenken, dass für diese Gruppen eine Teilhabe von vornherein schwieriger ist, weil sie die ökonomischen oder kulturellen Ressourcen einfach nicht haben, daran teilzunehmen. Und dann sind Sie wieder beim Staat. Nur der Staat hat den Überblick über all die Herausforderungen, kann da aussortieren, aber auch ausgleichen und übergeordnete Ziele konsequent verfolgen.

Moderator: Gut, da sind die Unterschiede klar geworden. Lassen Sie uns zum Schluss hier bei ‚Delta‘ noch über die *Resilienz-Partnerschaft NordWest* sprechen, die in den Koalitionsverhandlungen so viel Konfliktstoff geboten hat und jetzt auch von der Notverwaltung wieder aufgelegt werden soll. Worum geht es dabei, auch in Abgrenzung zur Klimaanpassung? Ist das eine Alternative?

Birksen: Die Resilienz-Partnerschaft geht zunächst davon aus, dass das Spektrum von Bedrohungen heute breiter angelegt ist, und nicht nur mit Starkniederschlägen oder dem Meeresspiegelanstieg umgegangen werden muss. Aufgrund der Unsicherheit und Komplexität verschiedener Bedrohungslagen fokussieren wir seit geraumer Zeit in ganz allgemeiner Form auf die Widerstandskräfte und auf das Vorbereitetsein auf alle Arten von widrigen Umständen - wie es im Englischen heißt: *„Be prepared"*! Und ich hatte ja vorhin schon angesetzt:

ausgehend von den *London Resilience Partnerships*, die uns als Vorbild dienen, haben wir inzwischen auf Basis der Deichverbände Einrichtungen geschaffen, die um Gesundheitsorganisationen und -einrichtungen, Transportunternehmen, Vertreter der Bundeswehr, der Handelskammer, Freiwilligenorganisationen sowie um lokale Behörden ergänzt worden sind. So bündeln wir das Wissen und die vorhandene Kreativität in der Region und agieren flexibel, auch im Bereich der Vorbeugung. Damit reagieren wir nicht zuletzt auf all die Defizite, die in den öffentlich-staatlichen Einrichtungen zutage getreten sind. Ich glaube, die Bevölkerung trägt das auch in großer Breite, das ist nur mit diesem sperrigen Namen anfangs schlecht verkauft worden, was ja auch erkannt worden ist von der Notverwaltung, und daher soll das zukünftig mit einer Reihe von wichtigen Verbesserungen und neuem Schwung unter dem Titel ‚Hanse-Partnerschaft‘ laufen.

Von Ettenburg: Sicherlich sind die Bedrohungslagen vielschichtig, da stimme ich zu. Aber so beliebig ist das doch nicht, auf einen Vulkanausbruch brauchen Sie sich vorerst hier nicht vorzubereiten (lacht). Wichtig erscheinen mir einige andere Punkte. Wie weit reichen denn Ihre „Kreativität" und „Flexibilität" bei Großunfällen, wie etwa bei den Bohrinseln, die nun im ehemaligen Nationalpark Niedersächsisches Wattenmeer errichtet worden sind? Was machen Ihre Netzwerke und wohlklingenden Partner-schaften bei neuen Pandemien oder bei toxischen Substanzen, die aus Laboren freigesetzt wurden? Und mit Verlaub, Sie werden doch da ganz unklar, wo Sie mit dem Fokus auf Vorbereitung und allgemeine Widerstandsfähigkeit gar nicht mehr die Verursacher der Risiken angeben und auf die damit verbundenen Interessen hinweisen. Sie verlagern mit den Resilienz- und Hansepartnerschaften doch die Verantwortung für die *Bewältigung* von Extremereignissen auf die Schultern der Bürgerinnen und Bürger, ohne denen die nötigen Mittel an die Hand zu geben. Das ist für mich dann pure Ideologie: Wer zu Schaden kommt, Pech gehabt, der war nicht resilient genug, oder eben kein Hanse-Partner.

Moderator: Ja, verehrte Zuschauerinnen und Zuschauer, der Klimawandel bleibt also ein kontroverses Thema und wird uns fraglos nicht nur hier bei ‚Delta‘ weiter beschäftigen. Bei den Studiogästen,

Frau Dr. Birksen, Herr von Ettenburg, darf ich mich für das anregende Gespräch herzlich bedanken.

IV.

Das fiktive Radiogespräch illustriert, dass Annahmen über Zukünfte stets eingebunden sind in weiterführende Sichtweisen, etwa über Annahmen bezüglich des ‚richtigen' Verhältnisses von Staat und Gesellschaft, über die Bedeutung von Akteuren und angemessene politische Verfahren. Es geht auf einer darunter liegenden Ebene zudem explizit um Normen und Werte und entsprechende Prozesse des Wertewandels, um den Umgang mit Randgruppen und Konflikten, um die Einschätzung der wirtschaftlichen Verhältnisse im Großen wie im Kleinen, sowie um das Verhältnis von Regionen zueinander. Diese und weitere Faktoren wurden in dem besagten Workshop als wichtige Treiber der Entwicklung in der Nordwest-Region identifiziert und im Rahmen der jeweiligen Szenarien situiert (vgl. WINGES et al. 2012). Wie gesehen neigt einer der beiden Gesprächspartner in der Sendung Sichtweisen zu, die in der Tendenz prägend sind für autoritäre Regime, etwa hinsichtlich des Legitimationsmusters, welches in unserem Fall u. a. politisch-situativer Art ist. In dieser Weise sind autoritäre Regime legitimiert, wenn die Bevölkerung durch eine solche Regierungsform ‚schlimmere' Entwicklungen – sei es im Kontext des Klimawandels, sei es im Kontext anderer Krisen – abgewendet sieht. Auf dieser Grundlage können unpopuläre Maßnahmen getroffen und durchgesetzt werden, gegebenenfalls auch gegen erhebliche regionale und soziale Widerstände. Im energiepolitischen Bereich stehen dementsprechend große, staatszentrierte Lösungswege offen, die mit erheblichen Eingriffen und infrastrukturellen Ausbauten verknüpft sind. Die Sichtweisen der Gesprächspartnerin kommen dagegen kommunitaristischen Vorstellungen über das ‚richtige Leben' nahe, betonen also die Gemeinschaft im Sinne geteilter Wert- und Moralvorstellungen sowie Traditionen. Diese werden als Grundlage für bürgerliches Engagement, für die Stärkung der Zivilgesellschaft oder für Strukturen der Selbsthilfe gedacht, der Hilfe von Familie, Nachbarschaft und Gemeinde. Energiepolitisch stehen hierfür Ansätze mit starkem lokalen Bezug: kleine Bio-Brennstoffzellen im eigenen Wohnhaus,

das Windrad im Garten oder sog. low exergy solutions – die Nutzung und der Transfer ohnehin vorhandener Umgebungs- und Abfallenergie etwa für die Erzeugung von ‚Kälte auf Rädern'.

Während in diesen beiden Szenarien die angenommenen Ausprägungen von Staatlichkeit und von bürgerschaftlicher Teilhabe jeweils stark kontrastieren, haben die Teilnehmenden des besagten Workshops für das Szenario 2 (‚starker Bürgerstaat') ein Arrangement angenommen, das zum einen von einem gestaltenden Staat ausgeht, der für ausgewählte Transformationsprozesse aktiv Prioritäten setzt, gleichzeitig aber auch erweiterte Partizipationsmöglichkeiten für ‚seine' Bürger bietet und diese förmlich verpflichtet, sich aktiv zu engagieren. Für eine Aufwandsentschädigung muss an so genannten runden Tischen teilgenommen und über ein bestimmtes, gerade aktuelles politisches Thema beraten werden. Ausgewählte Bürger müssen sich hierfür über unterschiedliche Optionen sachkundig machen und in Gruppen Entscheidungsempfehlungen für die Region erarbeiten. Ein solches Szenario mobilisiert *per definitionem* die stärksten konstruktiven Energien: Die Metropolregion prosperiert, und das Stigma des Armenhauses, das Teilen des Nordwestens einst anhaftete, gehört endgültig der Vergangenheit an. Insbesondere erbringt die Region gemäß der Ausarbeitung in erheblichem Umfang Energiedienstleistungen für andere Regionen Deutschlands.

Ganz anders im Szenario 3 (‚Postdemokratie'), in welchem die Demokratie in der Metropolregion hinter einer Fassade formeller demokratischer Prinzipien von privilegierten Eliten kontrolliert wird. Die Umsetzung wirtschaftsfreundlicher Politik führt dann zu einer ‚Kolonisierung' des Staates durch die Interessen von Unternehmen und Verbänden. In der Konsequenz werden Entscheidungen außerhalb der traditionellen demokratischen Kanäle gefällt. Politikwissenschaftler wie Colin Crouch oder Chantal Mouffe sprechen hier von ‚Postdemokratie'. So folgt im Jahre 2050 die gesellschaftliche Organisation der Metropolregion Bremen-Oldenburg einem Muster, welches sich zum einen durch fortgeschrittene Privatisierung und Deregulierung ehemals staatlicher Aufgaben und zum anderen durch die Abnahme politischer Teilhabe der nur mäßig ausgebildeten Zivilgesellschaft auszeichnet. Politische Debatten abseits von Wahlen, welche ihrerseits nur geringen Einfluss auf die tat-sächliche Politik haben, finden kaum statt, weitere Beteiligungsverfahren wurden weitgehend abgeschafft. Internetbasierte soziale Netzwerke und andere nichteinspurige neue Medien dienen der Unterhaltung, sie sind konsumorientiert und politisch bestenfalls wirkungslos. Regionale Identität dreht sich, wo überhaupt erkennbar, um symbolische Fragen, um Unterhaltung und dabei in erster Linie um Sport. Neue Konsumtrends bei der Mobilität oder bei der Ernährung sind vorhanden, bleiben aber marginal, nicht zuletzt weil sich die Medien, unter Kontrolle der wirtschaftlichen und politischen Eliten, zum An-walt der ‚alten' Werte machen. Gleichzeitig nehmen die sozialen Disparitäten immer mehr zu. Eine Re-Solidarisierung und eine Renaissance kollektiver Formen, die den Wegfall früher gelebter Identitäten (z. B. Arbeiter) kompensieren könnte, bleiben jedoch aus.

V.

Eine gängige These bezüglich der Klimaanpassung lautet, spätestens seit dem letzten Report des Internationalen Klimarats, es müsse ‚umgesteuert' werden. So soll sich etwa auch die Metropolregion Bremen-Oldenburg während der kommenden Jahre vorausgreifend an die antizipierten Wirkungen des Klimawandel ‚anpassen'. Diese auffordernden Aussagen klingen bei aller Unschärfe plausibel, wenn man an die Langfristigkeit der Treibhauseffekte denkt, an die verzögerte Wirksamkeit von Gegenmaßnahmen und nicht zuletzt an die Kostendynamik im Zeitverlauf. Der Deichbau ist das quasi selbst erklärende und konsensstiftende Beispiel, das hier im Norden gerne und häufig herangezogen wird. Jedoch mangelt es dem breiteren Anliegen an Klarheit bezüglich des Gegenstandsbereichs und der angesprochenen Subjekte. Unausgesprochen werden damit auf breiter Front gemeinsame Interessen, Werte und politische Absichten unterstellt, wo diese vernünftigerweise kaum angenommen werden können. Auch unser kurzer Gang durch die vier Szenarien kann nicht damit dienen, solche Gemeinsamkeiten herzustellen, und er hatte erklärtermaßen auch nicht die Absicht, die Wünschbarkeit oder Legitimität bestimmter politischer Zustände zu erörtern. Ohnehin scheint es fraglich, ob die Szenariotechnik hierbei nicht allzu holzschnittartig und brav bleibt. Als reflexive Figur mögen unsere

Szenarien zumindest dieses eine nachdrücklich in Erinnerung rufen: Wir sitzen nicht nur keineswegs in einem Boot, denn die zu erwartenden Wirkungen des Klimawandels variieren nach heutigem Wissen ganz entscheidend nach Regionen, Sektoren und gesellschaftliche Gruppen. Vor allem aber fahren dabei, um in der nautischen Metaphorik zu bleiben, unterschiedliche Besatzungen in kleinen und großen Booten unterschiedlicher Herkunft in ganz verschiedene Richtungen, wobei ihr Kurs zu allererst von ihren Fahrtzielen beeinflusst wird, sodann von ihrem Schiffsantrieb, von ihrem Geschick als Fahrtenlenker, auch von ihrem Durchhaltevermögen und nicht zuletzt von der Großwetterlage.

Danksagung:

Wir danken den Teilnehmenden des *Nordwest2050-*Workshops in Bremen sowie einer kritischen Leserin des Erstentwurfs.

Literatur

WINGES, M., GARRELTS, H., MEINCKE, A., GROTHMANN, T., FLITNER, M. & SIEBENHÜNER, B. (2012): Rahmenszenarien Governance für die Nordwest-Region. – Nord-west2050: Werkstattbericht, Bremen-Oldenburg

Leitbilder der Regionalentwicklung im Großraum Braunschweig aus Sicht von Bürgerschaft, Politik, Verwaltung und Wissenschaft

Ulrich Kegel*

1. Der stadtregionale Leitbildprozess *2030+* - ein interdisziplinäres Forschungsvorhaben im Rahmen eines BMBF-Wettbewerbes

Unsere unmittelbare Lebensumwelt, unsere Dörfer, unsere Städte und damit auch unsere jeweiligen Regionen sind ständigen, kaum spürbaren Veränderungsprozessen unterzogen, die unsere Wirtschaftsstruktur und Arbeitswelt, unsere Wohn- und Versorgungssituation, unsere Landschaftsräume, unser Mobilitätsverhalten bzw. unsre Mobilitätsbedürfnisse und -möglichkeiten sowie unser gesamtes soziales sowie politisches Umfeld erfassen. Anfang des letzten Jahrzehnts rückte im Großraum Braunschweig nach Jahren des Zuzugs insbesondere aus den neuen Bundesländern bei gleichzeitiger intensiver Stadt-Umlandwanderung das Phänomen des demographischen Wandels ins Bewusstsein planender Institutionen.

Während die Gemeinden im Umfeld der Ober- und Mittelzentren einen ständig anhaltenden Zuwanderungsstrom verspürten, kam es in den Städten zu ersten Wohnungsleerständen. Trotz vielfach guter Arbeitsplatzausstattung stagnierte die Bevölkerungszahl in den urbanen Kernen oder war sogar rückläufig. Gleiches gilt für die Gemeinden in den Peripherien der Region insbesondere dort, wo eine schwierige Arbeitsmarktsituation bei gleichzeitig ungünstigen Mobilitätsverhältnissen vorherrschte (ZGB 2008, S. 13).

Der Zweckverband Großraum Braunschweig (ZGB) als regionale Planungsbehörde für den Öffentlichen Personennahverkehr auf Schiene und Straße sowie als Träger der Regionalplanung für die drei kreisfreien Städte Braunschweig, Salzgitter und Wolfsburg sowie für die fünf Landkreise Gifhorn, Goslar, Helmstedt, Peine und Wolfenbüttel verfügte Anfang des letzten Jahrzehnts über regionale Planungskonzepte, die von Ausgleichs- und Wachstumsszenarien ausgingen. Allenfalls die Nachhaltigkeitsprinzipien waren in den Konzepten der Jahrtausendwende verankert.

Mit dem nun einsetzenden demographischen Wandel galt es, diese traditionellen Konzepte bezüglich ihrer zukünftigen Tragfähigkeit zu überprüfen. Sowohl der Nahverkehrsplan als auch das Regionale Raumordnungsprogramm für den Großraum Braunschweig waren zu überdenken. Vor diesem Hintergrund nahm der Großraum Braunschweig in Abstimmung mit seinen Verbandsgliedern, den vorgenannten Städten und Landkreisen, die Einladung des Bundesministeriums für Bildung und Forschung (BMBF) auf, an einem Ideenwettbewerb „Stadt 2030" teilzunehmen. Das BMBF rief alle deutschen Kommunen mit mehr als 20.000 Einwohnern auf, Zukunftskonzeptionen und Leitbilder für ihre Stadt und Region mit dem Zeithorizont 2030 zu entwerfen (ZGB/KoRiS 2004, S. 5).

Mit der Ideenskizze „STADT+UM+LAND 2030 - die schrumpfende Region" (ZGB/KoRiS 2001) konnte sich der Wettbewerbsbeitrag der Region Braunschweig unter 112 eingereichten Vorschlägen durchsetzen und erhielt neben 20 anderen prämierten Beiträgen finanzielle Mittel des Bundes zur Gründung eines projektbezogenen Forschungsverbundes. Alle 21 geförderten Projekte unterlagen einer Begleitforschung, die das Deutsche Institut für Urbanistik im Auftrag des BMBF durchführte (ZGB/KoRiS 2004, S. 5).

Das besondere Interesse des Bundes, gerade das Projekt „STADT+UM+LAND 2030 – Region Braunschweig" zu fördern, lag in der Tatsache, dass der Zweckverband Großraum Braunschweig zu diesem Zeitpunkt kurz nach der Weltausstellung in Hannover die einzige Region in den alten Bundesländern vertrat, die sich offensiv mit dem demographischen Wandel auseinanderzusetzen beabsichtigte. In weiten Teilen des Landes war „Schrumpfung" in Landes- und Kommunalpolitik eher ein Tabuthema bzw. stand nirgends auf der Agenda, selbst wenn man davon berührt war. Erst sehr viel später, nämlich 2004, setzte sich der Niedersächsische

---

* Ulrich Kegel, Lüderitzstraße 36 b, 38108 Braunschweig, E-Mail: uk.kegel@t-online.de

Landtag im Rahmen einer Enquetekommission mit dem vielschichtigen Thema des demographischen Wandels auseinander (Niedersächsischer Landtag 2007). Zu diesem Zeitpunkt war das Forschungsvorhaben *Stadt 2030* längst abgeschlossen. Immerhin hat die Kommission dazu beigetragen, den demographischen Wandel nicht einfach hinzunehmen, sondern als gesamtgesellschaftliche und politische Herausforderung zu verstehen.

Inzwischen stellt sich gegenwärtig nicht mehr die Frage des demographischen Wandels, er findet schlichtweg statt. So verloren einzelne Gemeinden im Oberharz innerhalb von nur zehn Jahren ca. 20 % ihrer Bevölkerung (NIW 2008, S. 15), während andere im stadtnahen Umland ihre Zahlen halten konnten und gleichzeitig das Durchschnittsalter stark anstieg. Es ist also nur noch eine Frage der Zeit, bis auch im zuzugsverwöhnten Stadtumland die Schrumpfung durchschlägt. All dies gibt Anlass, sich mit diesen gravierenden Zukunftsfragen im Zeithorizont der nächsten 25 Jahre auseinanderzusetzen.

2. Bürgerdialog, stadt-regionaler Dialog und Expertendialog als Grundlage einer regionalen Leitbildentwicklung

Ziel des Forschungsvorhabens „STADT+UM+LAND 2030 – Region Braunschweig" war es, unter den Bedingungen des demographischen Wandels zukünftige Leitbilder und Strategien für den Großraum Braunschweig zu entwickeln. Die prognostizierte Bevölkerungsentwicklung stellt eine Herausforderung dar, der bis *dato* in Wissenschaft und Forschung, aber auch in Politik und Planung unter dem Aspekt der Langfristperspektive ungenügend Beachtung geschenkt wurde (ZGB/KoRiS 2004, S. 7).

Ziel war auch, die zukünftigen Leitbilder und Strategien nicht allein von Experten entwickeln bzw. einschätzen zu lassen, sondern vielmehr in drei unterschiedlich strukturierten Diskussionsrunden parallel zu erarbeiten und am Schluss zu synchronisieren. Es standen somit nicht die zukünftige wahrscheinliche Entwicklung bis in die dreißiger Jahre dieses Jahrhunderts im Vordergrund der Betrachtung sondern vielmehr die Frage, wohin die Regio-

nalentwicklung führen kann und soll bzw. welche Maßnahmen und Strategien ergriffen werden müssen, um den Leitbildern zu folgen oder diese umsetzen zu können.

Diese durchaus von der Raumordnung, hier vertreten durch den ZGB als Träger der Regionalplanung, gewollte Vorgehensweise wurde von der Begleitforschung seitens des DIFU kritisch hinterfragt, weil Ziel und Ergebnis von der Raumordnung zu stark beeinflusst worden wären (GÖSCHEL 2005, S. 7ff.). Tatsache ist aber, dass die Herausforderungen zur Bewältigung bzw. zur Begleitung des demographischen Wandels nur mittels institutionalisierter Entwicklungsplanung und regionaler Koordination operabel sind. Von daher sah sich der ZGB veranlasst und motiviert, unter Beteiligung der regionalen politischen Gremien den Prozess fachlich und organisatorisch intensiv zu begleiten. Viele der Ergebnisse oder Erkenntnisse über die zukünftige Entwicklung im Großraum Braunschweig sind in die Grundsätze und Ziele des Regionalen Raumordnungsprogramms für den Großraum Braunschweig 2008 eingeflossen und sind noch heute in vielen Bereichen Handlungsmaxime des ZGB.

Das Forschungsvorhaben war maßgeblich von drei Dialogsträngen geprägt, dem Bürgerdialog, dem stadt-regionalen Dialog und dem Expertendialog. Im Rahmen des Bürgerdialogs wurden Bürgerinnen und Bürger der Region Braunschweig über ein Bürgergutachten am Leitbildprozess „STADT+UM+LAND 2030 – Region Braunschweig" repräsentativ beteiligt. In fünf „Bürgergruppen" erarbeiteten jeweils etwa 20 Bürgerinnen und Bürger an vier Tagen gemeinsam Ideen und Lösungsvorschläge zu den vorgegebenen Themen und Fragestellungen. Die Diskussion und Arbeit der Bürgergruppen erfolgte in moderierten Kleingruppen. Die Ergebnisse des Bürgerdialogs flossen in die anderen Dialoge ein (ZGB/KoRiS 2004, S. 14).

Zu den stadtregionalen Akteuren des Leitbildprozesses „STADT+UM+LAND 2030 – Region Braunschweig" gehörten Vertreterinnen und Vertreter aus Politik und Planung, Verwaltung, Wirtschaft, Gewerkschaften, Verbänden sowie gesellschaftlichen Gruppen der Region Braunschweig. Der stadt-regionale Dialog sollte dazu beitragen, das Thema „in den Köpfen" der regionalen Akteure zu verankern. Der stadt-regionale Dialog setzte sich aus den Elementen Zukunftskonferenz, Arbeitskreisen und Bilanzworkshops zusammen (ZGB/KoRiS 2004, S. 15).

Den Expertendialog bildete der Forschungsverbund „STADT+UM+LAND 2030 – Region Braunschweig". Ergänzend fanden Expertenworkshops statt, zu denen vor allem externes Fachwissen hinzugezogen wurde. Der Expertendialog war durch seine interdisziplinäre Zusammenarbeit geprägt und sicherte so den gegenseitigen fachlichen Input zwischen den Verbundpartnern. Die Zwischenergebnisse und Erkenntnisse wurden je nach Projektfortschritt zwischen den einzelnen Dialogen im Rahmen von regelmäßig stattfindenden Workshops ausgetauscht und förderten so die umfassende Leitbildentwicklung für das Gesamtprojekt.

3. Forschungsverbund STADT+UM+LAND 2030

Zur Durchführung des Projektes wurde ein regionaler Forschungsverbund bestehend aus dem Institut für Sozialwissenschaften der TU Braunschweig, dem Institut für Architektur- und Planungstheorie der Universität Hannover, dem Institut für Städtebau und Landschaftsplanung der TU Braunschweig, dem Institut für Verkehr und Stadtbauwesen der TU Braunschweig sowie dem Büro für kommunikative Stadt- und Regionalentwicklung (KoRiS) aus Hannover be-gründet. Letzteres hat die Gesamtkoordination im Auftrag des ZGB übernommen. So konnte ein Höchstmaß an Neutralität gewährleistet werden.

Die beteiligten Institute haben Grundlagenforschung in den folgenden fünf Forschungsfeldern

- Arbeitsstadtregion 2030,

- Wohn- und Versorgungs-Stadt-Region 2030,

- Stadt-Landschaft 2030,

- Mobilitäts-Stadt-Region sowie,

- Kooperative Stadt-Region 2030

betrieben und daraus Leitbilder und Strategien entwickeln können.

Im Laufe des Forschungsvorhabens „STADT+UM+LAND 2030 – Region Braunschweig" wurden stadt-regional bedeutsame Institutionen wie die Industrie- und Handelskammer, große Wirtschaftsunternehmen wie die Salzgitter AG oder die Volkswagen AG als *Know-how*-Produzenten und Impulsgeber mit in die Entwicklung der Szenarien und Leitbilder einbezogen. Außerdem wurden die Aktivitäten vergleichbarer anderer Regionen in Deutschland und Europa betrachtet. In mehreren Expertenworkshops des Forschungsverbundes wurden externe wissenschaftliche Experten zu ausgewählten Schwerpunktthemen gehört.

Auf der Praxisseite wiederum wurde ganz bewusst der vertiefende Kontakt mit Gemeinden und Städten gesucht, die bereits damals ganz besonders vom Bevölkerungswandel betroffen waren, wie auch mit Gemeinden, die bisher eher durch Wachstum gekennzeichnet waren. Auf diese Weise konnten Lösungen für den Großraum Braunschweig gefunden und die Übertragbarkeit der Leitbilder auf vergleichbare Stadtregionen gewährleistet werden (ZGB/KoRiS 2004, S. 11-12), eine wesentliche Voraussetzung, überhaupt die Mittelzuweisung des Bundes zu erhalten.

Dank der großzügigen Mittelausstattung durch das BMBF war es den Instituten im Forschungsverbund möglich, für das Projekt befristet geeignete Mitarbeiterinnen und Mitarbeiter zu gewinnen und dem Projekt voll und ganz zur Verfügung zu stellen.

Während die Mitwirkenden am Bürgergutachten eine Aufwandsentschädigung erhielten, wirkten alle anderen Beteiligten insbesondere in den Workshops und Expertendialogen sowie den Konferenzen im Rahmen ihres eigenen Aufgabenspektrums bzw. ehrenamtlich mit.

Die Organisationsstruktur des Gesamtprojektes ist nachfolgend dargestellt. Die Abbildung verdeutlicht Projektstruktur, Projektablauf und vor allem die Verknüpfung der drei Dialogstränge und deren gegenseitige Beeinflussung bzw. Abhängigkeiten.

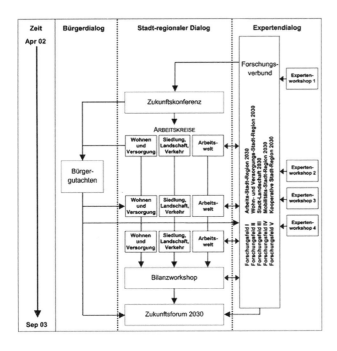

Abb. 1: Ablauf des Forschungsvorhaben „STADT+UM+LAND 2030–Region Braunschweig"

Quelle: ZGB/KoRiS 2004, S.14

4. Situationsanalyse als Grundlage der Leitbildentwicklung

Ausgehend von der (statistischen) Raumbeobachtung des ZGB oder anderer regional orientierter Institutionen wie der *Regionalen Entwicklungsagentur Südost-Niedersachsen* (reson) gab und gibt es für die Region aber auch für jede einzelne Gemeinde eine Fülle von Strukturdaten, die die Entwicklung der Bevölkerungs-, Wirtschafts- und Sozialstruktur Jahr für Jahr genau beschreiben (NIW 2008). Zu Beginn des Projektes „STADT+UM+ LAND 2030 – Region Braunschweig" stand selbstverständlich eine umfassende Situationsanalyse. Von besonderer Bedeutung war hierbei die regionalisierte Bevölkerungsprognose des Instituts für Entwicklungsplanung und Strukturforschung (IES) in Hannover, die den demographischen Wandel nicht nur nach Zahl der Einwohner, sondern auch nach Alter und Geschlecht für den Zeithorizont bis 2030 betrachtete.

Wie alle Berechnungen dieser Art ging man von bisherigen Entwicklungstrends, den Baulandreserven sowie der vermuteten Arbeitsplatzentwicklung aus. Schon heute, zehn Jahre später, lässt sich feststellen, dass die damals als sehr pessimistisch ein-

gestuften Ergebnisse von der inzwischen eingetretenen Wirklichkeit im Positiven wie im Negativen sichtbar übertroffen werden, d. h. die sich rückläufig entwickelnden kleinen Gemeinden verlieren mehr und schneller an Einwohnern, während die vermeintlich prosperierenden Gemeinden bereits jetzt in eine Stagnationsphase hineinwachsen.

Die um 2000 bis 2004 viel diskutierte Wiederbelebung des Städtischen ist heute auch in den Kernstädten der Region messbar. So kann Braunschweig nun seit mehreren Jahren den Negativtrend stoppen und stagniert bei 240.000 bis 245.000 Einwohnern (NMSFFGI 2011). Zu Beginn des Forschungsprojektes ging man vor 10 Jahren noch von einem eher negativen Trend aus.

Immer mehr stellt sich nämlich heraus, wie sehr die Arbeitsmarktstrukturen und Perspektiven der Arbeitsmarktentwicklung die Standortwahl der Ausbildungsbevölkerung sowie der Erwerbsbevölkerung beeinflussen. Je vielfältiger und aufnahmefähiger ein regionaler Arbeitsmarkt ist, desto eher kommt es hier zu einem positiven Wanderungssaldo. Für die Stadt Braunschweig ist dies deutlich spürbar.

Während die natürliche Bevölkerungsentwicklung wegen seit Jahrzehnten anhaltender Sterbeüberschüsse rückläufig ist, fallen mit einer zunehmenden Ausdifferenzierung der Arbeitsmärkte die Wanderungssalden eher positiv aus. Insgesamt führt dies zu einer tendenziell jüngeren Bevölkerung als dies vor zehn oder 20 Jahren der Fall war. Dieser Sachverhalt erklärt, warum gerade kleinere Gemeinden ohne nennenswerte lokale Arbeitsmärkte absolut und relativ viel stärker vom demographischen Wandel getroffen werden als dies in den prosperierenden Zentren der Fall ist.

Insgesamt führen diese sehr unterschiedlichen Entwicklungstrends in der Region zu höchst unterschiedlichen Entwicklungsperspektiven, die damit verbundene Zerrissenheit der Region nimmt eher zu als ab, was z. B. eine politisch-organisatorische Regionsbildung à la Hannover spürbar erschwert (BOGUMIL et al. 2008).

Neben den bevölkerungsstrukturellen Betrachtungen wurden die Wirtschaftsstruktur, das Mobilitätsverhalten und wichtige Indikatoren der Sozialstruktur in die Situationsanalyse einbezogen, um die erkennbaren Entwicklungstrends richtig einstufen zu können. Auch die Landschafts- und Naturräume wurden einer Bewertung hinsichtlich Qualität und Entwicklungsperspektiven unterzogen. Eine heute übliche Betrachtung des Klimawandels oder eine Klimafolgeneinschätzung haben damals noch nicht stattgefunden.

Erst mit dieser so ausgeformten Situationsanalyse waren die drei Dialogstränge in der Lage, auf einer gemeinsamen Basis die unterschiedlichen Einschätzungen über die zukünftige Entwicklung der Region Braunschweig zu diskutieren und einzuordnen. Dabei spielten drei Szenarienvarianten eine Rolle:

- **Status quo:** Flächenverbrauch, Zersiedlung und Umweltbelastung setzen sich trotz sinkender Bevölkerung ungemindert fort, die Leerstandsproblematik nimmt zu.

- **Kooperative Region:** Weitere Stadt-Umlandwanderung mit qualitativer Stärkung der zentralen Standorte.

- **Nachhaltige Region:** Stopp der Stadt-Umlandwanderung, wg. der staatlichen Rahmenbedingungen Stärkung der Mittel- und Oberzentren (ZGB/KoRiS 2004, S. 41).

5. Die Leitbilder

5.1 Nachhaltige Arbeitsstadtregion 2030

Wenn sich die Region Braunschweig bis zum Jahr 2030 im Sinne ökonomischer und sozialer Nachhaltigkeit entwickeln soll, so sind insbesondere vor dem Hintergrund der aufgezeigten Herausforderungen und der prognostizierten demographischen Entwicklungstrends offensichtlich erhebliche Modifikationen in den Einstellungs- und Handlungsmustern notwendig. Im Wesentlichen geht es bei den strategischen Zielsetzungen der sozioökonomischen Nachhaltigkeit um den langfristigen Erhalt der Funktionsfähigkeit des ökonomischen Systems und gleichzeitig darum, sowohl in der Gegenwart als auch in der Zukunft möglichst alle sozialen und/oder ökonomischen Akteure entsprechend ihren Wünschen und Potenzialen an einer prosperierenden Entwicklung partizipieren zu lassen bzw. diese Entwicklung dadurch zu forcieren (ZGB/KoRiS 2004, S. 76).

Diese als Ziel oder Forderung formulierte Vision ist vor allem vor dem Hintergrund der damals noch vorherrschenden Personalpolitik zu verstehen, ältere Arbeitnehmerinnen und Arbeitnehmer frühzeitig aus dem Arbeitsprozess herauszulösen, ein Irrweg, wie bereits heute zu erkennen ist.

Im Forschungsfeld *Arbeits-Stadt-Region 2030* wurde daher der demographische Wandel nicht nur als Herausforderung, sondern vor allem als Chance verstanden, die Erwerbsbeteiligung breiter Bevölkerungsschichten deutlich zu verbessern und den demographischen Wandel damit sogar in einen überregionalen Wettbewerbsvorteil umzuwandeln. Damit geht die Forderung nach einer demographiegerechten Personalpolitik in den Unternehmen einher, was aber mit einer Reihe von Anforderungen verbunden ist:

- Kontinuierliche Aktualisierung der Wissensbasis für alle Arbeitnehmer unabhängig vom Alter mittels Realisierung von Konzepten lebenslangen Lernens.

- Vermeidung einseitiger Spezialisierungen zugunsten einer systematischen Kompetenzentwicklung und Flexibilität durch anforderungsgerechte Tätigkeitswechsel und/oder Rotationsmodelle im Rahmen betrieblicher Laufbahngestaltung.

- Intensive Förderung und Nutzung der mit kristalliner Intelligenz (u. a. Erfahrungswerte, soziale Kompetenz) verbundenen Stärken älterer Mitarbeiter zum Vorteil des Unternehmens.

- Intensivierung des Arbeits- und Gesundheitsschutzes, um eine Berufsverweildauer bis zum Erreichen der (angehobenen) Altersgrenze zu ermöglichen.

- Schaffung innovativer und lernförderlicher Arbeitsbedingungen, die sich umfassend auf Arbeitsgestaltung, Arbeitszeit, Kooperation und soziale Beziehungen, Gesundheitsförderung, Leistungsregulierung und Qualifizierung richten.

- Flexibilisierung der Arbeitszeiten insbesondere für ältere Arbeitnehmer im Sinne einer erhöhten Arbeitszeitsouveränität. Diese Konzeption stärkt die langfristige Leistungsfähigkeit der Arbeitnehmer und sollte als Instrument der Personalentwicklung und der Belastungssenkung sehr viel stärker genutzt werden.

- Modifizierung von Einstellungs- und Verhaltensstrukturen aufseiten der Beschäftigten hin zu der inneren Bereitschaft und Motivation zur persönlichen Weiterentwicklung (ZGB/KoRiS 2004, S. 77-79).

Neben diesen mehr Arbeitsmarkt orientierten Leitbildern wird eine konsequente Verfolgung der Clusterpolitik angeregt. Mit den vorhandenen Wachstumsbranchen wie der Luft-Raumfahrt/Telematik/Verkehrstechnik/Mobilität, der Nanotechnologie, der Microsystemtechnik, der Biotechnologie, der IuK-Technologien, der Auto- und Zulieferindustrie/Maschinenbau, der Finanzdienstleistungen, der Gesundheits-/Freizeitwirtschaft und der nachwachsenden Rohstoffe der Region sind gute Voraussetzungen gegeben, erfolgreich an der zukünftigen Wirtschaftsentwicklung in Deutschland partizipieren zu können.

5.2 Vernetztes Wohnen 2030

Vernetztes Wohnen bedeutet die optimale Einbindung tragfähiger Wohnstandorte in ein Netz aus anpassungsfähigen Raum- und Siedlungsstrukturen. Diese setzen sich aus materiell-gebauten und immateriell-sozialen, mit IuK-Technologien vielfältig gestützten Erschließungs- und Versorgungseinrichtungen zusammen (ZGB/KoRiS 2004, S. 84).

Wichtig sind hierbei funktionsfähige Versorgungsstrukturen, die sich auf Versorgungsbereiche von etwa 7500 Einwohnern beziehen und in denen die überwiegende Zahl der Bewohnerinnen und Bewohner in der Lage ist, den regelmäßigen Einkauf zu Fuß, mit dem Fahrrad oder mit öffentlichen Verkehrsmitteln innerhalb von 15 bis 20 Minuten zu erreichen. Durch die zunehmende Nutzung der IuK-Technologien hat das Verständnis von Wohnortnähe eine Wandlung erfahren. Neben die physische ist auch die virtuelle Nähe getreten. Das über elektronische Netze vermittelte Angebot von Lieferdiensten trägt wesentlich dazu bei, Versorgungssicherheit – auch und gerade – in der Peripherie zu gewährleisten.

Es existiert eine breite Palette differenzierter Distributionsstrukturen, die optimal an die jeweiligen raumstrukturellen Gegebenheiten angepasst sind. Das im ländlichen Raum eher weitmaschige Ver-

sorgungsnetz größerer Filialbetriebe wird durch kleinteilige, z. T. nebenberuflich betriebene und ehrenamtliche Angebote ergänzt.

Die Größenordnung von ca. 7500 Einwohnern orientiert sich an der Funktionsfähigkeit der Versorgungsbereiche und stellt auch in Zeiten eines Bevölkerungsrückgangs deren Funktionsfähigkeit sicher.

Die Zentralen Orte sind im Zuge der Konzentration der Siedlungsentwicklung massiv gestärkt worden. Die dispers über die gesamte Region verteilten baulichen Nutzungen sind weitgehend einem dezentral konzentrierten Siedlungsraum gewichen. Das punkt-axiale System des öffentlichen Verkehrs gibt hierfür das Grundraster vor. Die bauliche Entwicklung findet nahezu ausnahmslos im bereits erschlossenen Innenbereich statt. Dies und die Wiederbelebung funktional gemischter Strukturen sind mit dafür verantwortlich, dass sich die Zentralen Orte als urbanes Geflecht verschiedener Nutzungen präsentieren, dessen kurze Wege von Bewohnerinnen und Bewohnern geschätzt werden (ZGB/KoRiS 2004, S. 85).

Gerade vor dem Hintergrund der fortschreitenden Alterung und des rapiden technischen Wandels haben der Erhalt selbst bestimmten Lebens auch in höherem Alter und die Einbindung der spezifischen Fähigkeiten aller Generationen in das Gemeinwesen höchste Priorität. Die Mehrfachnutzung von öffentlichen Einrichtungen – insbesondere der sozialen Infrastruktur – hat den Rahmen für die Etablierung generationsübergreifender Bildungsinstitutionen geschaffen. Im Sinne stetiger technischer und sozialer Qualifizierung wird hier lebenslanges Lernen mit- und voneinander praktiziert (ZGB/KoRiS 2004, S. 86, 87).

Die hier geäußerte bzw. im Forschungsfeld entwickelte Perspektive ist in starkem Maße am Grundsatz gleichwertiger Lebensbedingungen in allen Teilen des Landes angelehnt. Die heutige Wirklichkeit in peripheren Räumen Nordostdeutschland oder gar skandinavischer Räume ist eher davon gekennzeichnet, Überlebensgemeinschaften ohne nennenswerte öffentliche Unterstützung zu bilden. Insofern bedeutet die Umsetzung in Richtung auf das vorgenannte Leitbild einen umfassenden Strukturwandel im regionalen und kommunalen Selbstverständnis bei der zukünftigen Aufgabenverteilung und Finanzierung. Dies ist keine regionale Frage, sondern eine Anforderung an das föderale Gesamtsystem Bundesrepublik Deutschland.

5.3 Regionale Gartenstadt zwischen Harz und Heide

Mit der „Regionalen Gartenstadt" tritt an die Stelle der früheren Städte und Dörfer immer mehr die Region als erweiterter und gezielt räumlich gestalteter alltäglicher Lebensraum. Die unterschiedlichen groß-, mittel- und kleinstädtischen sowie dörflichen Sphären verschmelzen immer mehr zu einer allgemeinen regionalen Urbanität, wie es sich laut zahlreicher Umfrageergebnisse die meisten Bundesbürger wünschen. Das Modell einer solchen „Regionalen Gartenstadt" ist außerdem wie geschaffen für eine Region mit vielen starken Zentren, einer noch überschaubaren, ungewöhnlich grünen historischen Großstadt und zwei von vornherein planmäßig durchgrünten städtischen Neugründungen. Im Zusammenwirken mit ihren landschaftlichen Vorzügen und einer gestärkten bäuerlichen Landwirtschaft kann damit zwischen Harz und Heide eine ganz besondere, nachhaltige Siedlungs- und Landschaftsstruktur entstehen.

Diesem Ziel entspricht, den regionalen Teilräumen langfristig Schwerpunktaufgaben „zuzuweisen" – mit Konzentration auf den heutigen Kernraum zwischen Wolfsburg und Goslar als urban-industrielles Herz der „Regionalen Gartenstadt". Flankiert wird es von den offenen, durch konsequente Ergänzung der raumbildenden Landschaftselemente aufgewerteten Landschaftsräumen des westlichen und südlichen Kernraums. Heide und Harz werden, ergänzt durch Weser- und Leinebergland, weiterhin die Fremdenverkehrs- und Naherholungsschwerpunkte der Region bilden (ZGB/KoRiS 2004, S. 94, 95).

In Konzentration auf das räumliche Gesamtgerüst der Region sollte sich die „Regionalgestaltung" auf folgende regionale Wahrnehmungsräume und Erlebnisnetze konzentrieren:

- **Räumliche Gliederung:** Herausarbeitung der regionalen Teilräume, ihrer räumlichen Bindung an den Gesamtraum und ihrer Schwerpunktauf-

gaben. Vorrangige Aufgabe ist die klare Definition des regionalen Kernraums.

- **Siedlungsraum:** Weiterentwicklung des polyzentrischen Geflechts der Städte Gifhorn, Wolfsburg, Braunschweig, Wolfenbüttel, Salzgitter und Goslar unter Einbeziehung des Siedlungsbandes am Harzrand zum „Rückgrat" der „Regionalen Gartenstadt".

- **Erholung:** Weiterentwicklung von Harz und Heide als Schwerpunkte für Tourismus und Erholung, ergänzt durch das gestärkte Band attraktiver Erholungsräume zwischen Harzrand und Lappwald in Zuordnung zum zentralen Siedlungsband.

- **Gewässernetz:** Identifizierung des Gewässer- und Kanalnetzes als gut nutzbares und wahrnehmbares regionales Gerüst, das abgesehen von seinen ökologischen Aufgaben mit seinen Niederungen und Rändern für die Erholung eine wichtige Rolle spielen kann.

- **Straßen:** Erweiterung oder Schaffung eines zusammenhängenden, durch regionale Parks ergänzten Netzes an Straßen, Fuß- und Radwegen als wichtigste öffentliche Räume der Region, von denen aus sie sich auch für Durchreisende nach außen präsentiert.

- **Eisenbahnen:** Begreifen der RegioStadtBahn als konsolidierenden Teil des regionalen Raumgerüstes und als Impulsgeber (ZGB/KoRiS 2004, S. 95, 96).

Diese klaren Perspektiven zur Ausgestaltung und zum Erleben der „Regionalen Gartenstadt" sind bezogen auf die Umsetzung besonders schwer zu vermitteln und einheitlich zu verfolgen, da unterschiedliche Zuständigkeiten der aufgezeigten Entwicklung diametral entgegenstehen. Landschaftsverbände, etliche Naturschutzbehörden, Forstverwaltungen, unter-schiedliche Wasserbehörden, Unterhaltungs- und Bodenverbände, die Landschaftsparks oder die Nationalparkverwaltung sowie die Gemeinden verspüren trotz vieler Gemeinsamkeiten keine Notwendigkeit, sich im Sinne der vorgenannten "Regionalen Gartenstadt" zu engagieren.

5.4 Schöner fahren, besser laufen

Mit vorgenanntem Motto werden bewusst die positiven Aspekte der Mobilität betont, ohne explizit bestimmte Verkehrsmittel zu nennen. „Schöner fahren" bezieht sich auf alle Verkehrsmittel. Es bedeutet einerseits, eine hohe Qualität der Verkehrsmittel in Bezug auf Ausstattung, Komfort und Verknüpfungen zu sichern, und andererseits als Reisender auf den Straßen und Schienenwegen nicht völlig den Bezug zur Landschaft zu verlieren, sondern diese in ihrer Schönheit durch eine maßstäbliche Integration der Verkehrssysteme in die Landschaft auch genießen zu können.

„Besser laufen" ist nicht nur der Hinweis darauf, dass es grundsätzlich erstrebenswert ist, die Gelegenheiten im Nahbereich anzuordnen (Verbesserung der Siedlungsstruktur) und von daher unmotorisiert erreichen zu können, sondern bezieht sich genauso auf die Region Braunschweig insgesamt. Mit einer nachhaltigen Mobilität wird vieles besser laufen. Es sollten partnerschaftliche Rahmenbedingungen zwischen den Verkehrsarten geschaffen werden. Das bedeutet für den Umweltverbund eine Stärkung gegenüber heute.

Das Motto wird nach den Raumkategorien Stadt, Umland und Land differenziert, da das übergeordnete Leitbild für die gesamte Region allgemeinen Charakter hat und damit zwangsläufig zu unscharf bleibt, d. h. spezifische Disparitäten der Raumkategorien nicht berücksichtigen kann. Insbesondere der ÖPNV kann nicht überall die gleiche Funktion erfüllen und muss dementsprechend differenziert behandelt werden. In den Städten gilt der Slogan *„ÖPNV, Rad und zu Fuß – der Bund für's Leben in der Stadt"*. Hier sorgt der Umweltverbund für eine Aufwertung des städtischen Wohnens und Lebens, also für eine bessere Lebensqualität, und erhält daher Vorrang gegenüber dem motorisierten Individualverkehr (MIV). Das bedeutet keine Verschlechterung der Mobilität, da ein qualitativ hochwertiger ÖPNV und Radverkehr in den meisten Fällen eine gute Alternative zum PKW darstellen.

Im Umland stellt der ÖPNV durch das Rückgrat der *RegioStadtBahn* für viele Relationen ein gutes Angebot dar. Entlang dieser Strecken kann auf einen weiteren Ausbau der Straßenverbindungen über die bereits heute beschlossenen Maßnahmen hinaus verzichtet werden. Es gibt jedoch Bereiche insbesondere in den Achsenzwischenräumen, in denen sich kein adäquates ÖPNV-Angebot zu vertretbaren Kosten bereitstellen lässt. Hier wird der MIV auch weiterhin die wichtigste Rolle in der Feinerschließung sowie im Tangentialverkehr spielen. In Richtung der Zentren, also im radialen Stadt-Umland-Verkehr wird der Umstieg auf die Bahn priorisiert. Auf den Schienenstrecken wird der Verkehr so weit wie möglich gebündelt. Dafür werden die Bedingungen für den intermodalen Verkehr verbessert. Daher heißt das Motto im Umland *„Zusammen sind wir stark"*.

In ländlichen Bereichen, die von Schrumpfungserscheinungen geprägt sind, beschränkt sich das ÖPNV-Angebot schon heute vielfach auf den Schülerverkehr und stellt damit keine Alternative zum PKW dar. Durch den zu erwartenden weiteren Bevölkerungsrückgang und die stark rückläufigen Schülerzahlen wird in einigen Gebieten 2030 selbst die Bereitstellung eines Grundangebotes nicht mehr flächendeckend durch die öffentliche Hand finanziert werden können. Wer „aufs Land" zieht, weiß, dass dort der ÖPNV nur eingeschränkt zur Verfügung steht, wenn man sich nicht selber engagiert. Alternative Angebote in Eigenverantwortung der Bürger gewinnen an Bedeutung. Das Motto lautet auf dem Land *„ÖPNV in Eigenverantwortung"* (ZGB/KoRiS 2004, S. 102, 103).

Keines der Leitbilder ist in der regionalpolitischen Diskussion so auf Widerstand gestoßen wie dieses. Man wollte die im Leitbild verankerten Realitäten nicht zur Kenntnis nehmen. Gleichwohl haben die politischen Gremien der Region im Jahr 2010 das bis dahin immer noch nicht realisierte *RegioStadtBahn*-Projekt aus finanziellen Gründen zu Grabe getragen. Diese Entscheidung trägt dazu bei, diese – was die ÖPNV-Bedienung im ländlich peripheren Raum betrifft – skeptischen Leitbilder noch vor 2030 Wirklichkeit werden zu lassen!

5.5 REGION BRAUNSCHWEIG 2030+: modern – kooperativ – bürgerorientiert

Die mit dem demographischen Wandel verbundenen Herausforderungen verdeutlichen, dass politisch-administratives Handeln zukünftig verstärkt Modelle der Zusammenarbeit auf kommunaler und regionaler Ebene entwickeln muss. Als ein Konzept kooperativer Steuerung setzen *„Regional Governance"* auf ein erweitertes Akteursspektrum: Während im klassischen Verständnis regionaler Steuerung öffentliche Akteure im Mittelpunkt stehen, treten beim Governance-Konzept institutionelle und private Akteure hinzu. Dies betrifft insbesondere die Vertreter von wirtschaftlichen, sozialen, kulturellen und ökologischen Interessen sowie der Bürgerschaft. Damit entsteht ein Akteursdreieck aus Kommune/Staat, Wirtschaft und Bürgerschaft, in dem vielfältige Kooperationsbeziehungen zwischen den Akteuren möglich werden. Dieser kooperative Steuerungsansatz bietet den Akteuren die Chance, regionale Potenziale gemeinsam zu entwickeln und Probleme kooperativ zu lösen. Das Leitmotto betont drei Qualitätsmerkmale, die für eine zukunftsorientierte Organisation der Region Braunschweig besonders wichtig sind:

Modernisierung: Bereits Ende des 20. Jahrhunderts gab es sowohl in der Fachwelt als auch in den Städten, Gemeinden und Behörden der Region vielfältige Bemühungen, die öffentliche Verwaltung zu modernisieren. Bis ins Jahr 2030 haben sich diese Prozesse fortgesetzt. Dabei gewannen Aspekte an Bedeutung, die sich bereits Anfang des 21. Jahrhunderts im Stadt- und Regionalmanagement entwickelten: Eine Vielfalt von Steuerungsformen, die überwiegend auf Kooperation mit den beteiligten Akteuren setzen, im begrenzten Rahmen aber auch hierarchische Eingriffe zulassen, und mit denen die öffentliche Hand die komplexen Entwicklungen im Sinne der Gemeinwohlorientierung beeinflusst. Die REGION BRAUNSCHWEIG 2030+ versteht sich als Vorreiter auf diesem Modernisierungspfad, da sie den durch den demographischen Wandel entstandenen Herausforderungen mit innovativen Lösungen begegnet.

Kooperation: Bei den Anstrengungen, moderne Formen der regionalen Selbstorganisation zu entwickeln, spielt die Kooperation der regionalen Akteure – von Kommunen, staatlichen Behörden, Wirtschaft und gesellschaftlichen Interessen sowie Bürgerschaft – eine besondere Rolle: Die Region Braunschweig galt in dieser Hinsicht bereits Ende des 20. Jahrhunderts als innovativ, da sie mit Einrichtungen wie reson, der Wolfsburg-AG oder dem Braunschweiger Forum schon damals über weithin beachtete Vorbilder verfügte. Auf dieser Grundlage

wurde das Prinzip der Kooperation ausgebaut und durchzieht wie ein „roter Faden" alle Bereiche der öffentlichen Aufgabenerfüllung in der REGION BRAUNSCHWEIG 2030+. Kooperative Lösungen ermöglichen es der Region, die Anforderungen des demographischen Wandels leichter zu bewältigen.

Bürgerorientierung: Die Bürgerorientierung stellt sich als eine besondere Aufgabe dar. Bürgerschaftliches Engagement wurde zu einem zunehmend wichtigeren Potenzial, um öffentliche Angebote auf die Nachfrage abzustimmen und selbst organisierte Versorgungsstrukturen aufzubauen. Angesichts des Wettbewerbs um Einwohnerinnen und Einwohner sowie um qualifizierte Arbeitskräfte stellt die Bürgerorientierung ein Qualitätsmerkmal in der REGION BRAUNSCHWEIG 2030+ dar (ZGB/KoRiS 2004, S. 108, 109).

Zehn Jahre nach Entwicklung dieses Leitbildes ist in der Tat sowohl ein verstärktes Kooperationsklima besonders auf der kommunalen Ebene aber auch im ökonomischen sozialen Bereich entstanden. Die Einbindung der Bürgerschaft hingegen geht eigene Wege, indem sich heute Bürgerinnen und Bürger als gut organisiertes Kollektiv gegen unerwünschte Planungen und Projekte wenden, seien es der Infrastrukturausbau oder die Umstrukturierung von der bäuerlichen zur gewerblichen Landwirtschaft etc. Die oben beschriebene Bürgerorientierung scheint in weite Ferne gerückt, obwohl die Kommunalpolitik sich mehr und mehr den sehr individuellen Bürgervoten oft unterwirft.

6. Unterschiedliche Schwerpunktsetzungen und Gemeinsamkeiten in den drei Dialogsträngen

Obwohl in allen drei Strängen des Zukunftsdialogs dieselben Themen bearbeitet wurden und sich die Ergebnisse auf den ersten Blick ähneln, weisen die Ergebnisse doch eine Reihe von Unterschieden auf, die sich sowohl auf die Struktur als auch die Inhalte beziehen. Die Leitbildaussagen der stadt-regionalen Akteure und insbesondere der Experten sind teilweise detaillierter und weit reichender als die der Bürgergutachterinnen und -gutachter. Deren Aussagen beziehen sich expliziter auf Erfahrungen aus Alltag und Lebenswelt. Die Aussagen der stadt-regionalen Akteure beinhalten im Rahmen der Konkretisierung weiterführender Strategien und Maßnahmen, welche die kommunalen Handlungsspielräume betreffen (ZGB/KoRiS 2004, S. 136). Allen gemeinsam sind Aussagen zu den Themen:

- Wandel der Bevölkerungsstruktur bis 2030 bewusst machen,

- Lebensqualität und Arbeitsbedingungen als Kernthemen verstehen,

- interdisziplinäres Denken und Handeln in regionalen Zusammenhängen,

- ältere Arbeitnehmer sind für die Arbeitswelt unerlässlich,

- kooperative und lernende Region Braunschweig,

- Ausbau bestehender ökonomischer Cluster und Identifizierung neuer Cluster,

- naturverträgliche Land- und Forstwirtschaft sowie Nahrungsmittelversorgung durch regionale Produkte,

- kompakte und energieeffiziente Siedlungsstrukturen,

- standortgerechte, tragfähige Wohnquartiere,

- flächendeckendes Netz aus Versorgungseinrichtungen,

- nachhaltige Mobilität,

- Natur und Landschaft.

Auffallend und erfreulich ist aus heutiger Sicht, wie konsequent die Komplexität des Themas allenthalben erkannt und durchdrungen wurde, egal wer sich der Thematik gewidmet hat. Dieser Sachverhalt entspricht exakt dem heutigen Erkenntnisstand, wonach das Phänomen des demographischen Wandels nur mittels komplexer und viele Wirkungsbereiche umfassender Entwicklungsstrategien zu bewältigen ist.

7. Handlungsfelder

7.1 Handlungsfeld 1: Jung und Alt – aktiv und mobil

Dieses Handlungsfeld beschäftigt sich mit dem Zusammenleben von Jung und Alt sowie der zukünftig

zunehmenden Mobilität von Älteren. Das bezieht zum einen die Integration der Älteren beim Wohnen mit ein, zum anderen die Integration in der Arbeitswelt durch einen Wissenstransfer zwischen Alt und Jung. Auch die Freizeitgestaltung Älterer und ihre mögliche Einbindung in ehrenamtliche bürgerschaftliche Aufgaben sowie die Möglichkeiten „nicht-individueller" Mobilität werden betrachtet (ZGB/KoRiS 2004, S. 142).

Die Integration der Älteren in das gesellschaftliche Leben beginnt bereits in den Wohnquartieren, hier ist also jeder Einzelne aufgefordert, sich stärker in die Gemeinschaft einzubringen; die öffentliche Hand allein kann dies nicht bewerkstelligen. Nachbarschaftsvereine oder Wohnbaugesellschaften können zu wichtigen Impulsgebern neuen nachbarschaftlichen Lebens werden. Gleiches gilt für Kirchen, Sportvereine oder Jugend- und Seniorenbegegnungsstätten.

7.2 Handlungsfeld 2: Raum und Struktur – haus-halten und entwickeln

Es gilt, die Siedlungsflächenentwicklung auf Siedlungsschwerpunkte zu konzentrieren und den Bestand aufzuwerten, um Strukturen zu erhalten und zu verbessern. Wichtig ist hierbei die interkommunale Zusammenarbeit sowie die Unterstützung durch Bürgerschaft und Unternehmen, um Infrastruktureinrichtungen erhalten zu können (ZGB/KoRiS 2004, S. 144). Ordnungspolitische Maßnahmen müssen diesen Prozess begleiten, zumindest bedarf es für die planenden Gemeinden deutlicher Anreizinstrumente.

Neben den Infrastruktureinrichtungen prägen die naturräumlichen Potenziale maßgeblich die Lebensqualität in der Region Braunschweig. Harz und Heide stellen neben ihrer naturräumlichen Schönheit aber auch ein wirtschaftliches Potenzial dar. Der zunehmende Anteil älterer Bevölkerung mit viel Freizeit und guter Gesundheit stellt u. a. ein erhebliches touristisches Nachfragepotenzial dar. Durch ein altersgerechtes Tourismuskonzept können wieder regionale Arbeitsplätze geschaffen und langfristig gesichert werden (ZGB/KoRiS 2004, S. 145).

7.3 Handlungsfeld 3: Zukunft durch Wissen – erfahren und innovativ

„Wissen ist Macht". Dies gilt für die Entwicklung von Regionen ebenso wie für das Wissen von Einzelpersonen oder für das Wissen von Unternehmen, die sich gegenüber Konkurrenten durchsetzen müssen. Technische Innovationen bringen ständig Neuerungen, Veränderungen und Anpassungserfordernisse mit sich, die alle stadt-regionalen Akteure zu einem immerwährenden Lernprozess auffordern, um im Wettbewerb der Regionen bestehen zu können. Gleichzeitig ergeben sich mit Blick auf das Jahr 2030 vielfältige Möglichkeiten, das Erfahrungswissen der dritten Generation sowohl in Wirtschaft als auch Gesellschaft als regionales Potenzial zu verstehen und zu nutzen (ZGB/KoRiS 2004, S. 146).

Dieses Handlungsfeld auszugestalten bedarf der Einbeziehung der Wirtschaft, der Gewerkschaften, der außerschulischen Bildungseinrichtungen und der Kommunen in ihrer Bildungsverantwortung. Auch hier sind integrative und kooperative Formen der Zusammenarbeit zu entwickeln bzw. weiter auszugestalten. Im Umfeld der hiesigen Automobilindustrie sind schon heute hoffnungsvolle Ansätze dieser Art erkennbar, wie etwa die regionalen Projektgesellschaften (Wolfsburg AG u. a.). Auch die kommunalen Volkshochschulen sehen hier ein weiter ausbaufähiges Betätigungsfeld.

8. Zwischenbilanz: Auf dem Weg in die Zukunft – zur Regionalisierungspolitik im Großraum Braunschweig

All diese Leitbilder, Strategien, Visionen und Handlungsfelder bzw. Handlungsempfehlungen sind zum Projektende umfassend dokumentiert, kommuniziert und diskutiert worden. In anderen Regionen hat es anders strukturierte Diskurse dieser Art gegeben, aber immer mit dem gleichen Ergebnis: Dem demographischen Wandel ist nur mittels Kooperation, Integration und komplexen Strategien zu begegnen. Hierzu gehört auch eine Neuorganisation der öffentlichen Verwaltungsstrukturen. Der Braunschweiger Oberbürgermeister Dr. Gert Hoffmann trat mit gutachterlicher Unterstützung (BOGUMIL 2008) mit dem Vorschlag an die Öffent-

lichkeit, die drei Oberzentren Braunschweig, Salzgitter und Wolfsburg sowie die fünf Landkreise in der Region Braunschweig zu einer einzigen administrativen Verwaltungseinheit zusammenzufassen. Vorbild ist die inzwischen etablierte Region Hannover.

Offensichtlich kam der Vorschlag zu früh, denn bis heute gibt es mehr Vorbehalte denn Zustimmung zu diesem zukunftsweisenden Modell. Die Reaktion der Betroffenen geht in Richtung Bestandserhalt oder teilräumlichen Kooperationen, immerhin ein Schritt in die richtige Richtung. Auch erste Fusionen von einzelnen, besonders vom demographischen Wandel betroffenen Kommunen zeichnen sich ab. Ob dies der Regionalentwicklung unter den genannten Bedingungen gut tut, sei dahin gestellt. Die „Armen" bleiben unter sich und entfernen sich damit immer mehr von den eher prosperierenden Gemeinden. Es muss offensichtlich noch viel geschehen, um die im Projekt „STADT+UM+LAND 2030 – Region Braun-schweig" eindeutig und überzeugend erkannten Handlungsempfehlungen umzusetzen. Ohne starke und durchsetzungsfähige regionale Instanzen wird dies kaum möglich sein!

Zusammenfassung

Als sich um die vergangene Jahrtausendwende der demographische Wandel der kommenden Jahrzehnte immer mehr als zentrale Herausforderung herauskristallisierte, durch qualifizierte Prognosen immer greifbarer wurde, hat sich die Region Braunschweig an einem Bundesforschungswettbewerb „Stadt 2030" erfolgreich beteiligt und konnte in einem komplexen Forschungsvorhaben das Phänomen „demographischer Wandel" umfassend durchleuchten und analysieren.

Die Begleitforschung erfasste die Arbeitswelt, die Wohn- und Versorgungsinfrastruktur, den Naturraum und die Landschaftsgestalt im Verhältnis zur Siedlungsstruktur, die Mobilitätsbedürfnisse und -erfordernisse sowie die Möglichkeiten des *„Regional Governance"* als ein Instrument, komplexe Planungs- und Entwicklungsprozesse gesamtgesellschaftlich steuern zu können.

In drei unterschiedlich zusammengesetzten Dialogen, dem Bürgerdialog, dem stadt-regionalen Dialog und dem Expertendialog wurden die anstehenden Fragen und Perspektiven intensiv durchleuchtet und bewertet. Ziel der Dialogrunden war, Leitbilder für die Zukunftsentwicklung mit dem Zeithorizont 2030 zu entwickeln und daraus Handlungsfelder und Strategien abzuleiten, die dazu beitragen, den demographischen Wandel in der Region Braunschweig bewältigen zu können.

Gleichzeitig wurden die einzelnen Dialogstränge gegenseitig über Zwischenergebnisse informiert, um auf diese Weise möglichst zu einer gemeinsamen Einschätzung zu gelangen. Wichtige Erkenntnis aller Beteiligten war, dass der demographische Wandel nicht nur Risiken, sondern vor allem auch Chancen für jeden Einzelnen hinsichtlich Lebensqualität und Lebensinhalt bewirken kann.

Dies trifft für die Wohnqualität mit einer geringeren städtebaulichen Dichte und stärkerer Durchgrünung, für eine nachhaltigere Mobilitätsbewältigung mit weniger MIV in den Stadtquartieren, für eine bessere auf regionale Produkte ausgerichtete Lebensmittelversorgung oder für eine stärkere Einbindung älterer Arbeitnehmer in das Berufsleben zu. Grundvoraussetzung hierfür ist ein umfassender Ausbau des lebenslangen Lernens, des intergenerativen Wissens- und Erfahrungstransfers sowie die stärkere Einbindung und Integration des gesamten Fort- und Weiterbildungssektors. Vielversprechende Ansätze hierzu werden schon heute im Umfeld der hiesigen Automobilindustrie praktiziert.

Außerdem kann sich die individuelle Lebensqualität deutlich verbessern, wenn es gelingt, Nachbarschaften wieder zu Sozialgemeinschaften mit gegenseitigem Unterstützungspotenzial zu beleben. Hier sind nicht nur Wohnungsbaugesellschaften oder Immobilienbesitzer gefragt, sondern vielmehr alle sozialen Gruppen. Gegenüber der heutigen Situation wäre dies aber mit einem gesellschaftlichen Umdenkungsprozess verbunden, den in der heute vorherrschenden singularisierten Lebensphilosophie einzuleiten sich als äußerst schwierig erweisen dürfte. In dieser Hinsicht sind solche Leitbilder eher als visionär einzustufen.

Unabhängig von der Projektdiskussion hat sich in der Region Braunschweig auf administrativer Seite die Erkenntnis nach umfangreichen regionalen Verwaltungsmodernisierungen und Kooperationen

durchgesetzt, eine zwingende Bedingung, überhaupt den Herausforderungen des demographischen Wandels langfristig begegnen zu können. Jedoch gibt es kein einheitliches Meinungsbild, sodass heute eher kleinräumige Kooperationen angestrebt und umgesetzt werden. Eine große Lösung – zweifelsfrei erforderlich – lässt wohl noch lange auf sich warten.

Literatur

BOGUMIL, J., EBINGER, F. & GROHS, S. (2008): Modernisierung der Verwaltungsstrukturen im Großraum Braunschweig. – Wissenschaftliches Gutachten im Auftrag der IHK Braunschweig

GÖSCHEL, A. (2005): Der Forschungsverbund „Stadt 2030": Planung der Zukunft - Zukunft der Planung. – In: Deutsches Institut für Urbanistik (Hrsg.): Zukunft von Stadt und Region, Bd. II: Perspektiven der Regionalisierung, Beiträge zum Forschungsverbund „Stadt 2030"

HESSE, J. J. (2010): Kommunalstrukturen in Niedersachsen. – Untersuchung im Auftrag des Ministeriums für Inneres und Sport des Landes Niedersachsen, S. 302-323

KEGEL, U. (1994): Der wirtschaftsstrukturelle Wandel seit den sechziger Jahren. – In: Niedersachsen - vom Grenzland zum Land in der Mitte, Folge 3: Braunschweig und das Land zwischen Harz und Heide, Schriftenreihe der Niedersächsischen Landeszentrale für politische Bildung, Hannover

KEGEL, U. (2006): Neue Planungsprozesse für die Regionalplanung. – In: Planung neu denken, Bd. 2: Praxis der Stadt- und Regionalentwicklung - Analysen, Erfahrungen, Folgerungen, Dortmund

KEGEL, U., KNIELING, J. & SINNING, H. (2005): Leitbildprozess STADT+UM+LAND 2030: Kooperationsstrategien der Region Braunschweig zur Gestaltung des demographischen Wandels. – In: Deutsches Institut für Urbanistik (Hrsg.): Zukunft von Stadt und Region, Bd. II: Perspektiven der Regionalisierung, Beiträge zum Forschungsverbund „Stadt 2030"

Niedersächsischer Landtag (Hrsg.) (2007): Bericht der Enquete-Kommission „ Demografischer Wandel - Herausforderung an ein zukunftsfähiges Niedersachsen". – Hannover

Niedersächsisches Institut für Wirtschaftsforschung (NIW) (Hrsg.) (2008): Regionalbericht 2008 Wirtschaftsraum Braunschweig/Salzgitter/Wolfsburg. – Studie im Auftrag der IHK Braunschweig, der IHK Lüneburg/Wolfsburg und des Zweckverbandes Großraum Braunschweig (ZGB), Hannover

Niedersächsisches Ministerium für Soziales, Frauen, Familie, Gesundheit und Integration (NMSFFGI) (Hrsg.) (2011): Belebung der Innenstädte – Quartierserneuerung durch private Initiativen. – Hannover

Zweckverband Großraum Braunschweig (ZGB) (Hrsg.) (2008): Regionales Raumordnungsprogramm für den Großraum Braunschweig 2008. – Braunschweig

Zweckverband Großraum Braun-schweig/Kommu nikative Stadt- und Regionalentwicklung (ZGB/ KoRiS) (2001): STADT+UM+ LAND 2030 Region Braunschweig. Die schrumpfende Region. – Beiträge zu STADT+UM+LAND 2030 Region Braunschweig, Band 1, Braunschweig

Zweckverband Großraum Braun-schweig/ Kommunikative Stadt- und Regionalentwicklung (ZGB/ KoRiS) (Hrsg.) (2004): STADT+UM+LAND 2030 Region Braunschweig. Leitbilder für eine Stadtregion im demographischen Wandel. Gesamtergebnisse des interdisziplinären Forschungsvorhabens. Beiträge zu STADT+UM+LAND 2030 Region Braunschweig, Band 8, Braunschweig

Wasser als Mangelware der Zukunft auch in Norddeutschland? Die Zukunft der Wasserbewirtschaftung im nordöstlichen Niedersachsen

Martin Pries*

1. Einleitung

Die Medien berichten fast täglich darüber: Unser Klima ändert sich. Eine veränderte Temperatur- und Niederschlagssituation wird sich ohne Zweifel auch auf die Grundwasserneubildung und damit auf die Nutzung von Grundwasser auswirken. Beispielsweise wird in semiariden Ländern der Erde bereits die Ausbreitung der Wüsten prognostiziert. Auch in Deutschland werden sich die Niederschlagsmenge und -verteilung verändern. Es stellt sich die Frage, ob die Versorgungssicherheit für den Verbraucher auch zukünftig gesichert sein wird.

Verschiedene Parameter spielen bei der Beurteilung eine unterschiedlich zu gewichtende Rolle. Wichtig für die Grundwasserentnahme sind die Grundwasserneubildung, also die geologischen Voraussetzungen, die Entwicklung der zu erwartenden Niederschläge und der zukünftige Verbrauch. Die wichtigsten Verbraucher sind die privaten Haushalte, Gewerbebetriebe und die Landwirtschaft. Zu fragen ist hier, wie sich diese Bereiche in Zukunft entwickeln werden.

Die Landkreise Harburg, Lüneburg, Uelzen und Lüchow-Dannenberg sind relativ ähnlich strukturiert, schwach industriell entwickelt und werden landwirtschaftlich vergleichbar bewirtschaftet. Allerdings ist die prognostizierte demographische Entwicklung sehr unterschiedlich. Im Landkreis Lüchow-Dannenberg wird es voraussichtlich im Jahr 2025 etwa 21,5 % weniger private Verbraucher geben als heute, wohingegen der Landkreis Lüneburg weiter wachsen wird. Es ist zu fragen, ob die Versorgungsbetriebe, Verbände oder Behörden die

oft bemühten „geheimen" Pläne in der Schublade haben, um auf die sich abzeichnenden Veränderungen adäquat reagieren zu können. Genau diese Frage soll am Beispiel der Landkreise Harburg, Lüneburg, Uelzen und Lüchow-Dannenberg diskutiert werden.

2. Die physiogeographische Ausgangssituation

Die Morphologie und der geologische Untergrund der Landkreise sind durch wiederholte Vereisungen geprägt. Zunächst haben die Gletscher der Elster-Vereisung die im Miozän und Pliozän abgelagerten lockeren Braunkohlesande, Glimmertone oder Kaolinsande überformt (vgl. WIEDERHOLD et al. 2002, S. 15). Zwar sind von dieser Eiszeit in den Landkreisen keine Spuren mehr an der Oberfläche vorzufinden, dafür aber ein ausgeprägtes Rinnensystem, das bis zu 400 m unter der heutigen Oberfläche liegt.

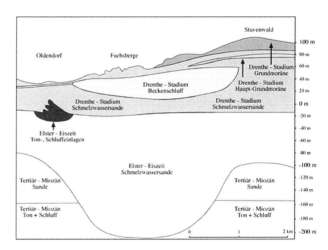

Abb. 1: Profilschnitt durch den Stuvenwald im Landkreis Harburg
Quelle: HÖFLE (1991), S. 157

Es werden unterschiedliche Theorien diskutiert, wie diese Rinnen entstanden sind (ausführlich dazu KUSTER & MEYER 1979, S. 147 ff). Die plausibelste Entstehungstheorie ist, dass elsterzeitliche Schmelzwässer subglazial in einem Spalten- und Röhrensystem unter hydrostatischem Druck das Rinnennetz in das tertiäre Sediment geschnitten und zum Teil gleich wieder mit Schmelzwassersanden verfüllt haben. In der Rücktauphase am Ende der Elster-Vereisung wurde zwischen dem Eisrand und der Endmoräne der Lauenburger Ton abgelagert. Zu

* Dr. M. Pries, Wirtschafts- und Sozialgeographie der Universität Lüneburg, Scharnhorststr. 1, 21335 Lüneburg; E-Mail: pries@uni-lueneburg.de

dieser Zeit müssen die Rinnen zum Teil noch existiert haben. In der anschließenden Holstein-Warmzeit kam es zu einem Meeresspiegelanstieg, und das Holstein-Meer ist teilweise in die Rinnen ingrediert. Beispielsweise konnten sich im Gebiet der heutigen Lüneburger Heide Kieselalgen ablagern, die noch vor wenigen Jahren als Kieselgur abgebaut wurden (KUSTER & MEYER 1979, S. 142).

Die Rinnen sind überwiegend mit Sanden gefüllt, an wenigen Stellen auch mit grobem Kies oder feinkörnigen Schluffen. Das Hangende bildet oft der Lauenburger Ton, der durch die nachfolgenden Gletscher der Saalevereisung allerdings auch gestaucht vorliegt. Die gröberen Rinnenfüllungen spielen für die Trinkwasserversorgung eine besondere Rolle (vgl. WIEDERHOLD 2002, S. 141).

Das elsterzeitliche Relief wurde von den Gletschern der Saalevereisung komplett überformt. EHLERS konnte nachweisen, dass die Eismassen zunächst von Norden bis Amsterdam und die deutschen Mittelgebirge vorstießen (EHLERS 1990, S. 63). In der Mittleren Saalevereisung kamen die Gletscher aus Nordosten und hinterließen die Altenwalder und Lamstedter Endmoränen (bis zu 66 m hoch). In der Jüngeren Saalevereisung, dem Warthe-Stadium, lassen sich Vorstöße aus Nordosten und Osten nachweisen (EHLERS 1990, S. 67). Dieser Endmoränenwall zieht sich von den Harburger Bergen (bis zu 156 m hoch) über das Uelzener Becken zum Wilseder Berg (169 m hoch) in die zentrale Lüneburger Heide.

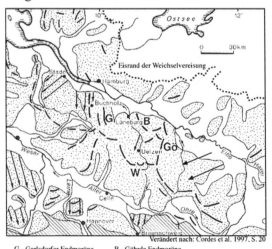

G - Garlsdorfer Endmoräne   B - Göhrde Endmoräne
B - Bahrendorfer Endmoräne   W - Warthe Stadium

Abb. 2: Das Pleistozän im nordöstlichen Niedersachsen

Quelle: Verändert nach CORDES (1997), S. 20

Die saalezeitliche Grundmoräne in den Landkreisen ist weitgehend von Schmelzwassersanden bedeckt und nur im nordöstlichen Landkreis Lüchow-Dannenberg erhalten. Die Schmelzwässer der Saalevereisung sind in dieser Phase einerseits nach Südwesten in das Aller-Weser-Urstromtal geflossen, andererseits aber auch über die kleineren Flüsse Oste, Schwinge, Lühe, Este, Seeve, Ilmenau oder Neetze nach Norden in die Ur-Elbe. Das eigentliche Elbe-Urstromtal bildete sich in der Weichselvereisung, deren Gletscher die Elbe nicht mehr überschritten haben. Die Schmelzwässer flossen vom Eisrand in das Urstromtal, das sich in das saalezeitliche Grundmoränenrelief einschnitt.

Die Landkreise werden also im Wesentlichen durch die Landschaftselemente Endmoränen, kuppige Grundmoränen, Sanderflächen und Talniederungen mit Flussmarschen und Talsandplatten charakterisiert. Die abgelagerten Sedimente verfügen aufgrund ihrer sandig bis kiesigen Korngrößen grundsätzlich über gute Versickerungseigenschaften. Etwas lehmiger sind die Endmoränen, auch die verstreut vor-kommenden Lauenburger Tone können wasserstauende Wirkung haben.

Das saalezeitliche Deckgebirge ist keineswegs durchgängig geschichtet. Das Oszillieren des Eisrandes hat dazu geführt, dass die glazialen Sedimente in der Regel gestört vorliegen (vgl. Abb. 1). Für die Grundwasserneubildung bedeutet dies, dass die Grundwasserströme nur schwer exakt zu bestimmen sind und ein Kontaminationspotenzial besteht. Grundsätzlich ist die Situation in den Landkreisen aber sehr günstig, da aus oberflächennahen und tiefen Grundwasserleitern gefördert werden kann. Somit ist die Trinkwasserversorgung als auch die Förderung von Beregnungswasser derzeit in ausreichender Menge und ubiquitär gesichert.

3. Klima

Entscheidend für die Grundwasserneubildung ist jedoch das Klima. Die letzten 400.000 Jahre war Nordeuropa durch einen stetigen Wechsel von Kalt- und Warmzeiten geprägt. Die Elster-, Saale- und Weichsel-Eiszeiten wurden nur kurz von den ca. 10.000 Jahren andauernden Warmzeiten Eem und Holstein unterbrochen. Seit dem Holozän ist die

Temperatur relativ stabil. Wie die Erforschung der Paläoklimate (vgl. GLASER 2001) zeigt, sind geringere Schwankungen in der Vergangenheit durchaus typisch (vgl. Abb. 3). Nach einem Klimaoptimum im Mittelalter führte ein Temperaturrückgang in der frühen Neuzeit zur so genannten kleinen Eiszeit in Europa. Über 200 Jahre lang wuchsen die Gletscher in den Alpen, und es kam zu häufigen Missernten. Seit dem frühen 19. Jahrhundert steigt die durchschnittliche Temperatur wieder an.

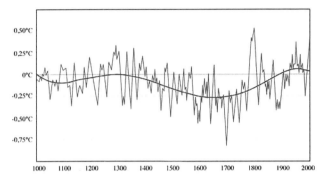

Abb. 3: Temperaturentwicklung

Quelle: GLASER (2001), S. 181

Seit Mitte des 19. Jahrhunderts werden in Folge der Industrialisierung vermehrt fossile Brennstoffe genutzt. Als Folge steigt die anthropogen verursachte CO_2-Konzentration in der Atmosphäre. Zusammen mit anderen klimawirksamen Treibhausgasen hat der Anstieg der Kohlendioxidkonzentration dazu geführt, dass in der Nordhemisphäre die Temperatur in den letzten 100 Jahren um 0,95 K zugenommen hat, wobei die größte Steigerung in jüngster Zeit aufgetreten ist (SCHÖNWIESE 2009, S. 4).

Eine ähnlich hohe Variabilität wie die Temperaturen zeigen auch die jährlichen Niederschläge. Hier gab es ein ausgeprägtes Niederschlagsdefizit Mitte des 19. Jahrhunderts. Auffällig ist, dass die Niederschläge seit 1950 rapide ansteigen.

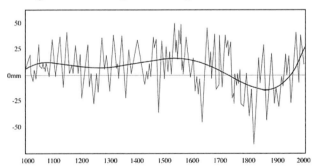

Abb. 4: Niederschlagsentwicklung

Quelle: GLASER (2001), S. 181

Als Ursache für diesen Anstieg kann genannt werden, dass die Verdunstungsrate durch das erwärmte Oberflächenwasser der Ozeane steigt. Mit den gestiegenen Temperaturen werden offensichtlich auch die Luftdruckgegensätze größer, sodass Niederschlags- und Windereignisse in ihrer Heftigkeit zunehmen.

Das häufigere Auftreten von extremen Wetterereignissen führt nicht zwangsläufig zu einer Änderung des Klimas. Eine langfristige Verschiebung ist aber mehr als wahrscheinlich. WIYWAT & RÖHM (2007) haben eine Prognose für die Klimastation Lüneburg gewagt.

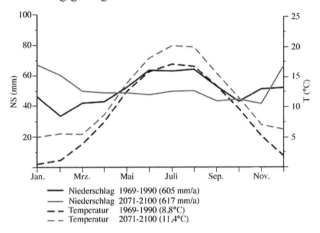

— Niederschlag 1969-1990 (605 mm/a)
— Niederschlag 2071-2100 (617 mm/a)
- - Temperatur 1969-1990 (8,8°C)
- - Temperatur 2071-2100 (11,4°C)

Abb. 5: Klimadiagramm Lüneburg 1961-1990 und 2071-2100

Quelle: WIYWAT & RÖHM (2007)

Das derzeitige Klima in Lüneburg ist charakterisiert durch gemäßigte Temperaturen, relativ milde Winter und kühle Sommer. Die Niederschläge fallen das ganz Jahr, mit einem leichten Schwerpunkt in den Sommermonaten. Das Klimadiagramm für den Zeitraum 2071-2100 zeigt gravierende Unterschiede. Die Temperaturen werden ganzjährig steigen und die Winter besonders warm. Die Niederschläge werden nicht mehr vermehrt in den Sommermonaten fallen, sondern in den Wintermonaten. Die Niederschläge im Sommer sind schon jetzt überwiegend Starkregenereignisse, die voraussichtlich weiter zunehmen werden. Auch wenn sich die Jahresbilanz der Niederschläge für Lüneburg insgesamt positiv entwickeln wird, führen die Starkregenereignisse zu einem verstärkten Oberflächenabfluss, sodass die Infiltrationsrate mitunter reduziert ist. Mehr Regen bedeutet also nicht zwangsläufig mehr Grundwasserneubildung.

Für den östlichsten Landkreis Lüchow-Dannenberg stellt sich die Situation weniger günstig dar. Mit derzeit 38 mm Niederschlag im Juni und einer Temperatur von 17 °C ist das Klima deutlich kontinentaler. Zukünftig werden hier Probleme für die Wasserversorgung zu erwarten sein.

4. Die demographische Entwicklung

Über Jahrzehnte ging man in der Raumplanung von einem grundsätzlichen Wachstum aus. Die Suburbanisierung der Bevölkerung in den 1970er-Jahren und das Ausweisen immer neuer Bebauungsgebiete im ländlichen Raum machten es erforderlich, dass auch eine entsprechend dimensionierte Wasserversorgung aufgebaut werden musste. Inzwischen ist deutlich geworden, dass viele Regionen nicht mehr wachsen, sondern schrumpfen. Dieses Phänomen wird mit dem Begriff „Demographischer Wandel" beschrieben, was verkürzt gesagt bedeutet, dass es in Deutschland immer weniger und immer mehr ältere Menschen geben wird. Im Jahr 2037 hat die Bundesrepublik vermutlich nur noch 71 Mill. Einwohner (2010: 81 Mill.), davon sind 15,6 % unter 19 Jahre alt (2010: 19 %), 47 % unter 60 Jahre (2010: 55,8 %) und 37,4 % über 60 Jahre (2010: 25,5 %) (vgl. DRIEFERT 2011). Trotz einer insgesamt schrumpfenden Bevölkerung wird die Entwicklung regional sehr unterschiedlich verlaufen. Auch 2037 wird es noch Regionen geben, die trotz hoher Sterberate durch Wanderungsgewinne einen weiteren Anstieg der Bevölkerung verzeichnen werden, wohingegen periphere Regionen sehr stark schrumpfen. Auch wenn sich die Bundesrepublik im Artikel 72 (2) GG verpflichtet hat, gleichwertige Lebensverhältnisse in allen Regionen Deutschlands herzustellen, wird das praktisch kaum mehr umzusetzen sein. Vielmehr wird der Abwärtstrend noch beschleunigt, wenn sich mit der Abwanderung der Bevölkerung auch die Infrastruktur verschlechtert. Beispielsweise kann Familien mit Kindern kein ausreichendes Schulangebot mehr angeboten werden, die Ausbildungssituation für Jugendliche verschlechtert sich, kulturelle Angebote fehlen, und der Einzelhandel schrumpft.

Nach den vorliegenden Bevölkerungsprognosen wird die Metropolregion Hamburg zu den Regionen gehören, die bis 2037 weiter wachsen. Dazu passt,

dass im Juli 2011 das Hamburger Abendblatt (12. Juli 2011, S.1) titelte: „Erster Geburtenüberschuss in Hamburg seit 1968". Junge Familien schätzen offensichtlich die Angebote der Großstadt, die in der Peripherie nicht mehr vorhanden sind. Aus dem Wachstum ergeben sich für Hamburg aber auch Nachteile, wie beispielsweise hohe Mieten, steigende Grundstückskosten, fehlende Gewerbeflächen oder hohe Gewerbesteuern. Von diesen Agglomerationsnachteilen könnten die Randgemeinden profitieren, wenn sie über Autobahnen oder Schiene gut mit der Metropole verbunden sind. Das trifft für die Landkreise Harburg und Lüneburg zu, wohingegen Uelzen und Lüchow-Dannenberg für tägliches Pendeln zu weit entfernt liegen. Dementsprechend werden Harburg und Lüneburg von spill-over Effekten profitieren, Uelzen und Lüchow-Dannenberg dagegen weniger.

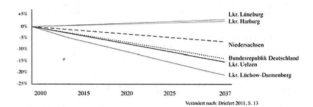

Abb. 6: Demographische Entwicklung in den Landkreisen

Quelle: Zusammengestellt nach http://www.wegweiser-kommune.de

Im Landkreis Lüchow-Dannenberg, der schon jetzt mit 41 Einwohnern pro km² der am dünnsten besiedelte in Niedersachsen ist, lebten im Jahr 2010 etwa 49.600 Menschen. Er weist das höchste Geburtendefizit (-7,4) und die höchste Sterbeziffer (12,5 und mehr) auf. Bis ins Jahr 2037 werden über 21 % Menschen und 50 % weniger Kinder hier leben. Die geringen Wanderungsgewinne können die Verluste bisher nicht ausgleichen. Der Altenquotient (ab 65-Jährige je 100 Einwohner) 2025 beträgt 62,2 und das Durchschnittsalter 53,6 Jahre. Nur 63,1 % der Beschäftigten arbeiten derzeit im tertiären Wirtschaftssektor und mit 4,1 % noch relativ viele in der Landwirtschaft. Damit ist es unwahrscheinlich, dass der negative Trend umgekehrt werden kann. Es ist nicht zu erwarten, dass sich neue Unternehmen ansiedeln und Arbeits- oder Ausbildungsplätze geschaffen wer-den. Vielmehr führt die weitere Rationalisierung in der Landwirtschaft zur Freisetzung weiterer Arbeitskräfte. Die Wasserversorger müssen sich also im Landkreis Lüchow-Dannenberg auf einen Rückgang des Verbrauchs und eine sehr geringe Auslastung des Leitungsnetzes einstellen.

Auch der Landkreis Uelzen ist mit 65 Einwohnern pro km² sehr dünn besiedelt und wird demographisch weiter schrumpfen. 2010 wohnten hier noch ca. 94.400 Menschen, 2037 werden es 14,6 % weniger sein. Auch hier sind die Geburtendefizite besonders hoch (-5,6). Der Altenquotient beträgt im Jahr 2025 bereits 53,2, bei einem Durchschnittsalter von 48,7 Jahren. Sehr gering ist der Anteil der über 20- und bis 65-Jährigen (56 %). Auffallend hoch ist der Anteil der Beschäftigten im Agrarsektor und in der Lebensmittelindustrie. Diese Clusterbildung kann zu positiven Synergieeffekten führen, bietet aufgrund der fehlenden Diversifizierung aber kaum Perspektiven, falls dieser Industriezweig in die Krise geraten sollte.

Hamburg ist von Lüneburg aus über die A 39/A 1 oder mit der Bahn sehr gut zu erreichen. Schon jetzt leben im Landkreis und der Stadt Lüneburg ca. 245.800 Menschen. Von einem weiteren Bevölkerungswachstum bis 2025 werden die Stadt mit ca. +10,4 % und der Landkreis +8,3 % unterschiedlich profitieren. Der Altenquotient liegt in der Stadt Lüneburg mit 31,7 (im Landkreis 37,8) besonders niedrig, was der Universität und den jungen Studierenden geschuldet ist. Das Durchschnittsalter wird 2025 43,8 (im Landkreis 45,3) betragen. Die Bevölkerung wird bis 2037 weiter wachsen, wenn auch stark verlangsamt. Der Landkreis profitiert hier von den starken Wanderungen in die Metropolregion.

Derzeit arbeiten 76,8 % der Beschäftigten in der Stadt im tertiären Sektor, 72,8 % im Landkreis. Es gibt keine gewerbliche Monostruktur, sodass die Wirtschaft weniger krisenanfällig ist. In der jüngsten Vergangenheit konnten die wirtschaftlichen Folgen der Schließung von drei Kasernen gut kompensiert werden, was für einen stabilen Arbeitsmarkt spricht. Auch zukünftig werden sich hier vermutlich Betriebe der Dienstleistungsbranchen aufgrund der Kontakte zur Universität und den guten weichen Standortfaktoren ansiedeln, und Lüneburg kann von der Sogwirkung Hamburgs profitieren.

Auch der Landkreis Harburg ist über den öffentlichen Nahverkehr und die Straßen gut mit Hamburg verbunden. 2010 wohnten hier ca. 245.500 Menschen. Noch bis 2025 wird ein weiteres Wachstum von 2,5 % prognostiziert, das sich auch bis 2037

langsam fortsetzen wird. Der Altenquotient beträgt 2025 45,9, das Durchschnittsalter liegt bei 47,5 Jahren. 73,4 % der Menschen arbeiten sind im Dienstleistungssektor. Der Landkreis profitiert ähnlich wie Lüneburg von den starken Wanderungen in die Metropolregion Hamburg. Die Technische Universität Harburg wirkt sich günstig auf die Ansiedlung innovativer Betriebe aus, wie sich schon heute im Harburger Binnenhafen deutlich zeigt. Noch ist Harburg in einem Prozess des Strukturwandels, in dem hafenbezogene Industrie ihren Standort aufgibt und durch Büro- und Wohngebäude nur langsam ersetzt wird. Langfristig profitieren wird der Landkreis jedoch vom Airbus-Werk in Finkenwerder.

5. Die Wasserversorgung

Wasser verbrauchen Privatpersonen (inkl. Kleingewerbe wie z. B. Tankstellen-Waschanlagen), die Landwirtschaft und Gewerbe- und Industriebetriebe (über letztere können keine Aussagen getroffen werden, da die Wasserabgabe an sie dem Datenschutz unterliegt).

Der private Wasserbrauch in der Bundesrepublik ist stetig zurückgegangen. 1990 wurden noch 147 Liter pro Person verbraucht, 2010 waren es nur noch ca. 127 Liter, wobei nur 26 % der erneuerbaren Grundwasserressourcen genutzt werden (DOW & DOWNING 2007, S. 94). In der Bundesrepublik werden nur ca. 1 bis 2 % des nutzbaren Wassers von den Versorgern zur Trinkwassergewinnung verwertet.

Auf EU-Ebene ist das Problem der zukünftigen Wasserversorgung erkannt und die EG-Wasserrahmenrichtlinie mit dem Ziel beschlossen worden, die aquatischen Ökosysteme zu schützen, zu verbessern, Wasserressourcen langfristig zu schützen und die Bevölkerung vor Überschwemmungen und Dürren zu schützen (http://www.nlwkn.niedersachsen.de vom 10. August 2011).

In Niedersachsen entscheiden die zuständigen unteren Wasserbehörden auf der Ebene der Landkreise sowie der kreisfreien und selbstständigen Städte über die Nutzung des Grundwassers, das an 1536 über das Land verteilten Messstellen ständig kontrolliert wird.

6. Die Trinkwasserversorgung

Die Wasserversorgung wird in den Landkreisen durch Wasserbeschaffungsverbände, Wasserleitungsgenossenschaften, Wasserversorgungszweckverbände, Stadtwerke, Wasser-Verbände oder Samtgemeinden gewährleistet. Infolge des über Jahrzehnte erfolgten sukzessiven Zusammenschlusses von kleinen Wasserbeschaffungsverbänden, des langsamen Wachsens und Zusammenwachsens einzelner Leitungsnetze sowie der landkreisübergreifenden Versorgung sind belastbare Fakten auf Landkreisebene nicht verfügbar und können nur Beispiele genannt werden.

Die Samtgemeinde Salzhausen im Landkreis Harburg verzeichnet beispielsweise aufgrund der Nähe zur Autobahn A 1 ein stetiges Wachstum der Bevölkerung. So erhöhte sich die Zahl der Hausanschlüsse von 1418 im Jahr 1990 auf 2100 in 2009. Dieser Steigerung um 48 % steht ein Mehrverbrauch von ca. 16 % (406.367 m³) gegenüber. Das Wasser wird aus einem 32 m und einem 200 m tiefen Brunnen gefördert. Planungen für eine klimaveränderte Wasserverfügbarkeit oder einen veränderten Absatz werden nicht getroffen. Der Wasser-Verband „Wendland" liefert sein Trinkwasser aus fünf Brunnen, die zwischen 131 und 181 m tief liegen. Auch hier gibt es keine Planungen für zukünftige Veränderungen. Vom Wasserbeschaffungsverband Harburg, der fast den gesamten gleichnamigen Landkreis versorgt, werden derzeit 9,5 Mio. m³ Wasser gefördert und über ein 1620 km langes Leitungsnetz ca. 170.000 Menschen mit Trinkwasser beliefert. Hier zeigt sich ein ähnliches Bild wie in Salzhausen. Während die Anzahl der Hausanschlüsse um 194 % gestiegen ist, nahm die Wasserförderung mit 124 % langsamer zu (vgl. Abb. 7).

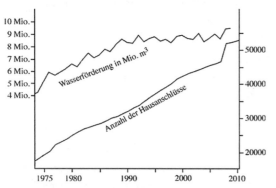

Abb. 7: Wasserversorgung des Wasserbeschaffungsverbandes Harburg

Quelle: Wasserbeschaffungsverband Harburg 2011

Der kontinuierliche Anstieg der Hausanschlüsse zeigt, dass der südliche suburbane Raum von Hamburg weiter wächst und der demographische Wandel durch Wanderungsgewinne mehr als ausgeglichen wird.

In den Gemeinden, die vom Wasserbeschaffungsverband Elbmarsch versorgt werden, stellt sich die Situation anders dar. Im Wesentlichen sind der Anstieg der Wasserförderung und die Anzahl der Hausanschlüsse durch die Erweiterung des Versorgungsgebietes zu erklären. So kamen beispielsweise Alt Garge 1986, Breetze 1995 oder Neuhaus 2002 hinzu. Im Wasserverbrauch zeigt sich ein ähnlicher Trend wie im Landkreis Harburg. Die Anzahl der Hausanschlüsse stieg von 1976 bis 2010 um 207 %, der Verbrauch dagegen nur um 144 % (Abb. 8).

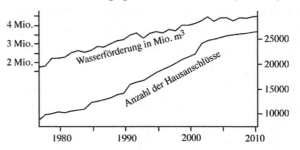

Abb. 8: Wasserversorgung des Wasserbeschaffungsverbandes Elbmarsch

Quelle: Wasserbeschaffungsverband Elbmarsch 2011

Die Versorger fördern das Trinkwasser überwiegend aus den elsterzeitlichen Rinnen aus ca. 150 bis 200 m Tiefe (s. o.). Auch bei stark schwankenden oder jahreszeitlich veränderten Niederschlägen werden die tiefen Grundwasserleiter ausreichend regeneriert, sodass Versorgungsengpässe nicht auftreten werden. Ohnehin genießt die Versorgung der Bevölkerung Vorrang, sodass bei möglichen Versorgungsengpässen zunächst Gewerbe und Landwirte ihre Wasserförderung einstellen müssten.

Auch der veränderte Privatverbrauch wird ohne Folgen bleiben. In Regionen mit sinkendem Wasserverbrauch müssen die Leitungen öfter gespült werden. Diese Notwendigkeit wird durch die abnehmende Bevölkerung zukünftig häufiger bestehen, was angesichts des ausreichenden Grundwassers aber nicht zum Handeln zwingt.

Eine Umfrage bei den Wasserversorgern ergab, dass der demographische Wandel, die Klimaveränderungen und die sich verändernden Niederschlagsverhältnisse nicht als Problem gesehen werden und es derzeit keinerlei Pläne in den Schubladen gibt. Auch die Unteren Wasserschutzbehörden sehen derzeit keinen Handlungsbedarf.

7. Das Beregnungswasser

Grundsätzlich sind die sandigen glazialen Böden für den Anbau von Zuckerrüben, Kartoffeln, Getreide und Mais geeignet, negativ ist allerdings deren geringe Wasserspeicherkapazität. Um Ernteausfälle zu vermeiden, muss in allen Landkreisen beregnet werden, besonders im Landkreis Lüchow-Dannenberg. Dem Problem des Klimawandels und der landwirtschaftlichen Bewässerung haben sich u. a. das Hamburger Weltwirtschaft-Institut mit der Studie *„Klimzug-Nord"* und das Land Niedersachsen mit dem Projekt *„No Regret - Genug Wasser für die Landwirtschaft?!"* (mit dem Folgeprojekt *„Aquarius"*) angenommen.

Es wird festgestellt, dass der Klimawandel positive wie auch negative Effekte für das Pflanzenwachstum hat. Eine höhere CO2-Konzentration in der Luft führt zu einem besseren Wachstum und steigenden Erträgen. Insbesondere Kartoffeln, Hackfrüchte und Frischgemüse profitieren von dem höheren CO2-Gehalt und höheren Temperaturen, der Zuckergehalt von Zuckerrüben erhöht sich wahrscheinlich um bis zu 10 %.

Schädigende Effekte auf das Pflanzenwachstum haben längere Trockenperioden im Sommer. Um verringerte Ernten zu vermeiden, müssen die Äcker beregnet werden. Dadurch werden die Landwirte in den Landkreisen die größten Verbraucher von Grundwasser.

In den vorliegenden Forschungsberichten wird für die Landkreise Harburg, Lüneburg und Uelzen auch zukünftig kein Problem für die Beregnung gesehen. Eine Ausnahme stellen die Hochlagen des Drawehn im nordöstlichen Niedersachsen dar. Es wird erwartet, dass dort zukünftig negative Auswirkungen auf die Wasserstände der Geestbäche zu verzeichnen sein werden.

Die tief liegenden elsterzeitlichen Rinnen spielen für die Beregnung keine Rolle. In der Regel werden mehrere flachgründige Brunnen angelegt, um die Entfernungen zu den beregneten Feldern kurz zu

halten. Beispielsweise gibt es im Landkreis Harburg 420 Beregnungsbrunnen dieser Art, mit denen 25 % der landwirtschaftlich genutzten Flächen beregnet werden. In trockenen Jahren werden dafür ca. 12 Mio. m³ Wasser benötigt. Es ist unmöglich, die genaue Anzahl der Brunnen zu ermitteln, da kleine Brunnen, beispielsweise zur Tränkung des Viehs auf der Weide, behördlich nicht genehmigt werden müssen. Das Gesetz des Landes Niedersachsen zur Ordnung des Wasserhaushalts vom 31. Juli 2009 gestattet die erlaubnisfreie Benutzung des Grundwassers (auch § 86 Niedersächsisches Wassergesetz vom 19. Februar 2010). Nach § 46 (1) bedarf es „keiner Erlaubnis oder Bewilligung für das Entnehmen, Zutagefördern, Zutageleiten oder Ableiten von Grundwasser; 1. für den Haushalt, für den landwirtschaftlichen Hofbetrieb, für das Tränken von Vieh außerhalb des Hofbetriebs oder in geringen Mengen zu einem vorübergehenden Zweck, sowie 2. für Zwecke der gewöhnlichen Bodenbewässerung landwirtschaftlich, forstwirtschaftlich oder gärtnerisch genutzter Grundstücke, soweit keine signifikanten nachteiligen Auswirkungen auf den Wasserhaushalt zu besorgen sind" (http://www.nl wkn.niedersachsen.de vom 10.08.2011).

Die Staaten der EU sind durch die EG-Wasserrahmenrichtlinie weiterhin verpflichtet, bis 2015 alle Oberflächengewässer in einen „guten mengenmäßigen und chemischen Zustand" sowie „guten ökologischen Zustand" zu versetzen (http:// www.nlwkn.niedersachsen.de vom 10.08. 2011). Auch diese Vorgabe zwingt zur maßvollen Nutzung des Grundwassers. Bei der Nutzung von Flachbrunnen werden Auswirkungen auf die Geestbäche zu beobachten sein. Die Abflussmengen dürfen sich nicht nachteilig verändern, um ökologische Folgeschäden zu vermeiden.

Für den Erlaubnisantrag einer Beregnungsanlage und die Entnahme größerer Mengen Grundwassers sind hydrogeologische Gutachten erforderlich, die von den zuständigen unteren Wasserbehörden kontrolliert werden. Im Wasserrechtsantrag muss die genaue Kulturfolge genannt werden, damit die Behörde entscheiden kann, welche Mengen gefördert werden dürfen. Oft können sich einzelne Landwirte die kostspieligen Gutachten nicht leisten, sodass sie sich in Beregnungsverbänden zusammenschließen und Brunnen gemeinsam nutzen.

Die Landwirte als Unternehmer bauen diejenigen Feldfrüchte an, für die sie maximale Erlöse erzielen können. So haben beispielsweise steigende Agrarpreise auf dem Weltmarkt auch den Anbau und die Bewässerung von sog. Druschfrüchten (Getreide, Raps) rentabel werden lassen. Theoretisch sind die Umstellung auf trockenresistente Arten und der Verzicht auf den Anbau von Hackfrüchten, Getreide oder Gemüse möglich. Problematisch für die Landwirte dabei ist, dass sie aufgrund steigender Kosten immer hochwertigere Feldfrüchte anbauen müssen, um ihre Existenz zu sichern. Zwangsläufig haben die beregneten Flächen stetig zugenommen (vgl. Abb. 9). Auf die Belieferung mit beregnungsintensiven Kartoffeln und Zuckerrüben ist die Lebensmittelindustrie angewiesen. Unter anderem wird in Uelzen Deutschlands größte Zuckerfabrik betrieben und in Lüchow-Dannenberg produziert eine Kartoffelstärkefabrik, die auf die Zulieferung von Industriekartoffeln angewiesen ist. Wie witterungsabhängig die Menge des geförderten Beregnungswassers dabei ist, zeigen die großen jährlichen Schwankungen (vgl. Abb. 10).

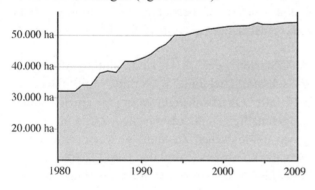

Abb. 9: Beregnungsflächen im Wasserversorgungszweckverband Uelzen

Quelle: Wasserversorgungszweckverband Uelzen 2011

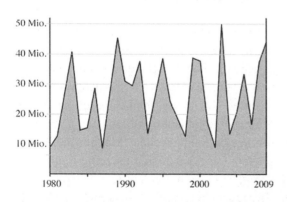

Abb. 10: Beregnungswasser im Wasserversorgungszweckverband Uelzen

Quelle: Wasserversorgungszweckverband Uelzen 2011

94

Die nach wie vor große Bedeutung der Landwirtschaft für die Landkreise zeigt sich in dem Anteil der Beschäftigten. Im Landkreis Harburg sind noch 2,1 % im Agrarsektor tätig, im Landkreis Uelzen 3 % und im Landkreis Lüchow-Dannenberg sogar 4,1 %. Eine Krise in der Landwirtschaft würde direkt zu wirtschaftlichen Problemen führen. Hinzu kommt, dass in Uelzen ein Cluster Lebensmittel verarbeitender Betriebe existiert, der auf Lieferungen aus der Umgebung angewiesen ist. Insofern hat die Feldberegnung eine wichtige arbeits- und wirtschaftspolitische Bedeutung.

Eine neue Nische eröffnet sich mit der angestrebten Energiewende, die in den Landkreisen bereits zu einem deutlichen Ausbau der Biogasanlagen geführt hat. Im Landkreis Harburg existieren neun Betriebe, im Landkreis Lüneburg 22, im Landkreis Uelzen 19 und im Landkreis. Lüchow-Dannenberg 22. Als nachwachsende Rohstoffe für Biogasanlagen besonders geeignet sind Silomais sowie Weizen und Roggen für die Bioethanolherstellung. Den Landwirten garantieren die Biogasanlagen den verlässlichen Absatz der Energiepflanzen zu sicheren Erlösen. Als Nachteil wird die Vermaisung der Landschaft kritisiert. Weiterhin ungeklärt ist die Nutzung der Gärreste.

Die Grundwasserförderung für die Beregnungsanlagen wird in den Landkreisen auch zukünftig unproblematisch bleiben. Lediglich für das Gebiet des Drawehn wird diskutiert, wie dem absehbaren Wassermangel zu begegnen ist. Denkbare Maßnahmen wären der Bau von Staustufen, die Einrichtung neuer Versickerungsflächen, die Entsiegelung von Flächen, der Bau von Speicherbecken, die Rücknahme der Entwässerung von Dauergrünland sowie die Aufforstung mit Laub- statt Nadelbäumen.

Da die Grundwasserreserven derzeit ausreichen, gibt es noch keinen Verteilungskampf und entsprechend keine unmittelbare Notwendigkeit, sich mit Nachdruck mit dem Thema zu beschäftigen. Die Frage, ob die verschiedenen Feldfrüchte auch bzgl. ihres Wasserbedarfs unterschiedlich zu bewerten sind, stellte sich bislang noch nicht. Das Szenario wäre aber denkbar, dass infolge anhaltender trockener Sommer die Behörden entscheiden müssten, ob Felder mit Energiepflanzen die gleiche Menge Wasser bekommen wie Pflanzen für die Nahrungsmittelproduktion.

8. Nordostniedersachsen – Szenario 2037

Das letzte Bekleidungsgeschäft in Lüchow hat geschlossen und die Rentner freuen sich auf die wöchentliche Verkaufsfahrt nach Lüneburg, die das örtliche Busunternehmen anbietet. Nur Lebensmittel gibt es in der Stadt noch ausreichend zu kaufen. Auf dem Land haben fahrende Supermärkte die Rolle des Kaufmannsladens übernommen. Besonders im Sommer lohnt das Geschäft, wenn die Touristen kommen. Die alten Höfe in vielen Dörfern stehen im Winter leer, nicht wenige sind bereits verfallen. Die Felder werden längst von Lohnunternehmern bestellt, die nur selten mit großem Gerät anreisen, riesige Flächen bearbeiten und dann weiterziehen. Auch die Energiewende hat daran wenig geändert; neue Biogasanlagen werden nicht mehr gebaut. Strenge Umweltauflagen zum Grundwasserschutz verhindern, dass die Gärreste wie bisher auf den Äckern ausgebracht werden dürfen. Nur den Biobauern geht es recht gut, auch wenn sie über die teuren Anfahrtswege zu den Hamburger Märkten stöhnen.

Uelzen ist von dem Strukturwandel besonders hart getroffen. Durch die Aufhebung der Zollschranken für Zucker musste die Fabrik schließen. Die Arbeitslosigkeit ist hoch, die Jugend abgewandert, und auch den Landwirten fehlen die Einnahmen aus dem Rübenanbau. Die Steuereinnahmen sind rapide gesunken und Nebenstraßen können bereits nicht mehr repariert werden. Der Plan der Stadt, Uelzen zum Seniorenparadies zu entwickeln, ist an zu hohen Kosten gescheitert. Nachdem die letzte Kultureinrichtung und auch das Gymnasium geschlossen werden mussten, fanden sich nicht genügend Pflegekräfte, die sich mit ihren Familien hier niederlassen wollten.

Im Landkreis Lüneburg haben sich einige Dörfer zu reinen Rentnersiedlungen gewandelt. Immer mehr von ihnen versuchen, nach Lüneburg zu ziehen. Dort zählt die Investition in Immobilien für altengerechtes Wohnen zu einer sicheren Geldanlage.

Den Landkreis Harburg treffen die Probleme weniger. Airbus, die Technische Universität und viele neue Unternehmen florieren in Hamburg-Harburg. Wer dort arbeitet und es sich leisten kann, wohnt in der ländlichen Idylle des Landkreises.

Über die Wasserversorgung macht sich niemand Gedanken!

Literatur

Bertelsmann Stiftung (2011): Demographiebericht. Ein Baustein des Wegweisers Kommune. – www.wegweiser-kommune.de (letzter Zugriff 10.08.2011)

Bundesanstalt für Geowissenschaften und Rohstoffe sowie Geologische Landesämter der Bundesrepublik Deutschland (Hrsg.) (1991): Geologische und bodenkundliche Landesforschung in Niedersachsen. - Geo-logisches Jahrbuch Reihe A, Heft 126, Hannover

CORDES, H. (Hrsg.) (1997): Naturschutzgebiet Lüneburger Heide. Geschichte - Ökologie - Naturschutz. – Bremen

DÖLL, S. & SCHULZE, S. (2010): Klimawandel und Perspektiven der Landwirtschaft in der Metropolregion Hamburg. – HWWI Research Paper 1-34. www.hwwi.org (letzter Zugriff 10.08.2011)

DÖLL, S. et al. (2011): Kreisportrait Landwirtschaft und Klimawandel im Landkreis Harburg. – www.klimzug-nord.de (letzter Zugriff 10.08.2011)

DÖLL, S. et al. (2011): Kreisportrait Landwirtschaft und Klimawandel im Landkreis Lüneburg. – www.klimzug-nord.de (letzter Zugriff 10.08.2011)

DÖLL, S. et al. (2011): Kreisportrait Landwirtschaft und Klimawandel im Landkreis Uelzen. – www.klimzug-nord.de (letzter Zugriff 10.08.2011)

DÖLL, S. et al. (2011): Kreisportrait Landwirtschaft und Klimawandel im Landkreis Lüchow-Dannenberg. – www.klimzug-nord.de (letzter Zugriff 10.08.2011)

DOW, K. & DOWNING, T. E. (2007): Weltatlas des Klimawandels. – Hamburg

DRIEFERT, K. (2011): Die Einwohnerzahl wird in weiten Teilen Niedersachsens weiter zurückgehen. Ergebnisse der regionalisierten Bevölkerungsvorausberechnung.– http://www.lskn.niedersachsen.

de/live/live.php?navigation_id=25688&article_id=8
7684&_psmand=40 (letzter Zugriff 10.08.2011)

EHLERS, J. (1990): Untersuchungen zur Morpho-
dynamik der Vereisungen Norddeutschlands. –
Bremen

GLASER, R. (2001): Klimageschichte Mitteleuropas. – Darmstadt

Hamburger Abendblatt (2011): Erster Geburtenüberschuss seit 1968. – 12.07.2011, S. 1

HÖFLE, H.-C. (1991): Über die interne Struktur
und die stratigraphische Stellung mehrerer Endmo-
ränenwälle im Bereich der Nordheide bis östlich
Lüneburg. – In: Geol. Jb. A 126, S. 151-169

KUSTER, H. & MEYER, K.-D. (1979): Glaziäre
Rinnen im mittleren und nordöstlichen Niedersach-
sen. – In: Eiszeitalter und Gegenwart 29, Hannover,
S. 135-156

Landwirtschaftskammer Niedersachsen (Hrsg.)
(2008): No Regret – Genug Wasser für die Landwirtschaft?! – Uelzen

SCHÖNWIESE, C.-D. (2009): Klimawandel im In-
dustriezeitalter: Fakten und Interpretation der Vergangenheit. – In: Geographische Rundschau 9,
2009, S. 4-11

WIEDERHOLD, H. et al. (2002): Geophysikalische
Erkundung eiszeitlicher Rinnen im südlichen
Schleswig-Holstein. – In: Z. Angew. Geol (1/2002),
S. 13-26

WIYWAT, T. & RÖHM, H. (2007): Untersuchungen zu möglichen Auswirkungen einer Klimaände-
rung auf die GW-Neubildung in Niedersachsen. –
http://www.geopotenzial-nord-see.de/DE/Gemein
sames/Nachrichten/Veranstaltungen/2007/Hauskoll
oquium_2007_2008/2007_11_12_abstracts.html?nn
=1544732 (letzter Zugriff 10.08.2011)

Internetquellen:

http://www.bgr.bund.de/nn_472378/DE/Gemeinsa
mes/Nachrichten/Veranstaltungen/2008/Hauskolloq
uium_2008_2009/2008_10_21_abstracts.html
(letzter Zugriff 10.08.2011)

http://www.fgg-elbe.de/lernmatial/bl/ns/niedersach
sen_nutzung3.php (letzter Zugriff 10.08.2011)

http://www.hwwi.org (letzter Zugriff 10.08.2011)

http://www.klimzug-nord.de (letzter Zugriff 10.08.
2011)

http://www.lskn.niedersachsen.de/live/live.php?&ar
ticle_id=87684&navigation_id=25688&_psmand=4
0 (letzter Zugriff 10.08.2011)

http://www.nds-voris.de/jportal/portal/t/1kio/page/
bsvorisprod.psml?doc.hl=1&doc.id=jlr-WasGND
2010pP86%3Ajuris-lr00&documentnumber=94&
numberofresults=164&showdoccase=1&doc.part=S
&paramfromHL=true#focuspoint (letzter Zugriff
10.08.2011)

http://www.umwelt.niedersachsen.de/live/live.php?
navigation_id=2306&article_id=8910&_psmand
=10 (letzter Zugriff 10.08.2011)

Talsperren im Harz. Hochwasserschutz und Trinkwasserbereitstellung

Gerhard Meier-Hilbert*

*Der Harz ist das Gebiet Deutschlands
das wasserwirtschaftlich wohl am intensivsten beackert worden ist.
In der ganzen Welt dürfte es nur sehr wenige Landschaften geben
in denen auf so kleiner Fläche so viele Talsperren errichtet worden
sind.*

(Schmidt 1998, S. 5)

Wasser ist das Lebenselixier auf der Erde – ohne Wasser könnten Menschen, Tiere und Pflanzen nicht existieren. In Industrieländern wird Trink- und Brauchwasser in ausreichender Qualität und Quantität als Selbstverständlichkeit angesehen. Gleichwohl kann ein Zuviel an Wasser auch lebensfeindlich sein, nämlich wenn Hochwasser Siedlungs- und Wirtschaftsräume bedroht. Sowohl um die Wasserversorgung der Bevölkerung zu sichern als diese auch vor Überschwemmungen zu schützen, haben Menschen seit alters Planungen und Maßnahmen zu einer ,Wasserbewirtschaftung' ergriffen. Sie ist besonders dort relevant, wo Wasserüberschuss- und -mangelgebiete dicht beieinander liegen. In Norddeutschland ist dies im Umland des Harzes der Fall. Um dies zu verdeutlichen, sollen zunächst die hydrogeographischen Besonderheiten dieses höchsten Gebirges Norddeutschlands erläutert werden.

1. Der Harz – ein Regenfänger

… unter diesem Slogan ist das höchste Gebirge nördlich des Mains weithin bekannt. Aufgrund seiner Höhenlage hebt sich der Harz mit seinen hohen Jahresniederschlägen markant von seinem Umland ab: Die höchsten Niederschläge fallen an der Nordflanke zwischen dem zu Sachsen-Anhalt gehörenden Brocken (1141 m ü. NN) und der in Niedersachsen liegenden, isoliert aufragenden zweithöchsten Harz-Erhebung, dem Wurmberg (971 m ü. NN). Der Gradient der Niederschlagszunahme vom nörd-

lichen Harzvorland bis zum Hochharz übertrifft sogar denjenigen des deutschen Alpenvorlandes. Eine Ursache für diesen hohen Gradienten ist die zunehmende Windgeschwindigkeit in größeren Höhenlagen bei der weit ins Norddeutsche Tiefland vorgeschobenen Lage des Harzes. Infolgedessen wird dem Gebirgsinneren mehr Feuchtigkeit zugeführt als dem Tiefland mit seinen geringeren Windgeschwindigkeiten. Hinzu kommen Staueffekte infolge der Erstreckung und Ausrichtung der herzynisch verlaufenden, im Norden und Westen am stärksten herausgehobenen Pultscholle sowie die in verschiedenen Höhenstufen zu unterschiedlichen Zeiten auftretenden Niederschlagsmaxima[16].

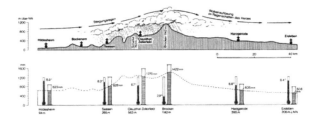

Abb. 1: NW-SE-Niederschlagsprofil durch den Harz und seine Vorländer

Quelle: SEEDORF & MEYER 1992, I, S. 226

Dem Niederschlagsreichtum des Harzes[17] steht die Regenarmut seiner Tieflandsumrahmung, insbesondere in den Börden, gegenüber: In weiten Teilen der Börde zwischen Sarstedt (Leine) und Braunschweig fallen < 600 mm, im Großen Bruch längs der niedersächsisch-sachsen-anhaltinischen Grenze < 550 mm, in der Magdeburger Börde sogar nur 450 bis 500 mm Niederschläge im Jahr; letzterer Wert wird auch im südöstlichen Harzvorland beiderseits der Saale weithin erreicht, im südlichen Harzvorland in der Helme-Aue um Sangerhausen sogar noch unterschritten[18]. Ursachen dafür sind im nördlichen

---

* Dr. Gerhard Meier-Hilbert, M. A., Steingrube 11, 31141 Hildesheim, E-Mail: meier-hilbert@gmx.de (Hochschuldozent [korp.-rechtl. Prof.] i. R. der Universität Hildesheim)

[16] In der collinen Stufe (200 bis 300 m ü. NN, d.h. im Hügel- und Bergland bis an den Harzrand) liegt das Maximum im Sommer, in der hochmontanen Stufe (> 700 m) im Winter (vgl. MATSCHULLAT et al. 1994, S. 34).

[17] Gegenüber den bei SEEDORF & MEYER angegebenen, auf die Periode 1931 bis 1960 bezogenen Werten sind in den Jahren 1961 bis 1990 auf dem Brocken im Jahresdurchschnitt 1814 mm Niederschlag gefallen (www.brocken.biz/Wetterwarte-Brocken.html); vgl. zu den Niederschlagsdaten auch GLÄSSER (1994, S. 241-294).

[18] Das Niederschlagsminimum des Landes Sachsen-Anhalt wurde im Gebiet um Oberröblingen mit 438 mm ermittelt (KÖRBER, I., KAUTZ, A. & WESTERMANN, S.: Stadt Sangerhausen, Neuaufstellung Flächennutzungsplan. Begründung, Vorentwurf Juni 2008. – Sangerhausen 2008, S. 129). Bei derartig geringen Niederschlägen können – aufgrund der jeweils aktuellen Evapotranspiration – zwischen Mai und September bis zu vier Trockenmonate auftreten.

Harzvorland die Leewirkung des Harzes bei Süd-west-Wetterlagen und untergeordnet auch diejenige des saale-kaltzeitlichen Endmoränenzuges bei Nordwest-Wetterlagen sowie letztlich nordwärts das Nachlassen der Stauwirkung vom Harzrand, hingegen im südlich und südöstlichen Harzvorland die ausgeprägte Leelage bei den vorherrschenden Nordwest-Wetterlagen. „So ergibt sich die bemer-kenswerte Situation, dass das trockenste und das niederschlagsreichste Gebiet Niedersachsens (Hochharz) nur etwa 40 km Luftlinie voneinander entfernt liegen" (SEEDORF & MEYER 1992, I, S. 226).

In wasserwirtschaftlicher Hinsicht wird im nieder-sächsischen Harzvorland der Trockenheitseffekt in-folge der geringen Grundwasserhöffigkeit verstärkt. Abgesehen von einzelnen Flusstälern ist die Ergie-bigkeit der Grundwasser führenden Schichten in der zuvor analysierten Bördenregion gering. In Einzel-brunnen lassen sich i. Allg. weniger als 2 l/sec för-dern, und somit sind Fassungsreihen ökonomisch unrentabel. Gleichwohl können die bei SEEDORF & MEYER (1992, I, S. 244) kartographisch wie-dergegebenen Werte keine Aussage dazu treffen, inwieweit diese pro Zeiteinheit zu erzielenden För-derraten auch kleinräumig relevant sind. Festzuhal-ten ist jedoch für die großen naturräumlichen Ein-heiten Niedersachsens (vgl. DORN et al. 2005), dass

- in den oberflächennah (etwa 10 bis 30 m unter Flur) aus 30 bis 70 m (in quartären Rinnen bis 300 m) mächtigen quartären Sanden und Kiesen bestehenden Geestgebieten (vor allem in der Lüneburger Heide) weitgehend ein zusammen-hängender Grundwasserkörper ausgebildet ist, der zwar erhöhte Eisen- und Manganwerte – im Bereich von Stauchmoränen auch hohe Sulfat-gehalte – aufweist, sich aber bei entsprechender Aufbereitung zur Trinkwassergewinnung eignet,

- in der teilweise mit Geschiebelehm, sonst aber weitgehend mit Löß bedeckten Bördezone (die mancherorts durch halokinetisch gebildete Fest-gesteinskomplexe vom Buntsandstein bis zur Kreide durchstoßen bzw. modifiziert wird) mit Ausnahme einzelner Flusstäler durchweg un-günstige Grundwasserverhältnisse ausgebildet sind,

- bei den im Bergland anstehenden mesozoischen bis känozoischen Gesteinen mehrere Aquifere vorhanden sind, die teilweise mit jenen der drenthezeitlichen Mittel- und/oder weichselzeit-lichen Niederterrasse in hydraulischer Verbin-dung stehen; obwohl Wassergewinnungsanlagen hinreichend verbreitet sind, ist die Wasserquali-tät wegen der Herkunft aus alkalischen bis kar-bonatischen Grundwasserleitern sehr unter-schiedlich, z. B. wegen hoher Eisen- und Man-gan- oder Hydrogenkarbonat- und Sulfatgehalte, oft auch hoher Nitratgehalte infolge anthropoge-ner Einflüsse,

- die in den Flusstälern sedimentierten (oft mit Auelehm oder Flugsanden überdeckten, im Leinetal durchweg 15 bis 25 m, im Aller- und Wesertal bis zu 80 m mächtigen) kaltzeitlichen Schotter ungünstige bzw. kaum als gut zu be-zeichnende Entnahmemöglichkeiten bieten, die sich im Wesentlichen aus den vorgenannten Gründen herleiten; darüber hinaus bestehen in Niedersachsen zur Wassergewinnung mehrere ‚Problemräume'[19], in denen z.B. im nördlichen Harzvorland durch die Flüsse Innerste und Oker Altlasten (insbesondere Schwermetalle) aus dem jahrhundertelang im Harz betriebenen Bergbau- und Hüttenwesen bis weit ins Vorland hinausge-tragen sind und dort das Grundwasser flächen-haft recht stark belasten (vgl. Abb. 2);

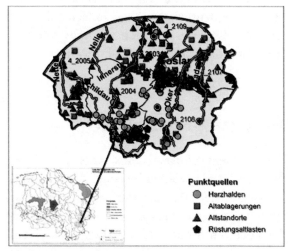

Abb. 2: Altlasten-Untersuchungsraum im nördlichen Harzvorland

Quelle: http://www.nlwkn.niedersachsen.de/portal/live

---

[19] Diese werden derzeit in sog. „Pilotprojekten" vom Landesbetrieb für Wasserwirtschaft, Küsten- und Naturschutz untersucht, vgl. „Pilotge-biet Harz/Harzvorland"; http://www.nlwkn.niedersachsen.de/portal/live

- sich der Harz wegen seiner paläozoischen Festgesteine mit (teilweise sehr) geringer Durchlässigkeit zur Anlage von Talsperren eignet, die einerseits – u. a. wegen des Fehlens nutzbarer Grundwasserleiter und der tief liegenden Grundwasseroberfläche in den Hochlagen sowie der bei verminderter Grundwasser-Belastungsgefahr infolge geringer Siedlungs- und Industriedichte – zur Trinkwassergewinnung, andererseits und zugleich –wegen der Kumulation von geringer Niederschlagsretention und hoher Niederschlagsmengen, d. h. bei daraus resultierender hoher Abflussspende und somit großer Hochwassergefahr für die Flüsse im Harzvorland – nutzbar sein können bzw. inzwischen erforderlich sind.

Diese Auflistung zeigt, dass weite Teile Niedersachsens zur Trinkwassergewinnung nicht oder nur bedingt infrage kommen.

Aufgrund der Niederschlagsverteilung im West- bzw. Hochharz (vgl. Abb. 3) und seiner hohen Reliefenergie (durchschnittlich 550 bis 1000 m ü. NN gegenüber 100bis 250 m ü. NN im Vorland) können die hohen Winter-/Schnee-Niederschläge in relativ kurzer Zeit schmelzen und den Flüssen im Vorland unvermittelt Hochwasserwellen zuführen. Ebenso deutlich sind auch die immensen Schwankungen der einzelnen Monatswerte[20]. Fielen z. B. im September 1959 bei der Station Clausthal nur 2 mm Niederschlag, so waren es 1978 im gleichen Monat 255 mm. Ähnlich sind die Schwankungen des Abflusses, der z. B. am Oker-Pegel Juliusstau im Dezember 1954 nur 0,99 Mio. m³, 1975 im gleichen Monat 39,20 Mio. m³ betrug (HWW 1986). Gleichwohl mögen in der Beobachtungsperiode 1931 bis 1980 die Niederschlagsschwankungen *einzelner* Monate höher ausfallen (hier: September 1959/1978 wie 1:127,5) als diejenigen des Abflusses (hier: Dezember 1954/1975 wie 1:39,2), aber generell fallen letztere *im Jahresgang* höher aus (HHQ wie 1:3,4, bei MQ wie 1:2,8, bei NQ wie 1:4,5) als die der Niederschläge (entspr. 1:2,1 – 1:1,5 – 1:15,0).

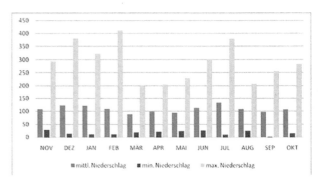

Abb. 3: Monatliche Niederschläge (in mm) der Station Clausthal (563 m ü. NN, Periode 1931 bis 1980)
Quelle: Harzwasserwerke (1986, Abschnitt 3)

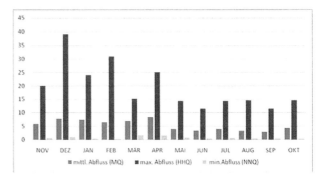

Abb. 4: Monatliche Abflüsse (in Mio. m³) am Oker-Pegel Juliusstau (Periode1931 bis 1980)
Quelle: Harzwasserwerke (1986)

Aufgrund der gesteinsbedingt geringen Retention der Niederschläge kommt es nach sommerlichen Regenperioden sehr schnell zu hohen Abflussspenden, ebenso wenn im Winter (z. B. im Jahr 1946) Regenfälle und Schneeschmelze zusammenfallen (vgl. Tab. 1). Umgekehrt können bei und nach sommerlichen Trockenperioden die Harzflüsse monatelang nur noch Rinnsale sein (z. B. im Herbst 1949, vgl. Tab. 1). Demzufolge sind vornehmlich nicht die hohen Niederschläge im Harz das Problem hinsichtlich des Hochwasserschutzes, sondern die großen Abfluss-spenden infolge des felsigen Untergrundes und des steilen Reliefs. Während bei Hochwasser aus dem gesamten Okergebiet (bis zur Mündung) durchschnittlich 125 l · sec⁻¹·km⁻² abfließen (vgl. HARZWASSERWERKE 1992, Taf. 2), so sind es im Harzbereich der Oker bis zu 1.500 l · sec⁻¹· km⁻². Von allen Harzflüssen hatte die Oker (nach Messungen am Juliusstau (vgl. HARZWASSERWERKE 1992, Taf. 2)) einen maximalen Tagesabfluss von 7,14 Mio. m³. Zu hohen Tagesabflüssen kommt es insbesondere nach Starkregen, bei denen Tagesniederschläge von 140 mm nicht selten überschritten werden (vgl. HAASE et al. 1970, S. 4).

---

[20] Die hydrogeographischen Verhältnisse (vgl. Abb. 3 und Abb. 4) werden an Beispielen aus dem West-/Hochharz verdeutlicht, die jeweils nordwestlich (im Luv) des Acker-Bruchberg-Höhenrückens liegen: die Niederschläge an der Station Clausthal sowie der Abfluss am Pegel Juliusstau der Oker, die ihr Quellgebiet bei ca. 910 m ü. NN in den Bruchberg-Hangmooren hat.

Monat, Jahr	Niederschlag (mm)	Abfluss (Mio. m³)	Bewertung
Jan + Feb 1972	Σ = 24		min. N_m in Beob.-Per. hintereinander
Feb 1946	41300 %	3100 %	max. N_m + max. A_m in Beob.-Periode
Feb 1947		30 %	min. A_m in Beob.-Periode
Juli 1954	38000 %		max. N_m in Beob.-Periode
Sept 1959	200 %		min. N_m in Beob.-Periode
Sept - Dez 1949		Σ = 2,24	min. $Σ(N_m)$ in Beob.-Periode hintereinander
Dez 1975		3920 %	max. A_m in Beob.-Per.

Tab. 1: Monate extremer Niederschläge (N) und Abflüsse (A) im Oker-Bereich (Beobachtungsperiode 1931 bis 1980)

Quelle: eigene Berechnungen nach Angaben aus Harzwasserwerke (1986)

Vorstehende Aussagen werden anhand Abb. 5 verdeutlicht: dass nämlich die im Winter in Form von Schnee gespeicherten Niederschläge ggf. schon bei Warmluftvorstößen im Vorwinter (Dezember), sonst aber im März/April schnell abtauen und abfließen, hingegen die hohen Sommer-Niederschläge (Juni bis August) nahezu direkt den monatlichen Niederschlagsschwankungen entsprechen, d. h. schnell abfließen.

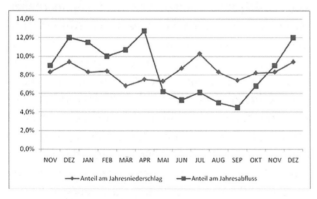

Abb. 5: Jahresgang der monatlichen Anteile an Niederschlag und Abfluss im Oberharz

Quelle: eigene Berechnungen nach Angaben aus Harzwasserwerke (1986)

Wegen dieser Zusammenhänge und der vorgenannten Diskrepanz zwischen Wasserdargebot und -bedarf im Vorland erweist sich der Harz für weite Regionen Niedersachsens, Sachsen-Anhalts und Thüringens als idealer Raum zur Anlage von Talsperren, die der Trinkwassergewinnung und dem Hochwasserschutz dienen. Gleichwohl ging die Harzer Wasserwirtschaft bereits aus den Erfordernissen für den Bergbau hervor, und die Talsperren

können mittlerweile auch zur Niedrigwasseraufhöhung bis weit ins Vorland beitragen sowie – anstelle der ehemaligen mechanischen Antriebskräfte – heute zur Stromerzeugung dienen.

Diese Verhältnisse lassen sich ihrer Größenordnung folgendermaßen quantifizieren (HOFFMANN 1972, S. 2): Über dem Oberharz fallen jährlich über 1 Mrd. m³ Niederschläge, welche die sechs größten, heute dort befindlichen Talsperren (vgl. Tab. 2) nahezu sechsmal füllen könnten. Wenn (generalisiert) in Mitteleuropa von den Niederschlägen etwa je ein Drittel dem Abfluss, der Versickerung oder Verdunstung zugeführt werden, so beträgt der Abfluss im Harz infolge seiner besonderen Klima- und Gesteins-/Bodenverhältnisse rund zwei Drittel der Jahresniederschläge. Dennoch gab es vor dem Talsperrenbau im Vorland Zeiten, in denen die Flüsse kaum Wasser führten, da die Hälfte des gesamten Jahresabflusses meist zur Schneeschmelze im Frühjahr in ungefähr zwei Monaten erfolgt. Diesem von Natur aus ungünstigen Wasserhaushalt hat man seit dem Mittelalter mithilfe der Anlage unterschiedlicher Wasserspeicher zu begegnen versucht.

2. Teiche im Harz – erste Anlagen für Bergbau und lokale Trinkwasserversorgung

Seit alters sind Wasserräder als Antrieb zur Kraftübertragung bzw. zum Heben von Wasser bekannt. Bereits zur Zeit der Ottonen und Salier (10./11. Jh.) hatte sich der Harz zum frühen Zentrum der Silbergewinnung im damaligen Reich entwickelt, und es kam in der Folgezeit zu einem Austausch montanwirtschaftlicher Kenntnisse zwischen Bergleuten aus dem Harz und dem Erzgebirge[21]. Bei den immer tiefer (teilweise > 500 m Teufe) vorgetriebenen Stollen wurde eine Wegführung des Grubenwassers unabdingbar: die zunächst über Stollenmundlöcher zu Flusstälern oder zum Harzrand, alsbald aber auch mittels von Wasserrädern angetriebener

---

[21] Bereits 1168 wanderten Harzer Bergleute nach Entdeckung von Silbererzen im Freiberger Raum ins Erzgebirge aus, aber als es nach Verkündung der sog. „Bergfreiheiten" wieder zum Aufschwung des Silberbergbaus im Harz kam, traten – besonders in den Jahren 1530 bis 1535 – umgekehrte Wanderungsbewegungen ein (vgl. LIESSMANN, W., „Historischer Bergbau im Harz. Kurzführer", Berlin/Heidelberg 32010, S. 379 f.). In die unmittelbare Folgezeit fallen viele bedeutende wasserwirtschaftliche Einrichtungen im Harz.

„Heinzen"[22]. Hierbei mag es zunächst paradox erscheinen, dass zur Wasserförderung/-hebung eine mit Wasserkraft betriebene Anlage diente, aber sie war bis ins 19. Jahrhundert für die ökonomischen Verhältnisse im Harz die rentabelste Kraftquelle. Das Betriebswasser für die Wasserräder entstammte natürlichen Wasserläufen oder wurde in oberirdischen „Gräben", teils auch über Stollen zugeleitet.

Um permanent Antriebswasser zur Verfügung zu haben, legte man Wasservorräte für Trockenzeiten in Form von Speicherbecken und Teichen an. Insbesondere im Gebiet der oberen Innerste (um Clausthal-Zellerfeld und den Ortsteil Buntenbock) entstanden zuerst und besonders viele Teiche, zu denen auch der legendäre, 1298 erstmals genannte „Banedick" (heute wohl „Großer Pfauenteich") gehört[23], jedoch erfolgte eine weit reichende und rege Teichbautätigkeit erst ab 1550 und in den folgenden zwei Jahrhunderten. Im Westharz, d. h. im Einzugsgebiet der Weser, dürften es einst 250 bis 300 Teiche gewesen sein, und für den Ostharz (Elbe-Einzugsgebiet) führt eine Kartierung 725 Teiche auf (SCHMIDT 1998, S. 14; vgl. auch die Abb. bei SCHMIDT 1987, S. 330), deren gesamter Speicherinhalt 3 bis 4 Mio. m³ betragen haben dürfte (HOFFMANN 1972, S. 15). Bis um 1600 wurden die Teiche in unmittelbarer Nähe der Gruben angelegt. Später baute man auch entfernter gelegene und größere Teiche, teilweise erweiterte man bestehende Anlagen, sodass in der ersten Hälfte des 18. Jahrhunderts etwa 10 Mio. m³ Stauraum zur Verfügung standen. Jedoch dienten diese nicht nur dem Bergbau, sondern als sog. ‚Floßschleusen' auch der Flößerei, sodass man Schnittholz oder Holzteile – aber kaum größere Gebinde – flussab spülen bzw. triften konnte. Gleichwohl sind diese Teiche keinesfalls als Talsperren zu bezeichnen, weil man damals noch nicht wagte, die Teichdämme höher als acht Lachter[24] (entspr. 15,50 m) zu bauen und deshalb zwecks größerer Wasserspeicherung die Teiche oft

kaskadenartig in Tälern und/oder Senken anlegte (SCHMIDT 1998, S. 18).

Der erste ‚Teich', den man als ‚Talsperre' bezeichnen könnte und der als älteste und nach der Erbauung (1714 bis 1721) für 170 Jahre[25] als höchste Talsperre Deutschlands anzusehen war, ist der Oderteich, der offenbar im 1666 erwähnten „Oderdieke" einen Vorgänger besaß (HAASE 1959, S. 17; im Folgenden auch SCHMIDT 1987, S. 358 ff. und 71998, S. 119, sowie SUCH 1991). Die aus Granitblöcken und -grus errichtete Staumauer des heute noch erhaltenen Oderteichs ist 150 m lang, 18 m hoch, an der Sohle 44 m und an der 153 m langen Krone 16 m breit, weist gefüllt eine Wasserfläche von 30 ha und einen Inhalt von 1,67 Mio. m³ auf. Bei 724 m ü. NN (= Dammkrone) ist er die am höchsten gelegene Harztalsperre und somit den starken Niederschlägen im Hochharz ausgesetzt. Die mittlere Jahresmenge beträgt in dem (mit Überleitungen) 12,2 km² großen Einzugsgebiet 1513 mm, entsprechend 11,6 Mio. m³/a, sodass er nur gut 14 % der Jahresniederschlagsmenge aufnehmen kann. Sie kommt bei winterlicher Schneeschmelze oder sommerlichen Gewittergüssen so geballt zusammen, dass der Teich innerhalb weniger Tage gefüllt werden kann und weitere Flutmassen überlaufen (HAASE 1959, S. 18; SCHMIDT 1998, S. 26; vgl. auch Tab. 2). Einstmals wurde das Wasser aus dem Oderteich über einen 7,2 km langen Hanggraben („Rehberger Graben") dem früher in St. Andreasberg betriebenen Bergbau als Kraftquelle zugeleitet, nach dessen Auflassen im Jahre 1910 betreibt es Turbinen in aufgelassenen Bergwerksschächten und Fabrikkraftwerken, wird aber auch durch Stollen der 1930 bis 1933 gebauten Odertalsperre zugeleitet, so dass er für diese wie eine Vorsperre fungiert und (zusammen mit Überleitungen, vgl. Tab. 2) deren natürliches Einzugsgebiet von 53,5 km² auf 74,5 km² erhöht.

Gegen Ende des 19. Jahrhunderts beginnt – vor allem im zunehmend dichter besiedelten Ruhrgebiet[26]

---

[22] Das sind in einem Holzrohr heraufgezogene Ledersäcke, die seit 1535 eingesetzt wurden (vgl. HOFFMANN 1972, S. 9).

[23] Er steht damit in der Tradition ähnlicher Anlagen im Erzgebirge, z. B. mit dem Greifenbach-Stauweiher bei Geyer (Sachsen), der 1386 (ebenfalls) als Erddamm angelegt wurde und als zweitälteste ‚multifunktionale' (d. h. zunächst dem Bergbau, dann der Brauchwasserversorgung, dem Hochwasserschutz und nunmehr der Naherholung dienende) Anlage in Deutschland gilt.

[24] Lachter war ein im Bergbau übliches, regional unterschiedliches Längenmaß für Teufen, Stollenvortrieb usw., im Clausthal-Revier entsprach 1 Lachter = 1,9238 m.

[25] In den Jahren 1889 bis 1891 bekam die Eschbach-Talsperre bei Remscheid mit ihrer Gewichtsstaumauer und einer Kronenhöhe von 25 m die damals höchste Staumauer im Deutschen Reich (wo sie außerdem als erste ausschließlich der Trinkwassergewinnung diente).

[26] Hatten die ersten dieser Talsperren ein Stauvolumen in der Größenordnung < 10 Mio. m³, so erreichten sie mit der in den Jahren 1896-98 gebauten Bevertalsperre (Wupper) 23,7 Mio. m³ und alsbald in der Edertalsperre (1908 bis 1914) 199,3 Mio. m³ und in den Folgejahren (1926 bis 1932) bis zur Bleilochtalsperre an der Saale (215 Mio. m³) immer größere Dimensionen.

– der Talsperrenbau zur Versorgung der Bevölkerung mit Trink- und Brauchwasser. Für deren gewachsene Ansprüche reichten dort – wie auch alsbald im Harz – die Quellfassungen um die Städte bzw. die öffentlichen oder/und privaten Brunnen weder quantitativ noch qualitativ aus. Die ‚neuen' Talsperren errichtete man mittels Staumauern, weil die Dammbau-Technik keine höheren Staubauwerke zuließ. Die hierbei angewendete sog. Intze-Technik[27] hat zwei wesentliche Merkmale:

- Im Staubecken befindet sich ein Wasserturm mit einem gemauerten Turmschaft, auf dem der Wasserbehälter positioniert ist.

- Den Stau bewirkt eine bogenförmige, aus Bruchsteinen errichtete, wasserseitig im unteren Bereich keilförmig mit Lehm verstärkte, darüber mit Zement abgedichtete Gewichtsstaumauer, die durch ihr Eigengewicht standfest hält.

Diese Intze-Technik wendete man bei den ersten Talsperren im Harz an, die zur lokalen Trinkwasserversorgung notwendig wurden. Im mittleren Norddeutschland machten sich zuerst im niederschlagsarmen südlichen Harzvorland Engpässe bei der Trinkwasserversorgung bemerkbar. Am Südharzrand haben nämlich Sulfatgesteine (‚Gips') des Zechsteins zur Verkarstung des Untergrundes beigetragen, so dass hier die geomorphologischen Prozesse der Versickerung um mehrere Raten eines Zehnfachen schneller ablaufen als in verkarsteten Kalken und Dolomiten.

Abb. 6: Die geologischen Verhältnisse zwischen nördlichem und südlichem Harzrand

Quelle: BELLSTEDT, R.:
http://www.halophila.de/startseite/mitglieder/spitzenberg/gewaesser_harz/body_gewaesser_harz.html. Hier mit Bezug auf SPITZENBERG, D. (2000): Zur rheophilen Coleopterenfauna des Harzes. – Mitteilungsblatt der AG Wasserkäfer. Rundschreiben Nr. 3, Juni 2000.

Obwohl man in Nordhausen bereits ab 1878 die Wasserversorgung durch Brunnen u.a. bis ins Ilfelder Tal ausgeweitet hatte, kam es weiterhin zu Engpässen, sodass man 1904/05 am Krebsbach bei Neustadt eine Talsperre nach den Intze-Prinzipien baute: die Mauer als gekrümmte Gewichtsstaumauer aus Bruchsteinmauerwerk. Sie war zunächst ca. 27 m hoch und konnte 0,768 Mio. m³ Wasser stauen (SCHMIDT 1998, S. 48), das – nach wie vor! – ausschließlich der Trinkwasserversorgung dient. Sie kann jährlich 2 Mio. m³ Trinkwasser abgeben. Bei den Planungen war man davon ausgegangen, dass bei einem (damals) geschätzten täglichen Verbrauch von 100 l/Einw. und 45.000 Einwohnern jährlich 1,643 Mio. m³ benötigt würden. Gleichwohl kam es in trockenen Jahren erneut zu Engpässen bei der Wasserversorgung, z. B. infolge wachsender Hygiene nach Bau der städtischen Kanalisation und infolge steigenden Wasserbedarfs für die Lokomotiven am Eisenbahn-Knotenpunkt Nordhausen. Deshalb wurden in den Jahren 1922 und 1923 die Staumauer um ca. 6,25 m und das Stauvolumen auf 1,24 Mio. m³ (vgl. Tab. 2) erhöht. Inzwischen reicht die Talsperre nicht mehr zur Wasserversorgung, sodass – insbesondere nach Gründung des Trinkwasserzweckverbandes (1993) – weitere Tiefbrunnen (u. a. in der Zorge-Aue bei Ellrich), Wasserwerke und Verbindungsleitungen (u. a. 1997 bis in die Hainleite) in Betrieb genommen werden mussten.

---

[27] Benannt nach dem Wasserbauer Otto Intze (1843 bis 1904), vgl. INTZE, O, „Die geschichtliche Entwickelung, die Zwecke und der Bau von Talsperren", Berlin 1906.

Zur Zeit des Nordhäuser Talsperrenbaus regte sich auch im Hoch-/Westharz und seinem Vorland die Öffentlichkeit, eine Wasserbewirtschaftung vorzunehmen. Am 22. Januar 1906 konstituierte sich die „Gesellschaft zur Förderung der Wasserwirtschaft im Harze" (o. V. 1909, S. 7 ff.; FINKENWIRTH 1927, S. 8), deren Mitglieder bzw. Delegierte aus einer Region kamen, die sich etwa durch die Städte Magdeburg – Gifhorn – Fallingbostel – Hannover – Northeim – Nordhausen – Erfurt – Dessau umreißen lässt (o. V. 1909, S. 3 ff.) und die Wasserbaumaßnahmen bzw. Talsperrenbauten an Bode, Holtemme, Ilse, Ecker, Radau und Oker, Innerste, Söse, Sieber, Uffe, Wieda, Zorge, Bähre, Thyra und Helme zwecks „Hochwasserschadenverhütung, Krafterzeugung, Trinkwasserversorgung und Aufbesserung des Niedrigwassers für Landwirtschaft, Industrie und Schifffahrt" (o. V. 1908, S. 18; o. V. 1909, S. 9 ff. und S. 36) diskutierte, u. a. eine Brandesbach-Talsperre (oberhalb Ilfeld) mit einer 51 m hohen Staumauer und einem Stauseeinhalt von 7,57 Mio. m³ (o. V. 1909, S. 74), nachdem schon 1895 eine Sösetalsperre geplant war (RECKEN 1905) und hierzu eine „Gesellschaft zur Förderung der Errichtung einer Talsperre im Sösetale oberhalb Osterode" bestand (o. V. 1908, S. 8), die eine 40 m hohe Staumauer und 12 Mio. m³ Inhalt erhalten sollte. Letzteres Projekt erschien aufgrund der „günstigen örtlichen und wasserwirtschaftlichen Verhältnisse eines der aussichtsreichsten im Harze" (o. V. 1909, S. 53) zu sein. Die meisten dieser Planungen wurden jedoch erst mehr als drei Jahrzehnte später realisiert.

Zunächst entstand als Gegenstück zu der im Südharz gelegenen Nordhäuser Talsperre an der nördlichen Harz-Abdachung die Zillierbach-Talsperre, die zur Trinkwasserversorgung der Stadt Wernigerode am Nordharzrand dient. Zwar zählt sie – obwohl 1934 bis 1936 gebaut – noch zu den kleineren und einen begrenzten Raum beliefernden Harzer Talsperren (vgl. Tab. 2), unterscheidet sich aber in vielfacher Hinsicht von den vorgenannten Talsperren:

- Sie dient nicht nur zur Trinkwasserlieferung in die unterhalb gelegene Stadt Wernigerode, sondern auch der Wasserversorgung mehrerer Orte im Hochharz (u. a. Elbingerode, Schierke).

- Sie ist die erste multifunktionale Harztalsperre, weil sie im Bereich der subherzynen Mulde so-

wohl zum Hochwasserschutz als auch zur Niedrigwasseraufhöhung der Holtemme und alsdann der Bode beiträgt.

- Sie hat eine aus Beton gebaute Gewichtsstaumauer – im Gegensatz zu den vormals verwendeten Steinschüttungen. Zunächst war allerdings eine Bogenstaumauer[28] geplant, aber während der Bauarbeiten wurde aufgrund von ungünstigen geologischen Verhältnissen das Vorhaben geändert.

Sinngemäß handelt es sich um eine Talsperre ‚für' Wernigerode: „Dort gab es immer wieder die typischen Harzrand-Probleme: katastrophal zu viel oder katastrophal zu wenig Wasser. Das wurde hier in den 1920er-Jahren zur Zukunftsfrage für die Stadt. Um den immer stärker wachsenden Fremdenverkehr zu fördern, um der Bevölkerung einwandfreies Trinkwasser zu sichern, um der Stadt die verheerenden Hochwasser der nördlichen Zuflüsse der Holtemme [aus dem Brockengebiet] zu ersparen und schließlich, um die Trockenzeiten zu überbrücken, in denen die Bäche nur noch stinkende Rinnsale waren, veranlasste Wernigerode 1926 [Untersuchungen für eine Talsperre im Zillierbachtal]" (SCHMIDT 1998, S. 63). Diese kann damit als Prototyp angesehen werden für weitere, in den Jahren 1931 bis 1969 fertig gestellte Talsperren im Harz.

3. Der Harz wird zum nord- und mitteldeutschen Wasserreservoir

In der Mitte des 20. Jahrhunderts wird der Harz zum nord- und mitteldeutschen Wasserreservoir. Heute gibt es an 12 Harzflüssen insgesamt 17 Talsperren, wenngleich es nach der Definition einer ‚Talsperre' insgesamt 48 sind[29]. Zwischen 1931 bis 1969 wurden acht große Talsperren im Harz fertig gestellt. Mit der Sösetalsperre, die von 1928 bis

---

[28] Bogenstaumauern sind im Grund- und meist auch im Querschnitt bogenförmig gekrümmt und stützen sich beidseitig an den Talflanken ab, um auf diese Weise die horizontale Wasserlast in den Untergrund abzuleiten. Dagegen halten Gewichtsstaumauern infolge ihres Eigengewichts dem Wasserdruck stand.

[29] Nach DIN-Norm 19700-11 sind Talsperren Anlagen zum Stauen von fließendem Wasser, die über den Querschnitt des Wasserlaufs hinaus die ganze Talbreite abschließen und deren Stauraum als Speicher dienen. Danach sind auch manche Vorsperren großer Harztalsperren (vgl. im Folgenden die Ausführungen zur Rappbodetalsperre) und 30 Teiche des Oberharzer Wasserregals als Talsperren einzustufen.

1931 erbaut wurde, begann der moderne Talsperrenbau im Harz.

Größter Betreiber aller Harztalsperren sind die ehemaligen niedersächsischen, seit 1996 privatisierten „Harzwasserwerke GmbH", die als „Eckpfeiler praktischer Wasserwirtschaft in Niedersachsen" (KRAMER et al. 1999, II, S. 525) angesehen werden[30]. Sie wurden im Jahre 1928 nach einer Reihe katastrophaler Hochwasser und Trockenzeiten, die u.a. im Harzvorland auch eine Choleraepidemie ausgelöst hatten, als „Harzwasserwerke der Provinz Hannover" gegründet. Die gegenwärtigen Eigentümer sind ein Konsortium aus Energieversorgern und Kunden der Harzwasserwerke. Dabei sind über die Hälfte der Eigentümer auch gleichzeitig Kunden, und somit bedeutet diese Konstellation für die Harzwasserwerke eine ‚ökonomische Gratwanderung', denn als Kunden erwarten sie niedrige Trinkwasserpreise und als Eigentümer hohe Renditen. Diese beiden Erwartungen widersprechen sich und sind schwer gleichzeitig erfüllbar. Die Harzwasserwerke bewirtschaften die Talsperren an Ecker, Innerste, Grane, Oder, Oker und Söse sowie den Überleitungsstollen von der Radau, also von Flüssen die alle ins nördliche Harzvorland über die Leine bzw. Aller in die Weser entwässern. In Sachsen-Anhalt wurden nach der deutsch-deutschen Wiedervereinigung die einzelnen Talsperrenmeistereien zusammengeführt, die seit 1999 als „Talsperrenbetrieb Sachsen-Anhalt, Anstalt öffentlichen Rechtes" firmierten, bis es 2004 zur Gründung vom „Talsperrenbetrieb Sachsen-Anhalt GmbH" und 2006 zu deren 100%-iger Tochter „Talsperren Wasserkraft GmbH" kam. Im dritten, am Harz teilhabenden Bundesland wurde 1993 die „Thüringer Talsperrenverwaltung, Anstalt des öffentlichen Rechts" gegründet, aus der 2003 die „Thüringer Fernwasserversorgung. Anstalt öffentlichen Rechts" hervorging, in der Land und Kommunen unter einem Dach vereinigt sind – einer in Deutschland bislang einzigartigen Konstellation. Die Anstalt übernimmt Fernwasserversorgung und Energieerzeugung mit Wasserkraftanlagen sowie hoheitliche Aufgaben zu Zwecken des Hochwasserschutzes, der Abflussregulierung, des Naturschutzes und der Landschaftspflege.

Gleichwohl haben diese heutigen Talsperrenbetriebe nicht den Bau der Harztalsperren initiiert. Wesentliche Vorüberlegungen für einen ‚modernen' Talsperrenbau gehen nämlich auf die o. g. „Gesellschaft zur Förderung der Wasserwirtschaft im Harze" zurück. Wie aus nachfolgender Tabelle hervorgeht, erfolgten die konkreten Planungen für vier große Harztalsperren (an Söse, Oder, Ecker und Oker) dann zwischen 1920 und 1930. Die Okertalsperre wurde erst nach dem Zweiten Weltkrieg fertiggestellt, aber danach begannen weitere Planungen. „Wegen der dichten Besiedlung und Industrialisierung gerade im Harzvorland kam es dort z. B. in der Trockenperiode 1959/1960 bei dem ungeheuer gestiegenen Wasserbedarf zu Versorgungsengpässen, was den Anstoß zu weiteren Trinkwasserlieferungen aus dem Harz gab" (KRAMER et al. 1999, II, S. 309) und insbesondere den Bau der Granetalsperre mit ihren Überleitungen (zum Westharzer Talsperrenverbund) veranlasste. Nahezu zeitgleich erfolgte ein vermehrter Anschluss an zentrale Trinkwasserversorgungsanlagen. Lag dieser Versorgungsgrad in Niedersachsen im Jahr 1948 nur bei 48 %, wurden 1974 die 90 %-Marke und 1992 die 99 %-Marke erreicht (KRAMER et al., 1999, II, S. 309).

Talsperre	Jahr der Fertigstellung	Dammkrone (m ü. NN)	Staumauerhöhe (m ü. Gelände)	Staumauerkrone (Länge in m)	Stauseegröße (Fläche in ha)	Stauseeinhalt (in Mio. m³)	Größe des Einzugsgebietes (in km²)
Oderteich	1722	725	09	153	30	1,67	23,0
Nordhäuser-Talsperre	1905/23	440	30	135	11	1,24	5,4
Sösetalsperre	1931	327	53	476	124	25,50	49,9
Odertalsperre	1934	381	55	316	136	30,61	128,0
Zillierbach-Talsperre	1936	472	38	186	23	2,65	10,7
Eckertalsperre	1942	557	57	235	68	13,27	36,0
Okertalsperre	1956	416	67	261	225	40,85	178,5
Rappbode-Talsperre	1959	424	89	415	390	109,08	383,8
Wendefurther Talsperre	1966	352	33	230	78	8,53	40,2
Innerstetalsperre	1966	261	34	750	139	20,00	96,6
Granetalsperre	1969	311	66	590	219	46,39	263,3

Anm.: Stauseeinhalt einschl. Inhalt der Vorsperren, Einzugsgebiet einschl. Überleitungen

Tab. 2: Hauptdaten der Harztalsperren (Sämtliche technische Angaben – soweit nicht anders vermerkt – stammen aus SCHMIDT (1998, S. 119))

Der Tab. 2 ist zu entnehmen, dass heute – bis auf die Sieber – fast alle größeren Harzflüsse durch Talsperren gestaut sind. Im Folgenden wird an einigen Talsperren exemplarisch dargestellt, welche Bedeutung sie für die Trinkwasserbereitstellung und den Hochwasserschutz haben.

---

[30] Zur Geschichte der Harzwasserwerke vgl. KRAMER et al. (1999, Bd. II, S. 525-537), HAASE et al. (1970, S. 1) und SCHMIDT (1991).

3.1 Die Sösetalsperre – die erste große Harztalsperre liefert Trinkwasser bis nach Bremen

Obwohl schon 1908 eine „Gesellschaft zur Förderung der Errichtung einer Talsperre im Sösetale oberhalb von Osterode" bestanden hatte und man abermals zu Beginn der 1920er-Jahre Pläne zum Bau einer Sösetalsperre diskutierte, wurde dieses Projekt letztlich durch das verheerende Hochwasser zur Jahreswende 1925/26 und die im Harzvorland eine Typhusepidemie auslösende Trockenzeit des Sommers 1926 beschleunigt[31], 1927 von der preußischen Regierung beschlossen und mit dem Bau im März 1928 begonnen, sodass man schon im August 1930 ein Sommerhochwasser einstauen und die Inbetriebnahme im September 1931 vornehmen konnte. Charakteristisch für die Sösetalsperre sind eine Dreigliederung und das Fehlen einer weithin sichtbaren Staumauer. Die Talsperre besteht nämlich aus

- einer Vorsperre (15 m hoher Damm mit Krone bei 337,00 m ü. NN, Becken mit 14,5 ha max. Wasserfläche bei 0,76 Mio. m³ Inhalt[32]), die in unmittelbarem Zusammenhang mit der Talsperre als Trinkwasserlieferant steht, weil sie ohne Belastung der Hauptsperre die Geschiebefracht der Zuflüsse zurückhalten soll; hierzu wird der Füllwasserstand immer auf einer Höhe von 14,10 m gehalten, damit eine mechanische Vorklärung des einfließenden Wassers eintreten kann und beim wasserfallartigen Verlassen über eine Wehrmauer (in das Hauptbecken) durch Belüftung eine weitere Selbstverbesserung der Wasserqualität erfolgt;

- der Hauptsperre (53 m hoher Damm mit Krone bei 328,65 m ü. NN, Becken mit 121 ha max. Wasserfläche und 25,50 Mio. m³ Inhalt), die inzwischen multifunktional ist, damals aber die größte Trinkwasser-Talsperre Deutschlands war[33],

- einer Ausgleichssperre (8 m hoher Damm mit Krone bei 274,50 m ü. NN, Becken mit 8 ha Wasserfläche und 0,29 Mio. m³ Inhalt), die das

Wasser aus dem je nach Spitzen- bzw. Schwachlast des Stromverbrauchs unterschiedlich betriebenen Turbinenkraftwerk sammelt und gleichmäßig (mit mindestens 0,75 m³/s) an die Söse abgibt.

Wegen der geologischen Untergrundverhältnisse (Wechsellagerung von bankiger Grauwacke und dünnen Tonschieferhorizonten) konnte man keine (den Wasserdruck übernehmende) Bogen- oder Gewichtsstaumauer nach dem Intze-Prinzip, sondern musste stattdessen Erddämme mit Betonkernen bauen.

„Aufgabe der Sperre war es zunächst, landeskulturellen Interessen zu dienen: durch Zurückhaltung von Hochwasser und Aufhöhung von Niedrigwasser" (HAASE 1955, S. 7)[34]. Alsbald realisierte man weitere Pläne, sodass im Juni 1932 ein Kraftwerk an der Talsperre in Betrieb gehen konnte, und noch mehr: Da seinerzeit in Niedersachen nur 53 % der Bevölkerung mit Trinkwasser aus zentralen Wasserwerken versorgt wurden – in Hessen, Baden-Württemberg und Bayern aber schon über 90 % – baute man 1934/35 die zunächst nur für Osterode und die Harzrandsenke konzipierte Fernwasserleitung über Hildesheim und Nienburg mit fast 200 km Länge bis nach Bremen (vgl. Abb. 7) und ergänzte sie in der Folgezeit mehrfach (vgl. Abb. 8).

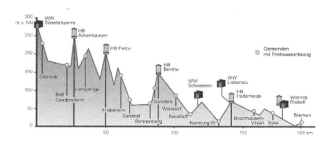

Abb. 7: Längsschnitt der Wasserleitung „Söse-Nord"

Quelle: http://wwwharzwasserwerke.de/downloads/fl_soese.pdf

---

[31] Vgl. o. V. (1991): Hochwasser und Typhus geben den Anstoß für eine überregionale Wasserversorgung im Harzvorland.

[32] Sämtliche technische Angaben – soweit nicht anders vermerkt – stammen aus SCHMIDT (71998, S. 119).

[33] Später (1952) übertroffen von der Versetalsperre (Sauerland) mit 32,8 Mio. m³ Inhalt, seit 1959 von der Rappbodetalsperre mit 109,8 Mio. m³ Inhalt.

---

[34] Vgl. hierzu und im Folgenden: FINKENWIRTH (1927, S. 12-20) und HAASE (1955, S. 7-32).

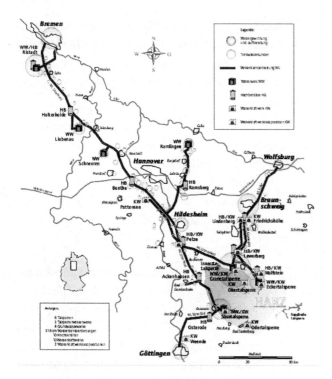

Abb. 8: Die Söse-Fernwasserleitung („Söse-Nord") im Trinkwasserverbundsystem der Harzwasserwerke

Quelle: Harzwasserwerke GmbH (2010, S. 23)

Diese (heute als „Söse-Nord" bezeichnete) Wasserleitung wurde in ihrer ersten Anlage ergänzt durch vier Hochbehälter,

- bei Ackenhausen (nordöstl. Bad Gandersheim, nach 27 km der Leitung, Druckniveau 250 m ü. NN, 2430 m³ Inhalt),

- bei Petze (südwestl. Hildesheim, nach 51 km, 215 m, 20.640 m³),

- bei Benthe (westl. Hannover, nach 91 km, 153 m, 5000 m³),

- bei Holterheide (nordwestl. Nienburg, nach 147 km, 95 m, 1350 m³),

die *zum einen* mit ihrem Vorrat einen Ausgleich des schwankenden Tagesverbrauchs in den angeschlossenen Regionen und *zum anderen* den Höhen- und somit Druckunterschied zwischen der Sösetalsperre und den Endverbrauchern ermöglichen sollten. Aufgrund des nach dem Zweiten Weltkrieg ansteigenden Trinkwasserbedarfs infolge Bevölkerungs- und Hygienezunahme sowie der Zuschaltung weiterer (teils kommunaler) Wasserversorgungsunternehmen wurde u. a. zunächst der seit seiner Anlage größte Hochbehälter Petze von 5.640 m³ auf 20.640 m³ erweitert. Weiterhin wurde aufgrund des besonders seit Ende der 1950er-Jahre stetig ansteigenden

Trinkwasserbedarfs und der Vergrößerung des Versorgungsgebietes die Söse-Fernwasserleitung durch Hinzufügung von vier Grundwasserwerken erweitert. Um die Mischbarkeit von dem aus Grundwasser gewonnenen Trinkwassers mit dem sehr weichen Harzwasser zu gewährleisten, legte man die Grundwasserwerke an Standorten mit kalkfreien Sandböden an, wo ein von Natur aus weiches Grundwasser anzutreffen ist.

Wasserwerk	Inbetrieb-nahme	Förder-kapazität	Wasser-leitung
Liebenau (Lkr. Nienburg)	1951/1971	5,5 Mio. m³/Jahr	11,5 km
Schneeren (Lkr. Hannover)	1960	2,5 Mio. m³/Jahr	2,7 km
Ristedt (Lkr. Diepholz)	1963	20,0 Mio. m³/Jahr	33,4 km
Ramlingen (Lkr. Hannover)	1964	4,5 Mio. m³/Jahr	3,8 km

Tab. 3: Grundwasserwerke an der Söse-Fernwasserleitung

Quelle: Harzwasserwerke (1992, Taf. 6)

Aufgrund des weiterhin steigenden Wasserbedarfs aus zentralen Versorgungsanlagen schufen die Harzwasserwerke 1972 mit den Wassertransportleitungen Grane-Ost und Grane-West unter Einbeziehung der 1943 gebauten, fast 78 km langen Fernwasserleitung von der Eckertalsperre nach Braunschweig und Wolfsburg – u. a. zur Wasserversorgung des Volkswagenwerks – ein Verbundsystem im nördlichen Harzvorland und erschlossen darüber hinaus 1980 mit der Wassertransportleitung „Söse-Süd", die von der Sösetalsperre über fast 40 km Länge bis nach Göttingen führt, eine Region im südwestlichen Harzvorland. In diesem Zusammenhang wurde das an der Sösetalsperre 1934 in Betrieb genommene Wasserwerk in den Jahren 1980 und 1994 erweitert. Insgesamt hat die Sösetalsperre ein Entnahmerecht von 17,25 Mio. m³/Jahr (entspr. etwa 2/3 des Inhalts der Hauptsperre), von denen sie in Bedarfsspitzen 1.200 l/sec zu Trinkwasser aufbereiten kann.

Abb. 9: Trinkwasserwerk unterhalb der Sösetalsperre

Quelle: Harzwasserwerke (o.J.) [= Flyer „Sösetalsperre"]

Das Talsperrensystem verfügt kraft seiner Bestimmung auch über ein im Jahr 1934 erbautes und 1989 umgebautes Kraftwerk mit einer Leistung von 1,6 MW und einer Erzeugung von 2,9 GWh/Jahr (bei 3,1 GWh Arbeitsvermögen). Es dient zur Abdeckung von Spitzenlasten und ist infolgedessen nur drei bis acht Stunden täglich in Betrieb. Daraus resultiert eine ungleichmäßige Wasserentnahme aus der Hauptsperre, sodass das Ausgleichsbecken die beim Kraftwerksbetrieb anfallenden Wassermassen aufnehmen und dann gleichmäßig an die Söse abgeben muss.

3.2 Die Okertalsperre – die erste große Harztalsperre zum Hochwasserschutz

Während die Hochwassergefahr im südwestlichen Harzvorland und zugleich die Trinkwasserversorgung in Teilen Niedersachsens nach dem Bau der Söse- und Odertalsperre in den Jahren 1928-31 bzw. 1931-34 für die damaligen Verhältnisse nahezu hinreichend abgesichert war, bestand für das nordwestliche Harzvorland weiterhin Handlungsbedarf, insbesondere an der Oker, deren Abflussspenden äußerst stark variieren (vgl. Abb. 11/12) und zwischen 0,1 m³/s (im Sommer 1947) und 113 m³/s (am 30.12.1925) betrugen[35]. 1938 begann man mit den Vorbereitungen zum Bau der Okertalsperre, die 1942 infolge des Zweiten Weltkriegs unterbrochen, 1949 erneut aufgegriffen, 1952 mit weiteren Baumaßnahmen aufgenommen und 1956 vollendet wurden. Ähnlich wie die Söse- hat auch die Okertalsperre eine Vorsperre und ein Ausgleichsbecken, aber die Baumaßnahmen und die daraus resultie-

---

[35] Vgl. HAASE (1959, S. 8) und Harzwasserwerke (1992, Taf. 2)

renden Problemfelder waren hier wesentlich umfangreicher.

Im Weißwassertal, das heute vom Talsperrensee überflutet ist, lag das seit 1572 bekundete Dorf Schulenberg, zunächst eine Bergbau-, dann eine Waldarbeitersiedlung (vgl. HÖLSCHER 2008, S. 95 ff.), deren 213 Einwohner im Jahr 1954 in ein 60 m höher am Hang des Großen Wiesenberges gelegenes Dorf umgesiedelt wurden. Die 16 alten Häuser wurden bis auf die Grundmauern abgerissen. Im neuen Dorf fand zunächst und bis gegen Ende der 1970er-Jahre infolge aufkommenden Fremdenverkehrs ein wirtschaftlicher Aufschwung statt, weil auf der Okertalsperre Wassersport möglich ist und Schiffsverkehr stattfindet, sodass der entstandene See zum Touristenziel wurde.

Abb. 10: Alt-Schulenberg im Weißwassertal während des Baus der Okertalsperre

Quelle: www.harzkurier.de/news.php?id=9359

Eine weiteres Problemfeld bildete die Dimensionierung der Talsperre zwecks Hochwasserschutz und Niedrigwasseraufhöhung und die diesbezügliche Platzierung der Staumauer. Infolge der schwierigen geologischen Verhältnisse (im Liegenden: Tonschiefer in Kontaktmetamorphose mit Okergranit, darüber bankige Grauwacke) musste man bei der Staumauer über das Bogengewölbe im unteren Bereich eine Gewichtsstaumauer aufsetzen, die nur den festen Talgrund (und nicht die Hänge) belastet und deren Eigengewicht dem Wasserdruck standhält. Aufgrund der hohen Abflussspenden[36] können die acht Heber in der Staumauer (vgl. Abb. 12) insgesamt 120 m³/s in das darunter liegende Tosbe-

---

[36] Maximaler historischer Abfluss von 113 m³s⁻¹d⁻¹ bei hochgerechnetem HQ_{100} von 162 m³s⁻¹d⁻¹ und HQ_{1000} von 266 m³s⁻¹d⁻¹ (nach LANGE 2011, S. 7)

cken zur Oker hin abführen, sodass die Talsperre einen 97%igen Hochwasserschutz bewirkt (SCHMIDT 1998, S. 80). Gleichwohl besteht für die Unterlieger kein absoluter Hochwasserschutz, wie die beiden Hochwasserkatastrophen der letzten zehn Jahre zeigen, als es gleichzeitig im Harz und seinem Vorland zu starken Niederschlägen kam. Vom 16.-18.07.2002 fielen am Brocken innerhalb von 72 Stunden 216 mm Niederschlag, vom 17.-18.07.2002 in Braunschweig 172 mm (davon 115 mm in 24 Stunden), sodass am Oker-Pegel in Schladen, ca. 35 km oberhalb von Braunschweig, wo der mittlere Wasserstand 77 cm beträgt, 308 cm am 18.07.2002 gemessen wurden (Stadt Braunschweig 2002, S. 4 f.; LANGE 2011, S.11). Dies hatte in Wolfenbüttel und Braunschweig verheerende Überschwemmungen zur Folge (Stadt Braunschweig 2002). Die Okertalsperre erreichte dabei mit 47,35 Mio. m³ ihren maximalen Füllstand, als zuletzt 55 m³/s zuflossen und die Abgabe von 40 m³/s rasch auf 47 m³/s hochgefahren werden musste (LANGE 2011, S. 8).

Abb. 11/12: Okertalsperre mit Oker-Rinnsal bei Niedrigwasser (links) und Staumauer mit Tosbecken bei Grundablass (rechts)

Quellen: http://de.wikipedia.org/wiki/Datei/Okertalsperre_Oker_Nied rigwasser.jpg (Abb. 11), http://fr.wikipedia.org/wiki/Fichier:Tosbecke n_okertalsperre_harz_grundablass.jpg (Abb. 12)

Mit ihrem Beckeninhalt und der Staumauerhöhe ist die Okertalsperre die größte im Westharz und wurde deswegen auch mit einer Kraftwerksanlage versehen, die sich allerdings 1 km unterhalb der Staumauer befindet. Das Kraftwerk Romkerhalle wird als Speicherkraftwerk nur etwa acht Stunden pro Tag betrieben, erzeugt aber dennoch mehr Strom als alle anderen Harzer Kraftwerke (vgl. Tab. 4). Wegen des unregelmäßigen Kraftwerksbetriebs kommt es zu starken und teilweise plötzlichen Wasserstandsänderungen in der Oker bis hin zu dem knapp

2 km flussabwärts, in den Jahren 1953/54 gebauten Ausgleichsbecken der Okertalsperre, deren Wasserablass den Unterlauf der Oker mit gleichbleibender Wassermenge versorgt.

Talsperre	Inbetriebnahme	Generatorleistung (in MW)	Stromerzeugung (in MWha⁻¹)
Ecker	1943/1997	0,600	1.400
Grane	1972	0,180	400
Oder	1934/1987	5,065	7.100
Oker	1956	4,410	12.500
Söse	1934/1989	1,600	2.900

Tab. 4: Wasserkraftwerke an den Harzer Talsperren

Quelle: Harzwasserwerke (2008, S. 12-16)

Zur vorgenannten Erzeugung der Harzwasserwerke von 24,3 GWha⁻¹ in vorstehenden Speicherkraftwerken von Talsperren kommen noch 11,1 GWha⁻¹ in Laufwasserkraftwerken hinzu, die im Leitungsnetz installiert sind (vgl. Abb. 8): an den Hochbehältern Wolfstein, Lewerberg, Lindenberg und Petze sowie an den Übergabestellen zu großen Versorgungszentren in Weende (bei Göttingen), Friedrichshöhe (bei Braunschweig) und Pattensen (bei Hannover). Von den insgesamt erzeugten 35,4 GWha⁻¹ werden allerdings rund 2 GWha⁻¹ für den Betrieb der eigenen Wasserwerke verwendet, sodass die Harzwasserwerke die restlichen 33 GWha⁻¹ in die Netze der regionalen Stromversorger einspeisen können.

3.3 Die Talsperrenverbünde im Westharz

Hinsichtlich des Hochwasserschutzes im Oker- und Allertal besteht durch den Oker- und Eckertalsperrenverbund lediglich im direkten Harzvorland eine Minderung der Gefahren, weil nur 95,3 bzw. 19,0 km² und somit nur 6,2 % des 1834 km² großen Oker-Einzugsgebiets von den beiden Talsperren erfasst werden. Wenn in vorliegender Abhandlung an späterer Stelle jedoch auf die Hochwasserschutzmaßnahmen der Städte Braunschweig und Hannover eingegangen wird, so ist zu berücksichtigen, dass bei Oker und Leine deswegen ein unterschiedliches Abflussverhalten auftritt, weil sich bei der Oker die im Harz mit seinen steilen Tälern zurückgehaltenen Hochwasserwellen im Vorland nicht wieder so stark aufbauen wie das bei der Leine als Fluss durch das flache Mittelgebirgs- und Hügelland der Fall sein kann. In der nachfolgenden Abb. 13 wird anhand einer Modellrechnung für ein Oker-

Hochwasser im März 1981 an den Okerpegeln (von oben nach unten) verdeutlicht, um wie viel höher die Hochwasserwellen (tatsächlich = hellblau) ohne die beiden Harztalsperren (theoretisch = dunkelblau) ansteigen. Die Hochwasserwellen aus Harzvor- und Tiefland setzen sich nämlich nicht vor die Welle aus dem Harz, sondern bilden aufgrund des unterschiedlichen Reliefs und der davon abhängigen Retention lang gestreckte Wellen, bei denen die Hochwasserscheitel vergleichsweise spät ablaufen (HARTUNG et al., zit. in: SCHULTZ-WILDELAU & BERGER 2005, S. 45). Die Abflussspitze aus dem Harz nähert sich dem Scheitelabfluss aus Mittel- und Unterlauf der Oker zwar immer mehr, liegt aber trotz deren relativ großer Lauflänge auch an der Mündung in die Aller zeitlich immer noch ein wenig früher. Analoge Verhältnisse liegen bei der mittleren Leine und ihren Nebenflüssen vor.

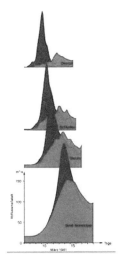

Abb. 13: Hochwasserretention längs der Oker (anhand einer Modellrechnung mit bzw. ohne Talsperrenverbund)

Quelle: SCHULTZ-WILDELAU & BERGER (2005, S. 45)

Außer dem schon seit 1943 bestehenden Oker-Ecker-Talsperrenverbund ist es in den 1960er-Jahren zu einer wesentlichen Vergrößerung dieses Verbundes gekommen. Bezüglich der Niedrigwasseraufhöhung und des Hochwasserschutz, vor allem aber zur Trinkwasserversorgung im Dreieck zwischen Leine und Aller des mittleren und südöstlichen Niedersachsen setzten die Harzwasserwerke geradezu einen ‚Meilenstein‘ mit der Anlage eines Talsperrenverbundes im Westharz (vgl. SCHMIDT 1983). Hier baute man in den Jahren 1963 bis 1966 die Innerstetalsperre und 1966 bis 1969 die Granetalsperre, die anschließend Zentrum eines

Verbundsystems wurde. Hierfür wurden im Wesentlichen in den Jahren 1968 bis 1972

- der 7,5 km lange Oker-Grane-Stollen gebaut, der vom Einlauf bei Romkerhalle in freiem Gefälle große Wassermengen aus dem Oker-Einzugsgebiet zum Ostufer in die Granetalsperre leiten kann und seit 1977 über den 4,8 km langen Radau-Romke-Stollen Beileitungen aus den kleinen Flüssen Radau und Romke (wie schon zuvor aus der Gose) erhält,

- eine 4,5 km lange Überleitung aus der Innerste in die Granetalsperre durch eine Rohrleitung und Druckerhöhungsanlage am Fuß der Talsperre hergestellt,

- mit dem Bau der Wasserleitungen Grane-West zum Hochbehälter Petze und Grane-Ost zum Hochbehälter Lewerberg (vgl. Abb. 8) jeweils Verbindungen zu den Trinkwasserleitungen Söse-Nord bzw. Ecker geschaffen,

und zuletzt 1980 die Wasserleitung Söse-Süd nach Göttingen gebaut. Die Stollen haben ein Wassertransportvermögen von insgesamt 35 m³s⁻¹ (BINNEWIES 1984, S. 97). Weiterhin ermöglicht das Oberharzer Wasserregal mit seinen in den Einzugsgebieten der großen Talsperren gelegenen zahlreichen Teichen und Wasserläufen eine zusätzliche bedarfsgerechte Bewirtschaftung[37] und Verteilung des Wassers.

Die Bedeutung dieses Verbundsystems zeigt u. a. der Radaustollen, dem aus einer Wehranlage überschüssiges Wasser der Radau zugeführt wird, das über das Romketal der Oker und damit schließlich der Granetalsperre zufließt. Diese Baumaßnahmen schützen die Städte Bad Harzburg und Vienenburg sowie den Oker-Mittellauf (nach Einmündung der Radau) vor Hochwasser, wenngleich das Radauwasser in der Talsperre nur 9 % ausmacht[38]. Gleichwohl beanstanden Naturschützer die Überleitungen, da durch sie dem Gebirge jährlich etwa 5 Mio. m³ Kluftwasser entzogen werden (BINNEWIES 1984, S. 97), das einerseits dem natürlichen Kreislauf verloren ginge und für das die Harzwasserwerke keine Entnahmelizenz hätten.

---

[37] Vgl. die Ausführungen bei NIETZEL (1983)

[38] Vgl. NLKWN-Artikelinformationen
(http://wwsac_id=7903&article_id=41680&_psmand=26)

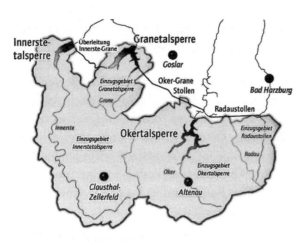

Abb. 14: Talsperrenverbundnetz im Westharz

Quelle:
http://www.harzwasserwerke.de/index2.html?versorgung.html~haupt

Die Granetalsperre fungiert hierbei als Mittelpunkt und ist nach Staumauerhöhe, Inhalt und Fläche des Stausees nur geringfügig kleiner als die Okertalsperre, obwohl sie ein wesentlich kleineres Einzugsgebiet hat. Sie ist insofern nicht – wie zuvor bei Söse- und Okertalsperre ausgeführt – zum Hochwasserschutz angelegt, sondern vorrangig zur Trinkwasserversorgung und deshalb auf weitere Zuflüsse angewiesen, wenngleich damit auch Innerste- und Okertalsperre zwecks ihres Hochwasserschutzes Wasser überleiten können. Das Wasser aus der Talsperre wird in ein 60.000 m³ großes Ausgleichsspeicherbecken hoch gepumpt, von wo es zum Wasserwerk fließt. Da es sich um eine zur Trinkwasseraufbereitung angelegte Talsperre handelt, sind Freizeitnutzungen dort ausgeschlossen.

Die Talsperren- und Überleitungsbauwerke des 20. Jahrhunderts dürfen jedoch nicht darüber hinwegtäuschen, dass die Wasserwirtschaft und mit ihr die Idee eines Verbundnetzes im Harz eine aus dem Mittelalter stammende Tradition haben, die heute noch als „Oberharzer Wasserregal"[39] in der Landschaft präsent sind. Dieses ist ein System aus

- 143 Teichen (wie schon eingangs verwiesen), die mit ca. 4 bis 15 m hohen Dämmen angestaut wurden,

- 500 km Gräben, die nahezu hangparallel bzw. mit einem Gefälle von < 1 ‰ verlaufen und oft von einem Grabenweg begleitet werden,

---

[39] Das „Oberharzer Wasserregal" (das früher dem Landesherrn zustehende Hoheitsrecht bezüglich der Wassernutzung) gilt als bedeutendstes Wasser- bzw. Energieversorgungssystem der Welt (TEICKE 2011).

- 35 Stollen als Wasserüberleitungstunnel mit einer Gesamtlänge von ca. 30 km,

die größtenteils im 16. bis 19. Jahrhundert zur Umleitung und Speicherung von Wasser angelegt wurden, um die Wasserkraft im Bergbau einsetzen zu können. Heute sind noch 65 Stauteiche, 70 km Gräben und 20 km Stollen erhalten, die als weltweit bedeutendstes vorindustrielles Wasserwirtschaftssystem des Bergbaus am 31.07.2010 als UNESCO-Weltkulturerbe anerkannt wurden. Hiervon ist der in den Jahren 1732 bis 1861 gebaute Dammgraben mit 19 km nicht nur der längste, sondern mit seinem ursprünglich ca. 49 km langen Kanalsystem das größte Wasserüberleitungsbauwerk im Harz, indem es – ursprünglich für Bergbauzwecke – aus dem Brockengebiet von der Oker, im weiteren Verlauf auch von der Innerste abgeleitete Gewässer in das Einzugsgebiet von Söse und Sieber überleitete und somit mehrere Wasser-scheiden überwand, u. a. die auf dem Harzer Hauptkamm. Als „Wiege des Dammgrabens" wird die Stelle bezeichnet, wo der Nabetaler Graben außer dem Wasser des kleinen Nabebaches auch Wasser aus dem am Bruchberg abgeleiteten Oder- und Sieber-Quellgebiet in das Oker-Einzugsgebiet einleitet, dem weiterhin über den Abbegraben auch Ecker- und Radauwasser und über den Morgenbrodstaler Graben Sösewasser zufließen.

Abb. 15: „Wiege des Dammgrabens" (mit dem von rechts kommenden, in Holz und Stein gefassten, breiteren Nabetaler Graben)

Quelle:
http://www.flickr.com/photos/harztobi/5229428516_6d4e257f70.jpg

Das Prinzip der Wasserleitung besteht darin, das Wasser in nahezu isohypsenparallel verlaufenden Gräben zu sammeln, gegebenenfalls in Stauteichen jahresübergreifend zu speichern, und zu den lokalen Bergbaustandorten zu leiten, um es dort als Aufschlagwasser (u. a. für Pochhämmer oder Pumpen) zur Verfügung zu haben. Wenngleich das alte „Oberharzer Wasserregal" heute nur in sehr geringem Umfang eine Bedeutung für den Hochwasserschutz hat, so lieferte es dennoch die Grundlagen dafür, dass man Jahrhunderte später einen Talsperrenbau im Harz initiierte.

Darüber hinaus bestand ein „Unterharzer Teich- und Grabensystem" – vor allem an Selke, Wipper und Thyra zu lokalisieren –, das heute teilweise stark verfallen ist und in der Folgezeit nie jene Bedeutung wie das Oberharzer Wasserregal erlangte.

3.4 Das Bodewerk – größtes Talsperrensystem im Harz

Noch bevor man im West-und Südharz Planungen zum Talsperrenbau anstellte (vgl. o. V. 1908, o. V. 1909), erfolgten 1891 Überlegungen, im Bodekessel oberhalb der Stadt Thale eine 150 m hohe Bogenmauer zu errichten für einen Stausee mit ca. 150 Mio. m³ Fassungsvermögen. Dieser Stausee hätte die Orte Treseburg und Altenbrak sowie das landschaftlich schöne Bodetal unterhalb von Wendefurth überflutet[40]. Weitere Pläne erfolgten 1898 von der Deutschen Talsperren- und Wasserkraftgesellschaft Hannover, 1909 von der schon mehrfach genannten Gesellschaft zur Förderung der Wasserwirtschaft, 1920 vom Staatlichen Talsperrenbauamt Rübeland (u. a. mit dem Vorschlag, eine Speisung des Mittellandkanals aus der Rappbodetalsperre vorzunehmen), bis in den Jahren 1934 bis 1936 das Quedlinburger Talsperrenneubauamt eine ‚Mehrzweckanlage' mit einer zur Trinkwasserversorgung dienenden Rappbodetalsperre, mit Vorsperren an Kalter und Warmer Bode zwecks Hochwasserschutz und einer nachgelagerten Talsperre mit Kraftwerk bei Wendefurth entwarf. Dieses ‚System' wurde 1939 vom Reichsverkehrsministerium gebilligt. Der am 30.09.1941 begonnene Bau wurde kriegsbedingt im Mai 1942 unterbrochen, der endgültige Ausführungsentwurf 1951/52 von der DDR-Regierung fertig gestellt und am 01.09.1952 der Grundstein für die damals höchste Staumauer Deutschlands gelegt. Die Einweihung der Rappbode-Anlage mit ihren sechs Staumauern und

einem Gesamtstauraum von 126 Mio. m³ fand am 03.10.1959 statt. Die nachgelagerte Wendefurth-Talsperre, die dem Hochwasserschutz und dem Stau der Bode zum Unterbecken für das Pumpspeicherwerk Wendefurth dient, wurde in den Jahren 1960 bis 1967 im Anschluss an die Rappbodetalsperre und deren Vorsperren erbaut. Im Gegensatz zum Westharzer Talsperrenverbund, der Wasser mehrerer eigenständiger Flüsse durch Stollen zur Granetalsperre leitet, handelt es sich beim Bodesystem um die Zusammenführung von Kalter Bode, Warmer Bode, Hassel und Rappbode, die ihrerseits allesamt Quell- bzw. Nebenflüsse der Bode (ab Wendefurth) sind.

Das Bodewerk nimmt insofern eine Sonderstellung bei den Harztalsperren ein, als es sich außerhalb von Niedersachsen bzw. des Weser-Einzugsgebietes befindet. Bei einem Einzugsgebiet der Bode von 3.292 km² liegen 745 km² im Harz (vgl. http://album.iimaps.de/projekte/bode/bericht_bode. PDF; weiterhin NLKWN (2010, S. 13–18)), von denen 384 km² vom Bodewerk erfasst werden, wobei etwa ein Drittel aus niedersächsischen Zuflüssen stammt.

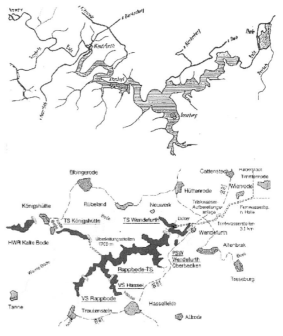

Abb. 16/17: Das Bodewerk – Plan 1895 (oben) und Realisierung 1967 (unten)

Quelle: o. V. (o. J.): Die Entstehungsgeschichte …

Mehr als die anderen Harz-Talsperren hat das Bodewerk auf seine Realisierung warten müssen. Bei den ersten Planungen ging man von einem Hochwasserschutz zwischen Harz und Elbe aus,

---

[40] Vgl. hierzu und im Folgenden: o. V. (o. J.): Die Entstehungsgeschichte …

insbesondere an Bode, Saale und mittlerer Elbe, aber im Übergangsgebiet von mittlerer und unterer Elbe ist auch Niedersachsen betroffen. Wie bei der Oker, so war auch an der Bode im Wesentlichen das Silvester-Hochwasser 1925/26 für den Talsperrenbau ausschlaggebend – zugleich mit der anschließenden Saale-Regulierung. Der Abfluss der Bode kann stark variieren: beim Silvester-Hochwassers von 1925 lag er bei 350 m³/s, im darauf folgenden Sommer 1926 nur bei 0,35 m³/s. Weitere große Hochwasser gab es 1929 und 1947. Die erste Bewährung beim Hochwasserschutz bestand das Bodesystem bereits während der Bauzeit, als im März 1956 ein Eishochwasser und im August 1957 ein Sommerhochwasser zurückgehalten wurden. Danach gab es eine Vielzahl von Hochwassern, die durch das Talsperrensystem gemindert wurden, sodass im Bodegebiet Schäden auf ein Minimum begrenzt wurden (etwa am 19.12.1965, am 23.04.1970, am 27.12.1974, am 24.01.1976 und am 11.03.1981), nicht aber 1994, als es bereits im Januar und März Hochwassermeldungen gab, die dann aufgrund lang anhaltender Regenfälle am 12./13.04.1994 kulminierten und zu einem Überlaufen aller Talsperren des Bodesystems führten, sodass schließlich an der Wendefurther Talsperre 110 m³/s überliefen, mit der Folge großer Hochwasserschäden bis in das mittlere Elbegebiet (o. V. 1995).

Talsperre	Jahr der Inbetriebnahme	Staumauerhöhe (m ü. Gelände)	Stauseegröße (Fläche in ha)	Stauseeinhalt (in Mio. m³)
Mandelholz-Talsperre	1957	28,4	32	4,47
Königshütte	1956	18,2	55	1,20
Rappbode-Vorsperre	1959	25,0	24	1,50
Hassel-Vorsperre	1959	21,0	25	1,47
Rappbode-Talsperre	1960	106,6	390	114,80
Wendefurth-Talsperre	1966	43,6	78	40,20

Tab. 5 / Abb. 18: Das Bodewerk und seine Talsperren (im Bild vorn: Wendefurth-Talsperre mit Speicherbecken und Kraftwerk, Bildmitte: Rappbodetalsperre mit Hassel-Vorsperre)

Quellen: o. V. (o. J.): Die Entstehungsgeschichte ... und http://www.bodetal.de/startseite/das-bodetal-der-sagenharz/sehenwür digkeiten/rappbodetalsperre.html [nach: Fernwasserversorgung Elbaue-Ostharz GmbH]

Zusammen mit Wassergewinnungsgebieten u. a. in der Elsteraue stellt die „Fernwasserversorgung Elbaue – Ostharz GmbH" die Trinkwasserversorgung im Raum Halberstadt – Quedlinburg – Eilsleben – Halle – Leipzig – Torgau – Wolfen – Bernburg – Aschersleben sicher (MALYSKA 2001; DIETZE 2011). Das Bodesystem kann bis zu 80 Mio. m³/a für die Trinkwasserversorgung zur Verfügung stellen. Außerdem wird das Speichersystem für Hochwasserschutz, Niedrigwasseranreicherung, Energieerzeugung und Freizeit genutzt (SCHÖPFER et al. 2007, S. 492; BEUSCHOLD et al. 1981 und WOUTERS 2010).

4. Weitere Anlagen für Trinkwassergewinnung und Hochwasserschutz im Harz?

Nachdem mit Vollendung der Granetalsperre im Westharz (1969) und der Wendefurth-Talsperre im Bodesystem (1967) des Ostharzes sowohl der seit Ende des 19. Jahrhunderts bestehende ‚isolierte Ansatz' als auch der seit den 1920er-Jahren aufkommende ‚systemare Ansatz' zum Bau von Talsperren zwecks Trinkwassergewinnung und Hochwasserschutz keine dringende Notwendigkeit für einen Bau weiterer Talsperren bestand, wurden dennoch weitere Planungen neu zu bauender Talsperren angestellt: sowohl wegen des steigenden Bedarfs an zentraler Wasserversorgung in den dicht besiedelten Regionen der (west-)deutschen Börden und des (ost-) deutschen Industriegebietes als auch wegen (immer noch) nicht völlig gelöster Hochwassergefahr in den Einzugsgebieten von Leine und Saale.

4.1 Bleibt die Wippertalsperre unvollendet?

Obwohl die Wippertalsperre keinen Beitrag zu den hydrogeographischen Verhältnissen in Niedersachsen leistet, soll deren derzeitige Nichtvollendung wegen der überregionalen Bedeutsamkeit eines zurückgehenden Wasserbedarfs hier aufgezeigt werden.

Das in Sachsen-Anhalt gelegene Mansfelder Land war jahrhundertelang durch den Bergbau auf Kupferschiefer und dessen Verhüttung geprägt. Um die

Brauchwasserversorgung der Kupfer verarbeitenden Betriebe in Mansfeld und Hettstedt zu sichern, begann man 1951 mit dem Talsperrenbau oberhalb von Wippra und stellte bis 1952 lediglich die Vorsperre fertig. Die Bauzeit von Februar 1951 bis November 1952 war für die damalige Nachkriegszeit recht kurz und ist nur infolge der Industrialisierungsbemühungen der ‚jungen‘ DDR zu verstehen, denn man legte auch ein kleines Kraftwerk mit 22 kW Leistung an. Ursprünglich plante man im weiteren Talverlauf den Bau einer größeren Hauptsperre, aber realisierte diese nie wegen zu geringen Wasserbedarfs bei der Verhüttung. Die bisher fertig gestellte Vorsperre mit einem Stauraum von 2 Mio. m³ hat nur eingeschränkte Funktion zum Hochwasserschutz an Wipper und Saale.

Aufgrund der Hochwasserkatastrophe zwischen Bode und mittlerer Elbe im April 1994 plante man ein weiteres Wasserrückhaltebecken, das die geringe Hochwasserschutzwirkung der Vorsperre ergänzen soll. Die Planungen stockten zunächst und wurden abermals anlässlich des Saale-Hochwassers im Januar 2011 wiederbelebt (VOPPEL 2011, o. V. 2011), um Hochwasserschäden künftig zu vermeiden. Der regionale Entwicklungsplan wurde fortgeschrieben: „Zur Verringerung der Hochwassergefährdung von Siedlungsbereichen im Tal der Wipper sind neben ergänzender Maßnahmen des Hochwasserrückhaltes […] Voraussetzungen für ein ökologisch durchgängiges Rückhaltebecken (ohne Dauerstau) an einem dafür geeigneten Standort im Raum Wippra zu schaffen. Nach Feststellung der Eignung ist zum Schutz der Bevölkerung die Errichtung zeitnah zu realisieren" (RPH 2011, S. 6). Im selben Dokument wird anerkannt, dass einerseits das im „Regionalentwicklungsplan Harz enthaltene Leitbild […] von Natur und Landschaft auf den Planergänzungsbereich [Wippra] übertragen [werden soll …] und die Aussagen zum Schutz der hier vorhandenen hochwertigen Naturraumausstattung zutreffend [sind]" (RPH 2011, S. 5), aber dass andererseits bei dem Vorranggebiet für Hochwasserschutz (hier: Staufläche eines Rückhaltebeckens) „relevante negative Umweltauswirkungen nicht ausgeschlossen werden [können]" (a. a. O., S. 9; ähnlich auch KNOLLE 2012). Aufgrund dieser Feststellung und weiterer Recherchen lehnen die im Harz tätigen Naturschutzverbände jegliche Hochwasserschutzanlage an der Wipper ab, weil sie „nicht FFH-verträglich und völlig inakzeptabel" ist

(KNOLLE 2012). Insofern steht derzeit fest, dass im Wippertal zwar keine Talsperre gebaut wird, aber es ist auch nicht abzusehen, ob und wann stattdessen ein (neues) Hochwasser-Rückhaltebecken angelegt wird.

4.2 Die Sieber – größter Harzfluss ohne Talsperre

Die Sieber ist heute der größte Harzfluss, an dem keine Talsperre gebaut wurde, obwohl hierüber etwa 80 Jahre lang diskutiert wurde. Bereits 1908 wurde das generelle Projekt einer Siebertalsperre vorgeschlagen (o. V. 1909, S. 53 f.) und mit bzw. seit Gründung der Harzwasserwerke nachhaltig verfolgt (FINKENWIRTH 1927, S. 31). Dabei wurden bereits jene Argumente angesprochen, an denen letztlich die Realisierung in den 1980er-Jahren scheiterte. Für den Bau einer Talsperre kamen mehrere Positionen infrage (SCHMIDT 1979 und 1983; HWW 1977; MÖHLE 1982, S. 114-117):

- nach dem Zufluss der Kulmke in die Sieber, oberhalb des heute zu Herzberg gehörenden (knapp 700 Einwohner zählenden) Stadtteils Sieber, mit dem Nachteil, dass dort relativ wenig Stauraum zur Verfügung steht,

- oberhalb von Herzberg bzw. unterhalb des Ortes Sieber, wobei dann eine komplette Flutung des Ortes und eine Umsiedlung der Bürger in das Ilmetal zu erfolgen hätte, aber dem umzusiedelnden Kurort wurden ‚beste Startchancen‘ versprochen,

- eine sog. ‚Mehrschrittlösung‘ (vgl. SCHMIDT 1979 und 1983; MÖHLE 1982, S. 115 f.) als letzter Plan der Harzwasserwerke, bei der zwei kleinere Staubauwerke – im oberen Sieber- und im Kulmketal – zwecks Überleitung von Wasser in die Söse- und Granetalsperre errichtet werden sollten und der Bau einer „Unteren Siebertalsperre" zwischen Sieber und Herzberg vorgesehen waren.

Je weiter talabwärts die Sperre gebaut würde, desto mehr Niederschläge könnte sie zurückhalten. Hätte man die erste der vorgenannten Alternativen gewählt (vgl. o. V. 1908, S. 56), so lagen dort nach anfänglichen Messungen auf ca. 24 km² Einzugsgebiet die Niederschläge bei ca. 30 bis 45 Mio. m³/a bzw. Abflussmengen bei ca. 18 bis 22 Mio. m³/a, sodass man potenziell von einer 60 m hohen Staumauer mit einem 14,6 Mio. m³ fassenden und 52 ha großen Stausee ausging. Im Vergleich zu den benachbarten Talsperren an Oder und Söse (vgl. Tab. 2) hätte man bei ähnlich großen Bauwerken im Siebertal eine wesentlich geringere Wassermenge speichern können. Aus diesem Grund plante man – nicht zuletzt infolge der Hochwasserkatastrophe im Winter 1925/26 – ein größeres Stauvolumen auf der Grundlage der zweiten Alternative. Diese „große Lösung" (MÖHLE 1982, S. 114) hätte einen 97 m hohen Damm mit einem 93 Mio. m³ fassenden Stausee vorgesehen. Diese „großzügigste und langfristig günstigste Lösung" (MÖHLE 1982, S. 114) ließ sich nach dem Zweiten Weltkrieg aus ökonomischen und ökologischen Gründen – vor allem wegen des Widerstandes der Bevölkerung aus dem gesamten Südharzbereich – nicht durchsetzen. Der dritte Vorschlag mit dem zuletzt bis in die 1980er-Jahre favorisierten Talsperrensystem, das ein Speichervolumen von 26,4 Mio. m³ ergeben hätte (MÖHLE 1982, S.116), war aus ökologischen und (lokal-) ökonomischen Gründen äußerst umstritten. Die Harzwasserwerke planten nämlich, im Luttertal oberhalb von Bad Lauterberg eine weitere Südharz-Talsperre und zusammen mit der im Siebertal einen ähnlichen Talsperrenverbund wie bei der Granetalsperre herzustellen (BINNEWIES 1984, S. 37 f.). Außerdem sollten zur Sicherstellung des (damals – d. h. in den Planungsphasen) stetig steigenden Trinkwasserbedarfs die Staudämme der Talsperren an der Söse um 5 m, an der Oder um 4 m und an der Grane sogar um 15 m erhöht werden (BINNEWIES 1984, S. 39). Diese gigantischen Pläne stießen jedoch auf Widerstand in der Bevölkerung – auch außerhalb des Harzes – und man benutzte hierzu das Siebertal gleichsam als ‚Schlüsselprojekt'. Man führte an (HEITKAMP 1988), dass das Siebertal als einziges großes Harztal noch nicht durch Talsperren verbaut sei. Gleichwohl mussten Ökologen anerkennen, dass bereits bestehende unterschiedliche Nutzungsformen (u. a. seitens der Papierindustrie) durchaus schon zu einer Qualitätsminderung der verschiedenen anthropogenen und natürlichen Lebensräume geführt hatten, letztlich aber infolge „Wasserentzug bzw. Überstauung … wichtige Bereiche mit ihren Pflanzen und Tieren vollständig verloren gehen … [und] aus ökologischer Sicht der Talsperrenbau daher abgelehnt werden muss" (HEITKAMP 1988). Gleich-

wohl hatten die Planungen sehr detaillierte ökologische Ausgleichsmaßnahmen beim Talsperrenbau vorgesehen (vgl. NILEG 1977), aber das Siebertal muss – im Gegensatz zu anderen Harzflüssen – auch im ökologischen Zusammenhang mit dem Harzvorland gesehen werden. Das 1992 eingerichtete, 695 ha große Naturschutzgebiet „Siebertal" überlagert sich weitgehend mit dem FFH-Gebiet[41] „Sieber–Oder–Rhume", das sich vom Quellgebiet der Sieber im Oberharzer Bruchbergmoor bis zu deren Mündung in die Oder ins Harzvorland erstreckt und infolge des jahreszeitlich stark schwankenden Abflusses bis hin zur abschnittsweisen Versinkung der Sieber in den verkarsteten Untergrund und des dortigen unterirdischen Verlaufs viele wertvolle Biotope umfasst. Letztlich kann der Verzicht auf einen Talsperrenbau einerseits durch veränderte Aspekte bei Hochwasserschutz und Wassernutzung zurückgeführt werden, andererseits hätten sich auch technische Probleme und Nachteile ergeben infolge stoßweiser Einleitung großer Hochwassermengen (25 bis 30 m³/s) durch die Stollen in die Söse- und Granetalsperre (MÖHLE 1982, S.117).

5. Wandlungen bei Hochwasserschutz und Wassernutzung

Hochwasserschutz und Wassernutzung – insbesondere zur Trinkwassergewinnung – verfolgen bei Talsperrenbauten oft entgegen gerichtete Ziele. Im Harz kommen als weitere Einflussfaktoren die Interessen von Fremdenverkehr und Naturschutz hinzu – in Zukunft mehr als zuvor. Ein ‚leeres' Talsperren- bzw. Wasserrückhaltebecken ist dem Hochwasserschutz willkommen, stört aber infolge des wenig ästhetischen Anblicks den Erholungswert beim Fremdenverkehr und eine Freizeitnutzung. Außerdem entstehen bei periodisch stark schwankenden Überflutungen viele ökologische Probleme, die nicht im Einklang mit Zielen des Naturschutzes stehen. Hält man jedoch in einer Harztalsperre das Schneeschmelzwasser für die Wassernachfrage bei sommerlichen Trockenzeiten zurück und kommt es dann zu (früh-)sommerlichen Starkregen, kann eine Talsperre rasch ihren maximalen Füllungsgrad er-

---

[41] FFH-Gebiete sind spezielle europäische Natur- und Landschaftsschutzgebiete, die 1992 nach der von den damaligen EU-Mitgliedstaaten beschlossenen „Fauna-Flora-Habitat-Richtlinie" ausgewiesen werden.

halten. Außerdem ist festzustellen (HAASE et al. 1970, S. 7), dass bei einer Betrachtung der Anzahl extremer Hochwasserspitzen in Abhängigkeit von der Größe des Niederschlagsgebietes der Harzflüsse bei großen Einzugsgebieten meistens weniger Spitzen auftreten als bei kleineren Gebieten. Wenn dann einmal aufgrund regional eng begrenzter extremer Niederschlagsereignisse eine Talsperre ungehindert überläuft und Hochwasserschäden entstehen, wird rasch der Betreiber verantwortlich gemacht.

Entsprechendes geschah z. B. beim Innerste-Hochwasser am 29.09.2007, als nach heftigen Regenfällen im Harz und Harzvorland die Innerste-Talsperre überlief und etwa 15 km oberhalb von Hildesheim die Innerste-Deiche an mehreren Stellen brachen, viele Dörfer überschwemmt wurden und die Bahnstrecke Hannover – Halle unterbrochen war. Der Pegelstand oberhalb von Hildesheim, dessen Niedrig- bzw. Mittelwasserstand zwischen 2,01 m und 2,44 m schwankt, stieg auf 6,75 m und damit auf den höchsten Pegelstand seit Beginn der Aufzeichnungen. Mitte Januar 2011 erwartete der Niedersächsische Landesbetrieb für Wasserwirtschaft, Küsten- und Naturschutz (NLWKN), dass die gesamte Schneedecke im Harzvorland innerhalb weniger Tage abschmelzen und dann an Oker, Innerste und Leine bis hin zur Aller und Weser die Gefahr größerer Überschwemmungen bestehen würde (STADE 2011). Obwohl die Westharzer Talsperren damals nur zu etwa drei Vierteln gefüllt waren, ließen die Harzwasserwerke Wasser ab, um Freiräume zu schaffen und sich keinen Vorwürfen wie 2007 auszusetzen. Innerhalb weniger Jahre – nämlich 2003, 2007 und 2011 – wurden ähnliche Hochwasser registriert bzw. noch übertroffen wie das sog. ‚Jahrhundert-Hochwasser‘ von 1994.

5.1 Hochwasser – in neuer ‚Form‘?

Unter dieser mehrdeutigen Formulierung soll den Fragen nachgegangen werden, ob die Hochwasser derzeit bzw. zukünftig neue Ausmaße erreichen (können) und ob es zum Hochwasserschutz im südlichen Niedersachsen weitere Möglichkeiten gibt. Gleichwohl stand schon vor Gründung der Harzwasserwerke (1927/28) und den Planungen der sechs von ihnen gebauten Talsperren (1928 bis 1969) – ggf. einschließlich der nicht realisierten

Siebertalsperre – fest, dass „ca. 15 % der Sommerhochwasser und 50 % der Winterhochwasser durch Harztalsperren nicht gebändigt werden können, weil etwa dieser Prozentsatz an Hochwasser aus dem oberen Leinegebiet und aus dem Eichsfeld durch die Rhume und ihre Nebenflüsse der Leine zuströmen" (FINKENWIRTH 1927, S. 31; ähnlich später auch SCHMIDT 1982). Unter diesem Aspekt erfolgte 1961 von der Niedersächsischen Landesregierung ein erster Schritt: die Verabschiedung eines Generalplans zur Hochwasserregelung in den Flussgebieten von Oker, Aller und Leine („ALO-Plan"), der den Bau der Innerstetalsperre und des Hochwasserrückhaltebeckens bei Salzderhelden beinhaltete (KRAMER et al. 1999, II, S. 273 f.).

Eine Auswertung der Jahreshochwasser (vgl. u. a. STURM et al. 2001) aus dem vergangenen Jahrhundert bis 2011 zeigt, dass seit Mitte der 1970er-Jahre die Hochwasserhäufigkeit ansteigt und in den letzten 30 Jahren überdurchschnittlich viele Hochwasser beobachtet werden konnten. So traten im Harz und seinem Vorland zwischen 1994 und 2011 die größten Hochwasser seit 1925/26 auf. Zwischen 1960 und 1975 gab es im Gegensatz dazu nur sehr wenige Hochwasser. In den letzten 500 Jahren wechselten sich aufgrund klimatischer Veränderungen (beispielsweise Veränderungen in der atmosphärischen Zirkulation) mehrmals Phasen mit vielen und wenigen Hochwassern ab. Gleichwohl treten an einzelnen Harzflüssen – insbesondere an der Leine und ihren Südharz-Nebenflüssen – immer wieder regional begrenzte Hochwasser auf, z. B. weil die „Ergiebigkeit" (beim Abfluss) der betreffenden Flüsse (hier: Rhume und obere Leine) recht groß ist (SCHMIDT 1982, S. 427). Dann sind nicht nur Schneeschmelze oder Starkniederschläge für Hochwasser verantwortlich, sondern Kumulationen regenreicher Perioden. SCHMIDT (1982 und 1983a) führt hierzu das Jahr 1981 „als nassestes Jahr seit 130 Jahren" an, als es im März und im Juni mehrere große Überschwemmungen im Leine-Einzugsgebiet gab.

Ob die seit den 1970er-Jahren beobachtete Zunahme der Anzahl und Größe von Hochwassern bereits eine Folge der vom Menschen verursachten Klimaerwärmung ist, kann zum jetzigen Zeitpunkt noch nicht abschließend beurteilt werden[42]. „Bisherige Untersuchungen von Abflussreihen auf Hochwassertrends haben für die großen und mittelgroßen Flüsse Niedersachsens bisher noch zu keinen landesweit erkennbaren und auf bestimmte Ursachen zurückzuführenden Entwicklungstendenzen geführt" (SCHULTZ-WILDELAU & BERGER 2005, S. 35). Da die Klimaerwärmung langfristig (jedoch/nur) vermutlich zu einer Hochwasserzunahme nach Höhe und Anzahl führen kann bzw. wird, sind im gegenwärtigen und künftigen Hochwasserschutz sog. ‚anpassungsfähige' Lösungen – d. h. die sich den ökologischen und sozio-ökonomischen Raumstrukturen anpassen können – wesentlich und hierfür Modelle zu entwerfen.

Nach Ergebnissen der Potsdam-Instituts für Klimafolgenforschung (vgl. LAHMER 2004) ist die Zunahme von extremen Niederschlags- und somit Hochwasserereignissen auf die Erhöhungen von Erderwärmung, Temperaturen und Wasserdampfkonzentration in der Atmosphäre zurückzuführen, wenngleich ein vergrößertes Hochwasserrisiko auch auf Landnutzungsänderungen (einschließlich jahres-zeitlich bedingter Vegetations- und Bodenverhältnisse), Flussregulierungen – zusammenfassend auf regionale Verringerungen der Wasserspeicherfähigkeit – zurückzuführen ist. Zahlreichen Verlautbarungen des Potsdam-Institutes und des Deutschen Wetterdienstes ist aber zu entnehmen, dass künftig in Deutschland mit mehr Niederschlagsextremen zu rechnen sei, auf die sich insbesondere der Hochwasserschutz vorbereiten muss. Zugleich zeichnet sich die Tendenz zu wärmeren Sommern mit Dürreperioden ab, die zu Problemen bei der Wasser- und Energieversorgung führen (können). Wenn man in diesem Zusammenhang über Hochwasser-Schutzmaßnahmen diskutiert, sind auch sozioökonomische Veränderungen einzubeziehen, z. B. eine die Besiedlung von flussnahen Gebieten oder die Ausweisung von Gewerbeflächen an verkehrsmäßig günstig erreichbaren Stadt-/Dorfrändern und somit eine Wertanhäufung auf überschwemmungsgefährdeten Flächen (vgl. SCHULTZ-WILDELAU & BERGER 2005, S. 55).

Um Klimaänderungen und deren Folgen in Niedersachsen zu eruieren, wurde der aus Landesmitteln geförderte Forschungsverbund „KLIFF (Klimafolgenforschung)" eingerichtet. Das Projekt läuft von 2009 bis 2013. Als Teilprojekt hiervon untersucht „KLIFWA" die Auswirkungen von Klimaänderungen auf Wasserdargebot, Hochwasserrisiko und Gewässerbelastung in Niedersachsen[43], das seinerseits in weiteren 13 Teilprojekten die regionalen und lokalen Folgen des Klimawandels auf die Wasserressourcen im Aller-Leine-Einzugsgebiet als Modellregion analysiert, denn „die Auswirkungen des Klimawandels weisen regionale Bezüge mit entsprechenden Konsequenzen … auf" (FRANCK & PEITHMANN 2010, S. 3). Am deutlichsten ist die Klimaerwärmung wahrnehmbar. In Niedersachsen war im Zeitraum von 1950 bis 2000 ein Anstieg der Jahresmitteltemperatur von 1,4 K zu verzeichnen, mit überdurchschnittlicher Zunahme im Winter und Frühjahr. Allerdings ist die räumliche Differenzierung infolge des Einflusses maritimer Luftmassen über dem Flachland relativ gering, während im Harz starke höhenabhängige Unterschiede auftraten (NdsMU 2009, S. 5). Anhand von Modellrechnungen lassen sich mögliche künftige Klimaänderungen in Niedersachsen projizieren. Demnach wäre bis zum Jahr 2100 ein Anstieg der Jahresmitteltemperatur um ca. 3 K zu erwarten, allerdings mit jahreszeitlichen Unterschieden: im Herbst und im Winter um 3 bis 4 K, im Frühjahr nur um ca. 1,8 K. Aufgrund der ebenfalls jahreszeitlich unterschiedlichen zyklonalen Luftströmungen werden sich im Harz die Niederschläge im Jahresmittel um 5 bis 10 % erhöhen, bei einer deutlichen Zunahme im Winter und ausgeprägten Degressionen während der Hauptvegetationszeit bis in den Sommer hinein (NdsMU 2009, S. 6). „Mit der Zunahme der winterlichen Niederschläge würde sich auch das Hochwasser- und Überschwemmungsrisiko erhöhen" (NdsMU 2009). Dabei werden Extremwetterereignisse wie Hitzewellen oder Starkniederschläge, die sich durch kurzzeitige, aber sehr starke Abweichung von den Mittelwerten auszeichnen, häufiger, sodass diese – im Vergleich zu den nahezu latenten mittelfristigen Klimaänderungen – zunehmend gravierende ökologische und ökonomische Folgen bewirken (NdsMU 2009, S.7). Gleichwohl ist dies nur als ‚Klimasignal' zu verstehen, da alle diese Modellrechnungen auf Extrapolationen beruhen, die jegliche Relation zwischen natürlichen und

---

[42] Nach diesen Ergebnissen kommen auch die speziellen Untersuchungen aus der Harzregion von EGGELSMANN (2009) und FABIG (2007).

[43] vgl. Flyer „KLIFF. Klimafolgenforschung in Niedersachsen", http://www.kliff-niedersachsen.de.vweb5-test.gwdg.de/wp-content/uploads/2009/10/KLIFF_Flyer_download.pdf

anthropogenen Klimaänderungen nicht beachten (können). Es bleibt lediglich für die nähere Zukunft „in Zeithorizonten bis 2050" – also auch in einem Szenario bis 2037 – zu erwarten, dass „lokale Überflutungen durch Starkregentage [sowie] Veränderungen und Stärke von Flusshoch-wässern" zunehmen (EREMINA 2012, S. 21). Auf diese Verhältnisse muss sich die Bewirtschaftung der Harztalsperren in den nächsten Jahren einstellen.

Aus diesen Gründen hat die Länderarbeitsgemeinschaft Wasser nach den großen Hochwasserereignissen in Mitteleuropa seit Ende des vorigen Jahrhunderts einen zukunftsorientierten Hochwasserschutz mit entsprechenden Handlungsrichtlinien veröffentlicht[44]. Die Bundesländer haben danach Gewässer und Gewässerabschnitte festzulegen, bei denen infolge Hochwasser mehr als nur geringfügige Schäden entstehen oder zu erwarten sind. Weiterhin gibt das Wasserhaushaltsgesetz den Bundesländern vor, sog. „wasserwirtschaftliche Rahmenpläne" zu erstellen, in denen regional differenziert u. a. das Wasserdargebot, der gegenwärtige und zu erwartende Wasserbedarf und der Hochwasserschutz behandelt werden (BOLDT et al. 2001, S. 13). Weil hierfür der Harz eine besondere Bedeutung hat, wurden zunächst nur Rahmenpläne für die Leine und Oker aufgestellt. Inzwischen ist auch der sachsen-anhaltinische Harzanteil in ein umfassendes Hochwasserschutzkonzept eingebunden (MLU 2010).

Das Land Niedersachsen baut in der Regel keine örtlichen Hochwasserschutzeinrichtungen, sondern dies ist Aufgabe der Kommunen. Gleichwohl stellt das Land Fördermittel zur Verfügung. Aufgrund dieser Vorgaben hat z. B. die Landeshauptstadt Hannover einen entsprechenden Plan erstellt (POHL & SAGOLLA 2008). Die Hochwassersituation in Hannover wird im Wesentlichen von den Harzflüssen Leine und Innerste, untergeordnet von der Ihme, einem aus dem Deister kommenden Leine-Nebenfluss beeinflusst. Dass nämlich Hochwasser stark örtlich begrenzt auftreten können, wurde bei den Überflutungen im Herbst 2007 an der Innerste im Landkreis Hildesheim deutlich. Deshalb ist regionaler Hochwasserschutz sinnvoll und erforderlich. Dazu dienten zunächst jahrzehntelang die

Talsperren an der Innerste und den über die Rhume in die Leine entwässernden Harzflüssen Oder und Söse, wenngleich damit der Hochwasserschutz der an der Leine gelegenen Städte Northeim, Alfeld, Elze, Sarstedt und Hannover noch unvollkommen war und erst durch die vorgenannten (und teilweise erst in Planung befindlichen) Schutzeinrichtungen verbessert werden kann.

Das 2006 vom Rat der Stadt Hannover beschlossene Schutzprogramm sieht bis 2012 Investitionen von etwa 25 Mio. € vor, weil außer den natürlichen Retentionsräumen der Leine auch die Calenberger Neustadt, Teile von Linden, Ricklingen, der Südstadt und Döhren bei einem sog. Jahrhunderthochwasser (HQ100) überflutet wären (l.c., S. 3 f.). So dürfen zukünftig auch die bisher ausgesparten besiedelten Flächen in den HQ100-Bereichen nicht mehr (oder nur unter strengen Auflagen) neu bebaut werden. In den nächsten Jahren sollen erste (innerstädtische) Verbesserungen durch Vorland-Abgrabungen zur Vergrößerung des Abfluss-Querschnitts und Deichverlängerung (an der Ihme) sowie einen Brückenneubau erreicht werden.

Weitere Schutzmaßnahmen betreffen die Leine und ihre Zuflüsse im niedersächsischen Berg- und Hügelland (vgl. Abb. 19):

- Das größte Hochwasser-Rückhaltebecken im Leine-Einzugsgebiet außerhalb des Harzes wurde in den Jahren 1972 bis 1994 bei Salzderhelden gebaut. Es besteht aus fünf nacheinander flutbaren, insgesamt bis zu 40 Mio. m³ Wasser aufnehmenden Poldern auf ca. 10 km² Fläche und erfasst ein Einzugsgebiet von ca. 2.200 km² von 5.300 km² bis Hannover-Herrenhausen (und unterstreicht damit die Bedeutung für die Landeshauptstadt) bzw. 6.500 km² bis zur Leine-Mündung in die Aller.

- Von derzeit großer Bedeutung sind die Rückhaltebecken bzw. -polder zwischen Bilderlahe und Rhüden (westl. Seesen) an der Nette, einem in die Innerste entwässernden Harzrandfluss, der – ähnlich wie die Oker – großen Abflussschwankungen unterworfen ist und Schäden in den von ihm durchflossenen Siedlungen des Harzvorlandes und Ambergaus bis hinein ins Innerstetal anrichtet. Obwohl man beim Hochwasserrückhaltebecken Rhüden nach der Inbetriebnahme im Jahre 2004 aufgrund von häufigen Einstau-

[44] Länderarbeitsgemeinschaft Wasser (2004): Instrumente und Handlungsempfehlungen zur Umsetzung der Leitlinien für einen zukunftsweisenden Hochwasserschutz. – Düsseldorf.

Ergebnissen dann 2011 eine computergesteuerte Betriebsweise einführte, steht nicht genügend Stauraum zur Verfügung, sodass Planungen für einen weiteren Polder bei Bornhausen vorangetrieben werden (KIEHNE 2011).

- Bereits 1967 bis 1973 wurde oberhalb von Niedernjesa der Wendebach-Stausee angelegt, dessen 15 m hohe Mauer den kleinen Leine-Nebenfluss etwa 7 km oberhalb von Göttingen auf einer Länge von 2 km zu einem bis 28 ha großen und 1,52 Mio. m³ fassenden See anstaut. Weil man befürchtet, dass der Staudamm bei Starkniederschlägen nicht standhält, diskutiert man zwei Lösungen: die Erniedrigung der Dammkrone (mit erhöhter Hochwassergefahr für Niedernjesa) oder die Umwandlung in zwei kleinere Stauseen, von denen erstere derzeit in einem Planfeststellungsverfahren präferiert wird, einerseits um den See zur Naherholung und als Brutvogelbiotop zu erhalten und ihn andererseits mit einem Überlaufdurchlass zu versehen, damit der Ort hinreichend vor Hochwasser geschützt werden kann.

Wenn aber die Rhume, in deren Quellgebiet sich drei Harz-Talsperren (an Oder und Söse sowie der Oderteich) befinden, schließlich in die Leine mündet, so hat dort der Hochwasserrückhalt der Talsperren bereits deutlich abgenommen, insbesondere weil sich an der Rhume-Mündung die Spitzenabflüsse aus dem etwa zehnmal größeren Einzugsgebiet unterhalb der Talsperren zusammensetzen (SCHULTZ-WILDELAU & BERGER 2005, S. 43 f., ähnlich auch SCHMIDT 1982). Deshalb müssen regional differenzierte und die Hochwasserretention der Harztalsperren ergänzende Maßnahmen getroffen werden (sog. „anpassungsfähige Lösungen").

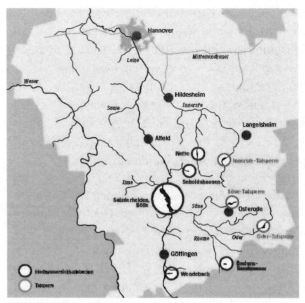

Abb. 19: Hochwasserschutzmaßnahmen an der Leine und ihren Nebenflüssen
Quelle: POHL & SOGALLA 2008, S. 6

Ähnlich wie in Hannover hat auch die Stadt Braunschweig HQ100-Berechnungen durchführen lassen und seit 2009 entsprechende Pläne zum Hochwasserschutz genehmigt (vgl. http://www.braunschweig .de/leben/umwelt/naturschutz/wasser/oker/oker_hoc hwasserschutz.html). Im Januar 2012 haben sich acht Anrainergemeinden an Innerste und Oker für das Modellprojekt „Integriertes Hochwasserschutzkonzept Nördliches Harzvorland" zusammengeschlossen, das die regionalen Entwicklungsziele der „ILE-Region (Integrierte Ländliche Entwicklung) Nördliches Harzvorland" umsetzen will (vgl. http://www.wasserverband.de/wDeutsch/img/PDF_ WVPE/PI_E_HWS_Steuerkreis_Fahrplan2012_Jan 2012.pdf). Insofern stehen wieder vorrangig der Harz bzw. das Harzvorland im Focus des Hochwasserschutzes. Offenbar sind aber die Hochwasserschutzpläne nicht unumstritten, weil der NLKWN (Niedersächsische Landesbetrieb für Wasserwirtschaft, Küsten- und Naturschutz) seine Berechnungen für ein „Jahrhundert-Hochwasser" teilweise drastisch verändert hat. Beispielsweise sollen dann anstelle von 182 m³s⁻¹ möglicherweise 287 m³s⁻¹ in der Innerste bei Sarstedt (vor ihrer Einmündung in die Leine) zum Abfluss gelangen. Dies hätte zur Folge, dass bereits bebaute Gebiete hochwassergefährdet sind und durch kommunale Maßnahmen unter erheblichem Einsatz finanzieller Mittel geschützt werden müssen. Innerste-Anrainergemeinden im Landkreis Hildesheim zweifeln die „Hochwasserzahlen" des NLKWN an und haben daher bei einem unabhängigen Planungsbüro eine „Plausibilitätsprüfung" in Auftrag gegeben (o. V. 2012).

5.2 Veränderungen bei der Trinkwasser-Bereitstellung

Für die Trinkwasserversorgung sind (Versorgungs-)Sicherheit, Produktqualität, Nachhaltigkeit (im Wesentlichen nach Ressourcenherkunft), Wirtschaftlichkeit und Kundenservice grundlegend[45].

Aufgrund von Angaben des Landesbetriebs für Statistik und Kommunikationstechnologie Niedersachsen (LSKN) braucht jeder Niedersachse rein rechnerisch 6 Liter/Tag Trinkwasser mehr als ein durchschnittlicher Bundesbürger, aber dieser Wert ist auch innerhalb Niedersachsens unterschiedlich, und zwar in vielen westlichen, nördlichen und nordöstlichen Gegenden sowie in der Region Hannover überdurchschnittlich. Das Wasser für die öffentliche Wasserversorgung in Niedersachsen stammt zu 86 % aus Grundwasser, der Rest aus Flüssen, Seen, Talsperren oder Quellen (http://www.lskn.nied ersachsen.de/portal/live.php?navigation_id=25666a rticle_id=87672&_psmand=40), der Wasserbedarf erfolgt zu 64 % aus Haus-halten und Kleingewerbe (nachrangig von der Industrie zu 15 %) (nach BOLDT et al. 2001, S. 20). Nach Höchstständen (> 600 Mio. m³ jährlich) der Förderung und des Bedarfs um 1990 gingen entsprechende Werte innerhalb der letzten 20 Jahre kontinuierlich zurück und stagnieren derzeit bei 540 bis 550 Mio. m³, von denen die Harzwasserwerke aus den Harztalsperren etwa 60 Mio. m³ liefern (zuzüglich etwa 25 Mio. m³ aus den vier Grundwasserwerken entlang der Fernwasserleitung Söse-Nord, vgl. Abb. 8). Sie sind damit der größte Wasserversorger in Niedersachsen. Der Pro-Kopf-Verbrauch in Niedersachsen ist im betrachteten Zeitraum von ca. 145 auf 125 Liter/Tag zurückgegangen und wird in Zukunft noch weiter sinken. Verantwortlich dafür sind der sparsamere Wassergebrauch in privaten Haushalten (bedingt durch verbesserte Haushaltstechnik und auch infolge steigender Abwasserpreise), Einrichtung privater Brunnen zur Bewässerung und mehr Wasserwiederaufbereitungsanlagen in der Industrie

oder auch geringere Verluste aufgrund verbesserter Leitungsnetze. Auf diese sich in den nächsten Jahren fortsetzenden Tendenzen müssen sich die Wasserversorger einstellen.

Die größten Kunden der Harzwasserwerke – und somit die besonders auf die Trinkwasserversorgung aus dem Harz angewiesenen Regionen – sind die Stadtwerke Braunschweig, Göttingen, Bremen, Hannover und Hildesheim sowie viele kleinere Kommunen und Wasserverbände, die in der Nähe des Rohrleitungssystems (vgl. Abb. 8) liegen. Die Harzwasserwerke müssen – um ihre führende Position zu bewahren – auf die künftigen, zuvor analysierten Veränderungen bei Hochwasser und Wassernachfrage reagieren:

- Infolge der mancherorts prognostizierten Klimaveränderungen werden die konkurrierenden Nutzungsansprüche an den Speicherraum der Talsperren (vgl. *„Gratwanderung"* im Abschnitt *„Der Harz wird … zum Wasserreservoir"*) sowohl hinsichtlich des Hochwasserschutzes als auch bezüglich der Rohwasser-Bevorratung für die Trinkwasser-Versorgung immer größer und problematischer. Dies wird insbesondere auch bei der Neubewilligung des Nordharz-Verbundsystems (d. i. der Verbund aus Oker-, Grane- und Innerstetalsperre durch die Beileitungen von Radau, Romke, Wintertalbach und Gose; vgl. Abb. 14), die in Kürze ansteht, zu berücksichtigen sein. Die Arbeiten und Planungen für die Neubewilligung dieses Verbundsystems haben bereits begonnen (http://www.nlkwn.niedersach sen.de/portal/live.php?navigation_id=79038&art icle_id41680&psmand=26 und Auskunft Dipl.-Ing. D. Radermacher (Harzwasserwerke Hildesheim)), sodass mindestens bis 2036 die derzeitige Hochwasserschutz- und Trinkwasserversorgungssicherheit gewährleistet werden kann.

- Bei den Wasserversorgern macht sich in Deutschland ein Strukturwandel (vgl. auch ANTONY et al. 1999) bemerkbar. Bis Mitte der 1990er-Jahre gab es in der Bundesrepublik 6.655 Wasserversorger, von denen 5.483 vorwiegend als Regie- und Eigenbetriebe arbeiteten und insgesamt 825 Mio. m³ bei jeweils <1 Mio. m³/Jahr förderten, hingegen 109 große Unternehmen, die jeweils >10 Mio. m³/Jahr bei insgesamt 2.928 Mio. m³/Jahr erreichten (HAUMANN 1999, S. 62 f.). In der Folgezeit führte nicht nur der sin-

---

[45] sog. „Fünf-Säulen-Modell" der Wasserwirtschaft, vgl. NdsMU (2010, S. 8).

kende Wasserbedarf, sondern vor allem ein mit einer ‚Globalisierung' vergleichbarer Prozess zu einer Abnahme kleinerer und zu einer Zunahme größerer Wasserversorger[46], sodass bei diesem Strukturwandel die Anzahl der Wasserversorger in Niedersachsen zwischen 1987 und 2007 von 392 auf 274 abnahm. Dieser Strukturwandel bedeutete für die Harzwasserwerke z. B. zwischen 1998 und 2001 einen Rückgang der Trinkwasserabgabe aus den sechs Harztalsperren von 66,2 auf 59,6 Mio. m³, der aber im Wesentlichen dadurch entstand, dass die Stadt Hannover ihren Wasserbedarf auf Entnahme aus Grundwasserreserven (Fuhrberger Feld, Elze-Berkhof) umstellte. Inzwischen beträgt die Abgabe wieder über 62 Mio. m³.

Der bereits in den 1970er-Jahren einsetzende und zukünftig noch andauernde Strukturwandel der Trinkwasserversorgung aus den Harztalsperren sei an sechs Beispielen[47] erläutert:

- Der Bau der Söse-Fernwasserleitung geht zurück auf den allgemein steigenden Wasserbedarf in der Zwischenkriegszeit. Die Städte im Unterweserraum waren überwiegend auf Uferfiltrat angewiesen, das durch Abwasser-Einleitungen in die Werra aus thüringischen Salzabbaugebieten verunreinigt war, obwohl ein im Jahre 1913 zwischen Preußen und Thüringen geschlossener Staatsvertrag die Salzbelastung der Weser begrenzt hatte. Noch bis 1983 erhielt Bremen Trinkwasseranteile aus Uferfiltrat, wird aber seither aus Grundwasservorkommen aus dem Umland versorgt und erhält von den Harzwasserwerken nur noch Lieferungen aus den Wasserwerken Schneeren, Liebenau und Ristedt, aber ab 2005 kein Sösewasser mehr (vgl. MÜLLER 1998, S. 3-10).

- Ebenfalls wegen des in der Zwischenkriegszeit steigenden Wasserbedarfs konnte die Stadt Hildesheim ihren Wasserbedarf nicht mehr aus benachbarten Grundwasserwerken decken, erhielt seit 1934 Sösewasser und wird derzeit ganz da-

mit versorgt, wenngleich noch bis 2026 Entnahmerechte aus Leine-Uferfiltrat bestehen.

- Hannover nutzte infolge des in den 1970er-Jahren ansteigenden Wasserbedarfs zwischen 1976 bis 2000 jährlich etwa 10 Mio. m³ Harzwasser, reduzierte den Bezug aber danach auf derzeit etwa 3 Mio. m³ wegen des nach 1976 von 62 Mio. m³ auf derzeit ca. 43 Mio. m³ gesunkenen Gesamtbedarfs.

- Der Wasserverband (WV) Peine macht die aktuellste Umstrukturierung deutlich. Von 1998 stieg dessen Wasserabsatz von 9,8 auf derzeit 13,6 Mio. m³, bei einer prozentual nahezu gleich bleibenden Eigenförderung von 4,9 bzw. 6,7 Mio. m³, bedingt durch sukzessive, deutliche Vergrößerungen des Versorgungsgebietes[48]. Diese erstreckte sich auch auf einen zwischen Hildesheim und Peine gelegenen Wasserbeschaffungsverband, sodass über dessen Versorgungsgebiet seit 2008 in den WV Peine etwa 0,57 Mio. m³ Harzwasser ge-langen.

- Aufgrund ökonomischer und ökologischer Zwänge kommt es in Teilbereichen des Harzvorlandes zur Umstrukturierung bei der Wasserversorgung. Die aktuellsten Projekte laufen gegenwärtig im Gebiet um Salzgitter. Dort wurde / wird das Trinkwasser vom „Wasserverband Peine" geliefert, der 1952 aus einem Zusammenschluss ehemals eigenständiger Wasserversorger im Landkreis Peine und der Stadt Salzgitter hervorging und in dieser Region derzeit ca. 284.000 Einwohner mit etwa 13,3 Mio. m³ Wasser versorgt. Zur Förderung wird u.a. in der Innerstemulde südlich von Baddeckenstedt ein unterirdisches Karstwassergerinne genutzt, das seinen Ursprung am Harzrand zwischen Goslar und Langelsheim hat. Es kam häufig zur Verunreinigung der Brunnen, aus denen der Wasserverband Peine etwa 9 Mio. m³ fördert[49]. Eine Ausweisung als Wasserschutzgebiet wurde 1997 nach mehr als 30-jährigen Vorbereitungen vorgenommen, aber dagegen erhoben mehrere Landwirte Normenkontrollklage und obsiegten 2002 vor dem Oberverwaltungsgericht Lüneburg[50]. In

---

[46] In dem Zeitraum 1995 bis 2000 sank der Anteil der Regie- und Eigenbetriebe in Deutschland von 55,7% auf 38,0% (CLAUSEN & SCHEELE 2003, S. 60) bzw. für die Angaben aus Niedersachsen: LSKN (2009, S. 4 f.).

[47] Jeweils nach Angaben der städtischen Wasserversorgungsunternehmen

[48] Im Jahre 1991 wurden ca. 10,8 Mio. m³ Trinkwasser an ca.178.000 Einwohner geliefert, 2009 ca.13,1 Mio. m³ an ca. 288.000 Einwohner.

[49] vgl. „Das Karstwasserschutzgebiet Goslar – Langelsheim – Baddeckenstedt" http://goslar.bund.net/themen/karst_wasserschutzge biet/

[50] vgl. vorgenannte Quelle sowie NdsMU (Hrsg., 2012)

der Folgezeit musste es für einige davon betroffene Orte zur Umorientierung ihrer Wasserversorgung kommen. Im August 2012 wurden als Einstieg in ein Großprojekt an die ersten Orte um Baddeckenstedt an die Wasserlieferung durch die Harzwasserwerke angeschlossen[51]. Bei weitergehender sparsamerer (Trink-)Wasserverwendung ist in Zukunft davon auszugehen, dass immer mehr (kleinere) Wasserversorger auf die Lieferung von ,weichem' Harzwasser umsteigen.

- Auch die Stadt Salzgitter will sich vorgenanntem Großprojekt anschließen. Dort beträgt allein der Wasserbedarf bei der Stahlerzeugung der „Salzgitter AG" ca. 21 Mio. m³/Jahr, von denen aber nur 3,2 Mio. m³ als Frischwasserzufuhr benötigt werden, die aus eigenen Grundwasserwerken gefördert und im Werk Adersheim zu weicherem Brauchwasser entkalkt werden, denn die Anlagen im Hüttenwerk brauchen entkalktes Wasser. Der dabei gewonnene Kalk wird als Düngekalk in der Landwirtschaft verwertet[52]. Ab Mitte 2012 hat die Wasserversorgung der Stadt Salzgitter mit der Planung eines neuen Trinkwassertransportnetzes begonnen, das bis 2016 fertig gestellt sein soll. Im Vorfeld fand eine Bürgerbefragung über die zukünftige Wasserhärte statt, bei der sich eine große Mehrheit für weiches Wasser – wie es aus dem Harz kommt – entschied[53].

Stellt man Prognosen für die Zeit bis 2037 an, so werden die hohen (und möglicherweise noch steigenden) Frisch- und Abwasserpreise sowie die Qualitätsansprüche an Trinkwasser jene Tendenzen fördern, die bisher nur in einzelnen Industriebereichen und Wohnanlagen installiert sind: nämlich Wasserkreisläufe für Trink- und Brauchwasser, die eine Mehrfachnutzung von Trink- und ggf. auch Regenwasser ermöglichen.

Das letzte Beispiel zeigt zugleich die ökonomischen und ökologischen Bestrebungen der Harzwasserwerke. Die sinkende Pro-Kopf-Wassernutzung bzw. der – wegen der im südlichen Drittel Niedersach-

sens recht prägnant rückläufigen Bevölkerungszahlen – zurückgehende Trinkwasserbedarf soll nunmehr durch eine Vergrößerung des Absatzgebietes kompensiert werden. Seit 2004/05 sind insbesondere folgende Liefergebiete hinzugekommen: Raum Wolfenbüttel – Elm – Helmstedt, südliche Region des WV Peine, WV Nienburg-Süd sowie einige Gemeinden des Ambergaus.

Umstrukturierungen wie zuvor beschrieben werden in nächster Zukunft weiterhin anstehen. Einem Verbund von Talsperren- mit den Grundwasserwerken kommt besondere Bedeutung zu im Falle von (klimawandel-bedingten) mehrjährigen Trockenperioden, wenn dann ein Talsperrensystem durch die Grundwasserwerke, in deren Einzugsgebieten sich solche Trockenzeiten weniger bzw. erst zeitversetzt bemerkbar machen, gestützt werden kann. Andererseits kommt es infolge der Nutzung des Wassers aus dem Harz zur Schonung örtlicher Grundwasserressourcen. Dies hat zukünftig bei ständig steigendem Umweltbewusstsein eine immer größere Bedeutung und trägt in den nächsten Jahren dazu bei, dass bestehende Wasserentnahmen nicht über das derzeitige Maß hinaus ausgedehnt werden (müssen). Wegen der Stagnation des Wasserbedarfs sind größere Erweiterungen des Fernwasserversorgungssystems nicht absehbar. Begrenzende Rahmenbedingungen werden – auch in Zukunft – die Bewirtschaftung der Harztalsperren sowie Güteprobleme und Ergiebigkeit lokaler Grundwasservorkommen sein (KRAMER 1999, II, S. 537).

Es zeichnen sich in naher Zukunft aber weitere Probleme[54] ab, die anhand von Durchschnittswerten der Wassernutzung (noch) nicht recht erfasst werden können. Bei gleich bleibendem Wasserbedarf macht sich eine gegenläufige Entwicklung der Bedarfsspitzen (sowohl im maximalen Tages- als auch Stunden-bedarf) bemerkbar. Diese Tendenz zu steigenden Bedarfsspitzen wird sich bei einem Klimawandel (wärmere Sommer und/oder längere Trockenperioden) voraussichtlich noch verstärken. Beispiele wie der (derzeit letzte) trockene Sommer 2003 beweisen, dass die Wassernutzung in Hitze- bzw. Trockenzeiten deutlich zunimmt. In Kombination mit dem gegenwärtig rückläufigen Wasserbedarf resultiert daraus letztlich eine Spreizung zwischen Grund- und Spitzenbedarf bei der Wassernut-

---

[51] vgl. Presseinformation des Wasserverbandes Peine „Großprojekt Harzwasserversorgung". www.wasserverband.de/wDeutsch/ img/PDF _WVPE/PI_E_Harzwasser_Baddeckenstedt_Oelber_31Jul2012.pdf

[52] nach Angaben der Salzgitter AG: http://www.salzgitter-ag.com/cr/2009/de/umwelt-energie/wasserkreislauf

[53] nach Angaben der WEVG Salzgitter: http://www.salzgitter.de/ rathaus/presse_news/2012/12010100000063206.php

[54] laut Auskunft von Dipl.-Ing. D. Radermacher (Harzwasserwerke Hildesheim)

zung. Diese prognostizierbare Tatsache spitzt die mehrfach apostrophierte ‚Gratwanderung' zwischen Hochwasserschutz und Trinkwasserbereitstellung aus den Harztalsperren weiterhin zu.

Literatur

BEUSCHOLD, E., PAPE, H. & WAGNER, G. (1981): Ostharztalsperren – Gigant der Wasserwirtschaft. – Leipzig: Urania.

BINNEWIES, K. (1984): Harzwasserkrise? Wege und Irrwege der Wassergewinnung im Harz und in Niedersachsen. – Hornburg: Hagenberg.

BOLDT, A. et al. (Bearb., 2001): Niedersächsische Wasserwirtschaft auf einen Blick. – Hildesheim: Niedersächsisches Landesamt für Ökologie.

CLAUSEN, H. & SCHEELE, U. (2003): Strukturwandel in der Wasserversorgung: Zwischen Liberalisierung und nachhaltiger Entwicklung. – In: Niedersächsisches Institut für Wirtschaftsforschung (Hrsg.): Umwelt und Wirtschaft in Niedersachsen: Märkte, Innovationen, Chancen, Anreize und Instrumente. NIW: Hannover, S. 57-92 [http://www.wipol.uni-oldenburg.de/download/ NIW_Clausen-Scheele_2003.pdf].

DIETZE, M. (2011): Bewirtschaftung der Talsperren in Sachsen-Anhalt. – Blankenburg: Talsperrenbetrieb Sachsen-Anhalt [= BWK-Bundeskongress 23.09.2011]. http://www.bwk-bund.de/fileadmin/ Dokumente/Veranstaltungen/Kongresse/2011/FF-1-Dietze-TalsperrenSAH.pdf.

DORN, M., HEINISCH, M., MEYER, R. & REUTTER, E. (Bearb., 2005): EG-WRRL Bericht 2005, Flussgebiet: Weser, Bericht 2005: Grundwasser. Anhang 2: Beschreibung der hydrogeologischen Teilräume im Koordinierungsraum Weser-Fluss. – Hannover: Niedersächsisches Landesamt für Bodenforschung.

EGGELSMANN, F. (2009): Wasserwirtschaft im Westharz. Hydrologische Untersuchungen mit Blick auf ein sich veränderndes Klima. – Hildesheim: Harzwasserwerke.

EREMINA, V. (2012): Klimawandel in der Region Hannover. – Diplomarbeit, Universität Hannover, Fakultät Architektur und Landschaft [http://ibumap. uni-olden-burg.de/implan/uploads /Eremina%20 Klimawandel%20inr%20Region%20Region%20 Hannover-2012.pdf].

FABIG, I. (2007): Wandel der Niederschlagsverhältnisse im Lee des Harzes. Indikatoren eines regionalen Klimawandels? - In: Hercynia, Band 40, Heft 1, S. 33-39, Halle/S.

FINKENWIRTH, K. (1927): Die Harzwasserwerke der Provinz Hannover in ihrer Bedeutung für das Leine-Innerste-Oker-Aller-Flußgebiet. – Veröffentlichungen der Wirtschaftswissenschaftlichen Gesellschaft zum Studium Niedersachsens, Reihe A: Beiträge, Heft 3, Hannover.

FRANCK, E. & PEITHMANN, O. (2010): Regionalplanung und Klimaanpassung in Niedersachsen. – Akademie für Raumforschung und Landesplanung, E-Paper der ARL, Nr. 9, Hannover.

GLÄSSER, R. (1994): Das Klima des Harzes. – Hamburg: Kovac.

HAASE, H. (1955): Die Söse-Talsperre und die Fernwasserleitung nach Bremen. – Clausthal-Zellerfeld: Pieper.

HAASE, H. (1959):Talsperren im Harz. Großbauten der Wasserwirtschaft. – Clausthal-Zellerfeld: Pieper.

HAASE, H., SCHMIDT, M. & LENZ, J. (1970): Der Wasserhaushalt des Westharzes. Hydrologische Untersuchungen 1941-1965. – Veröffentlichungen des Niedersächsischen Instituts für Landeskunde und Landesentwicklung, Reihe A: Forschungen zur Landes- und Volkskunde, Band 95; Göttingen: Wurm.

HWW [= Harzwasserwerke des Landes Niedersachsen] (Hrsg., 1977): Zur Problematik der oberen Siebertalsperre. – In: Unser Harz 25 , Nr. 3, S. 43–45, Clausthal-Zellerfeld: Pieper.

HWW [= Harzwasserwerke des Landes Niedersachsen] (Hrsg., 1986): Aus Hochwasser wird Trinkwasser. – Hildesheim: Harzwasserwerke.

HWW [= Harzwasserwerke des Landes Niedersachsen] (Hrsg., 1992): Speichern, aufbereiten, transportieren. – Hildesheim: Harzwasserwerke.

HWW [= Harzwasserwerke GmbH] (Hrsg., 2008): Wasser mit Energie - Strom aus Wasserkraft. – Hildesheim: Harzwasserwerke. http://www.harzwasser werke.de/downloads/br_wme.pdf

HWW [= Harzwasserwerke GmbH] (Hrsg., 2010): Weiches Wasser aus der Natur. – Hildesheim: Harzwasserwerke. www.harzwasserwerke.de/downloads /br_image.pdf

HWW [= Harzwasserwerke GmbH] (Hrsg., o. J.): Die Sösetalsperre [= Flyer]. – Hildesheim: Harzwasserwerke. www.harzwasserwerke.de/down loads/fly_soese/pdf

HAUMANN, H. (1999): Strukturwandel in der Wasserversorgung Deutschlands. – In: ANTONY, F. et al.: „Die niedersächsische Wasserversorgungsindustrie im Zeichen der wirtschaftlichen Globalisierung", Veröffentlichungen der Niedersächsischen Akademie der Geowissenschaften, Heft 17, S. 62-68, Stuttgart: Schweizerbart.

HEITKAMP, U. (1988): Die prognostizierten Auswirkungen des Baus der Siebertalsperren im Harz aus ökologischer Sicht. – In: GWF Wasser Abwasser 129, Heft 9, S. 580-587.

HOFFMANN, A. (1972): Der Harz - Land der Teiche und Talsperren. Ein Streifzug durch die Geschichte der Oberharzer Wasserwirtschaft von den Anfängen im Mittelalter über die Teichwirtschaft des Bergbaus zu den heutigen Grubenkraftwerken. – In: Der Harz und Südniedersachsen, Serie Harz, Heft 6, Clausthal-Zellerfeld: Pieper.

HÖLSCHER, O. (2008): Die Okertalsperre und Schulenberg. Das Dorf im See. – In: HERRMANN, B. & DAHLKE, C. (Hrsg.): „ Schauplätze der Umweltgeschichte", Werkstattbericht Graduiertenkolleg 1024, S. 93-103, Göttingen: Universitätsverlag.

INTZE, O. (1906): Die geschichtliche Entwickelung, die Zwecke und der Bau von Talsperren. – Berlin: Springer.

KELLER, H. (1953): Wald und Wasserhaushalt. Die Bedeutung neuer Versuche im Harz. – In: Erdkunde 7, S. 52-57, Bonn.

KIEHNE, U. (2011): Beschlossen: Hochwasserrückhaltebecken Rhüden ändert Betriebsweise. – In: Beobachter-online (vom 18.02.2011), http://www.beobachter-online.de/seesen/lokales/ beschlossen-hochwasserrueckhaltebecken-rhue dern-aendert-betriebsweise-5790.html.

KNOLLE, F. (2012): Resolution Umweltverbände des Landkreises Harz zu aktuellen Fragen des Naturschutzes. – In: Zeitfocus online, 20.02.2012], http://www.zeitfokus.de/umwelt/item/1412-natur schutzverbände-formulieren-resolution.html.

KRAMER, J. et al. (1996-1999): Tausend Jahre Leben mit dem Wasser in Niedersachsen. – 2 Bde., Leer: Rautenberg.

LAHMER, W. (2004): Klimawandel: Hochwasser - Dürren - Vorsorgestrategien. – Vortrag auf der Tagung der Heinrich-Böll-Stiftung Thüringen in Zusammenarbeit mit dem BUND Thüringen und den Stadtwerken Jena-Pößneck, am 29.04.2004 in Jena, http://www.living-.rivers.de/hochwassertagung/vor traege/klimawandel _W_Lahmer, pdf.

LANGE, A. (2011): Steuerung von Talsperren im Spannungsfeld zwischen Trinkwassergewinnung und Hochwasserschutz. – Harzwasserwerke GmbH Hildesheim, http://www.bwk-bund.de/fileadmin/ Dokumente/.../FF-1-Lange-TBewirt.pdf.

LSKN [= Landesbetrieb für Statistik und Kommunikationstechnologie Niedersachsen] (Hrsg., 2009): Öffentliche Wasserversorgung und Abwasserentsorgung 2007. – Hannover: LSKN.

MALYSKA, G. (2001): Die Entwicklung der Trinkwasserversorgung im südlichen Sachsen-Anhalt. - In: Hercynia 34, Heft 1, S. 33-52, Halle/Saale.

MATSCHULLAT, J., HEINRICHS, H., SCHNEIDER, J. & ULRICH, B. (1994): Gefahr für Ökosysteme und Wasserqualität. Ergebnisse interdisziplinärer Forschung im Harz. – Berlin: Springer.

MLU [= Ministerium für Landwirtschaft und Umwelt Sachsen-Anhalt] (Hrsg., 2010): Hochwasserschutzkonzeption des Landes Sachsen-Anhalt bis 2020. – Magdeburg,

http://www.sachsen-anhalt.de/fileadmin/Element bibliothek/Master-Biblio-thek/Landwirtschaft_und _Umwelt/H/Hochwasser/Hochwasserschutzkonzept ion/HWSK_2020.pdf.

MÖHLE, K.-A. (1982): Wasserwirtschaftliche Planungen im Harz zur Sicherung der Trinkwasserversorgung im zentralen und südlichen Niedersachsen. – Universität Hannover, Fachgebiet Wasserversorgung. [masch.-verf.].

MÜLLER, A. (Bearb.,1998): Sicherstellung der Wasserversorgung des Landes Bremen aus Niedersachsen in quantitativer und qualitativer Hinsicht. – Niedersächsisches Innenministerium, Hannover.

NdsMU [= Niedersächsisches Ministerium für Umwelt und Klimaschutz] (Hrsg., 22009): Der Klimawandel als Herausforderung für Staat und Gesellschaft. – Hannover.

NdsMU [= Niedersächsisches Ministerium für Umwelt und Klimaschutz] (Hrsg., 2010): Landesweiter Kennzahlenvergleich Wasserversorgung Niedersachsen. – Hannover.

NdsMU [= Niedersächsisches Ministerium für Umwelt und Klimaschutz] (Hrsg., 2012): Wasserschutzgebiet Alt-Wallmoden/Baddeckenstedt. – http://www.umwelt.niederachsen.de/portal/live.php ?navigation_id=2316&article_id6846&_psmand =10

NIETZEL, H. (1983): Die alte Oberharzer Wasserwirtschaft. – Herzberg: Zander.

NILEG [= Niedersächsische Landesentwicklungsgesellschaft] (Hrsg., 1977): Zur Gestaltung der Uferzonen an der Siebertalsperre. – Hannover.

NLWKN [= Niedersächsischer Landesbetrieb für Wasserwirtschaft, Küsten- und Naturschutz] (Hrsg., 2010): Der Zukunft das Wasser reichen. – Wasserrahmenrichtlinie, Band 6, Hannover.

POHL, J. & SAGOLLA, D. (2008): Hochwasserschutz in Hannover. – Landeshauptstadt Hannover, Baudezernat (Hrsg.), Hannover: Gutenbergs-Beuys.

RECKEN, L. (1905): Erläuterungsbericht zum generellen Projekt einer Talsperre im Sösetale bei Osterode im Harz, aufgestellt im Januar 1895. – Braunschweig: Limbach.

RPH [= Regionale Planungsgemeinschaft Harz] (Hrsg., 2011): Ergänzung des regionalen Entwicklungsplanes für die Planungsregion Harz um den Teilbereich Wippra. – Quedlinburg: RPH.

SCHMIDT, M. (1979): Das Sieberwasserproblem. Notwendigkeit und Möglichkeiten seiner Lösung. – In: Neues Archiv für Niedersachsen 28, Heft 3, S. 323-340, Göttingen.

SCHMIDT, M. (1982): Südharztalsperren und Leinehochwasser. – In: Neues Archiv für Niedersachsen 31, Heft 4, S. 424–429, Göttingen.

SCHMIDT, M. (1983): Ausbauplanungen der modernen Wasserwirtschaft im Harz. – In: Neues Archiv für Niedersachsen 32, Heft 2, S. 123–135, Göttingen.

SCHMIDT, M. (1983a): Die großen Hochwässer an Innerste und Oker 1981. – In: Braunschweigische Heimat 69, Heft 1, Braunschweig.

SCHMIDT, M. (1987): Die Oberharzer Bergbauteiche. – In: GARBRECHT, G. (Bearb.), Historische Talsperren, Bd. I, S. 327-385, Stuttgart: Wittwer.

SCHMIDT, M. (1991): Hochwasser und Typhus gaben den Anstoß. Überregionale Wasserwirtschaft zum Wohle des Harzvorlandes. – In: Jahrbuch 1991 des Landkreises Hildesheim, S. 47-61, Hildesheim.

SCHMIDT, M. (1998): Talsperren im Harz. – Clausthal-Zellerfeld: Pieper. [1. Aufl. 1971 unter dem Titel „Talsperren im Westharz"].

SCHÖPFER, C., BJÖRNSEN, G., DIETZE, M. & SCHIMROSCZYK, J. (2007): Nachhaltige Bewirtschaftung des Rappbode-Talsperrensystems im Ostharz. – In: MIEGEL, K. & TRÜBGER, E.-R. und KLEEBERG, H.-B. (Hrsg.), Einfluss von Bewirtschaftung und Klima auf Wasser- und Stoffhaushalt von Gewässern (= Forum für Hydrologie und Wasserbewirtschaftung, Heft 20.07, Bd. I: Vorträge), S. 436 442, Hennef: Vasen.

SEEDORF, H.-H. & MEYER, H.-H. (1992 bis 1996): Landeskunde Niedersachsen. – 2 Bde., Neumünster: Wachholtz.

SCHOLZ, R., STREJC, W. & UHLMANN, H. (2000): Hochwasserschutz an der Unstrut in Sachsen-Anhalt. Historische und aktuelle Betrachtungen. – In: Erfurter Geographische Studien, Band 9, S. 173-188, Erfurt.

SCHULTZ-WILDELAU, H.-J. & BERGER, H. (2005): Hochwasserschutz in Niedersachsen. Oberirdische Gewässer, Band 23. – Hildesheim: Niedersächsischer Landesbetrieb für Wasserwirtschaft, Küsten- und Naturschutz, Betriebsstelle Hannover-Hildesheim.

STADE, O. (Hrsg.): Gefahr von Hochwasser an Oker und Innerste steigt. – In: Goslarsche Zeitung, vom 06.02.2011, http://www.goslarsche.de/Home/harz/region-harz_arid,170791.html.

Stadt Braunschweig [= AG Hochwasser] (Hrsg., 1992): Bericht zum Hochwasser vom 16. bis 24. Juli 2002 in Braunschweig. – http://www.braunschweig.de/politik_verwaltung/fb_institutionen/fachbereich_referate/fb68/01_Bericht_Stand_1_10_02_Endfassung.pdf.

STURM, K. et al. (2001): Hochwasser in Mitteleuropa seit 1500 und ihre Beziehung zur atmosphärischen Zirkulation. – In: Petermanns Geographische Mitteilungen 145, Heft 6, S. 14-23, Gotha.

SUCH, W. (Bearb., 1991): Historische wasserwirtschaftliche Anlagen im Harz. [Vorträge der Tagung in Goslar vom 20. bis 23.09.1990]. – Mitteilungen des Leichtweiss-Instituts für Wasserbau der TU Braunschweig, Heft 113/1991, Braunschweig.

TEICKE, J. (2011): Das Oberharzer Wasserregal - das bedeutendste vorindustrielle Energieversorgungssystem der Welt. – In: Wasser und Abfall, Bd. 13, Heft 9, S. 16-21, Wiesbaden.

VOPPEL, H. (2011): Wipper-Talsperre schützt nur bedingt vor Überflutung. – In: Mitteldeutsche Zeitung, vom 24.02.2011, http://www.mz-web.de/servlet/ContentServer?pagename=ksta/page&atype=ksArtikel&aid=1266920947253

WOUTERS, R. (2010): Talsperren in Sachsen-Anhalt. Wasser für Mitteldeutschland. – Halle/Saale: Mitteldeutscher Verlag.

o. V. (1908): Die Organisation der Gesellschaft zur Förderung der Wasserwirtschaft im Harze. – Veröffentlichungen der Gesellschaft zur Förderung der Wasserwirtschaft im Harze, Band 8, Braunschweig: Limbach.

o. V. (1909): Protokoll der am 30.Juni 1908 in Bad Harzburg stattgehabten 3. Generalversammlung der Gesellschaft zur Förderung der Wasserwirtschaft im Harze. – Veröffentlichungen der Gesellschaft zur Förderung der Wasserwirtschaft im Harze, Band 9, Braunschweig: Limbach.

o. V. (1993): Harzwasserwerke – Leistungen und Probleme. – In: Wasser im Blickpunkt, Bd. I, Heft 1, S. 60-66. Essen.

o. V. (1995): Das Frühjahrshochwasser vom April 1994 in den Flusseinzugsgebieten der Saale und Bode im Land Sachsen-Anhalt. – Halle/Saale: Landesamt für Umweltschutz Sachsen-Anhalt.

o. V. (2011): Hochwasser: Lage in Sachsen-Anhalt bleibt kritisch. – In: Mitteldeutsche Zeitung, vom 11.01.2011, http://www.mz-web.de/servlet/ContentServer?pagename=ksta/page&atype=ksArtikel&aid=1294560262048.

o. V. (2012): Landkreis-Hochwasser: Kommunen lassen Zahlen prüfen. – In: Hildesheimer Allgemeine Zeitung, vom 29.04.2012, http://www.hildesheimer-allgemei-ne.de/47.html?&cHash=ebaa2e6c793fba3472cb4b3fc8090c79&tx_ttnews%5Btt_news%5D=134792.

o. V. (o. J.): Die Entstehungsgeschichte des Systems der „Bode-Talsperren" – http://www.harzkaleidoskop.de/htsp/tsp.htm.

Zusammenfassung

Der Harz als nördlichstes deutsches Mittelgebirge empfängt überdurchschnittlich viele Niederschläge, während im südlichen und östlichen, im Lee gelegenen Vorland Trockenheit, im nördlichen Tiefland aufgrund weithin ungeeigneter Aquifere Wassermangel herrscht und bis vor 100 Jahren eine mangelhafte Trinkwasserversorgung bestand. Hingegen bedingen Relief und geologischer Untergrund im Harz bei und nach der winterlichen Schneeschmelze und sommerlichen Starkregen über die vorwiegend zur Leine und Aller in die Weser entwässernden Harzflüsse erhebliche Überschwemmungen im Harzvor- und angrenzenden Tiefland. Wegen der Diskrepanz zwischen Wasserdargebot und -bedarf erweist sich der Harz für weite Regionen Niedersachsens, Sachsen-Anhalts und Thüringens bestens zur Anlage von Talsperren zur Trinkwasserversorgung und zum Hochwasserschutz.

Erste Anlagen zur Wasserspeicherung im Harz bestanden bereits im Mittelalter in künstlichen Teichen, denen über hangparallele Gräben weitere Einzugsgebiete erschlossen wurden und die dann Antriebswasser für Bergbauanlagen lieferten. Nachdem gegen Ende des 19. Jahrhunderts im Ruhrgebiet der Talsperrenbau zur Versorgung der Bevölkerung und Industrie mit Trink- und Brauchwasser begann, regten sich auch im Harz entsprechende Bestrebungen. Zunächst entstanden zu Beginn des 20. Jahrhunderts Talsperren zur lokalen Wasserversorgung in den Harzrandstädten Nordhausen und Wernigerode. Die Gründung der Harzwasserwerke (1928) und die von ihnen mittels mehrerer Talsperren bis heute nachhaltig betriebene Wasserbewirtschaftung stellte sowohl den Eckpfeiler der gesicherten Wasserversorgung in weiten Teilen Niedersachsens als auch die Grundlage für den Hochwasserschutz im mittleren Niedersachsen dar. In den Jahren 1928 bis 1931 baute man an der Söse die erste große Harztalsperre, die alsdann über eine Pipeline Trinkwasser bis nach Bremen lieferte, wo bis 1934 nur Weser-Uferfiltrat zur Versorgung diente. 1936 begann man mit dem Bau der Okertalsperre, die kriegsbedingt erst 1956 fertiggestellt wurde und vorrangig dem Hochwasserschutz dient. Ihre Baumaßnahmen waren – sowohl wegen der Verlegung eines Dorfes als auch des problematischen Sperrmauerbaus und der starken Abflussschwankungen im Einzugsgebiet – wesentlich um-

fangreicher als bei der Sösetalsperre. Wegen der Zunahme der niedersächsischen Bevölkerungszahlen und des allgemeinen Wasserbedarfs nach dem Zweiten Weltkrieg bauten die Harzwasserwerke das Talsperrennetz aus, u.a. zu einem Talsperrenverbund, dessen Zentrum die Granetalsperre ist, die ihrerseits Wasserüberleitungen aus Ecker-, Oker- und Innerstetalsperre und weiteren Harzflüssen erhält. Sie dient zwar ausschließlich der Trinkwasserversorgung und gestattete eine Ausweitung des Fernwasserleitungsnetzes in Niedersachsen, kann aber indirekt auch zur Entlastung der anderen Talsperren beim Hochwasserschutz (u. a. bedeutende Retention im Okergebiet) beitragen. Einige dieser Wasserüberleitungen greifen die Technik des mittelalterlichen Teiche- und Gräben-Verbundnetzes auf, dessen Reste als „Oberharzer Wasserregal" wegen seiner Stellung als weltweit bedeutendstes vorindustrielles Wasserwirtschaftssystem im Jahre 2010 zum UNESCO-Weltkulturerbe erhoben wurde.

Auf der Ostharz-Abdachung wurde unter der DDR-Regierung in den Jahren 1951 bis 1967 das „Bodewerk" als größtes Talsperrensystem im Harz fertig gestellt: ein umfangreicher Verbund mit Vorsperren und einem nachgelagerten Kraftwerk, mit bereits 1891 initiierten Planungen und nach 1939 begonnenem, aber ebenfalls kriegsbedingt unterbrochenem Bau. Eine weitere, in der ehem. DDR geplante Talsperre an der Wipper wurde wegen des mangelnden Trink- und Industriewasserbedarfs nicht gebaut, wenngleich sie zum Hochwasserschutz weiterhin aktuell ist. Hingegen ist die im (westdeutschen) Südharz geplante Siebertalsperre endgültig fallen gelassen, obwohl drei unterschiedlich dimensionierte und ökologisch differenzierte Lösungen über 80 Jahre lang diskutiert wurden.

Gegen Ende des vorigen Jahrhunderts machten sich Wandlungen bei Hochwasserschutz und Trinkwassernutzung bemerkbar. Es traten häufigere und größere Hochwasser auf, die mit globalen Klimaänderungen in Zusammenhang gebracht werden könnten, obwohl diesbezüglich eine umfassende Klärung beim Harz und seinem Umland noch nicht erfolgt ist. Dennoch ist seit langem bekannt, dass die Harztalsperren solche „Jahrhunderthochwasser" nicht aufhalten können, sodass kleinräumigere Schutzmaßnahmen erforderlich sind bzw. werden. Als Beispiele werden u. a. Hochwasserschutzmaßnahmen an der Leine und ihren Nebenflüssen angeführt.

Weitere zukünftig anstehende Veränderungen betreffen die Trinkwasser-Bereitstellung, für die Versorgungssicherheit, Produktqualität und Nachhaltigkeit (im Wesentlichen nach Ressourcenherkunft) immer bedeutsamer werden. Diese Faktoren werden überlagert von jenen aus Veränderungen des Wasserbedarfs – z. B. infolge Bevölkerungsrückgangs oder Klimawandels (?) – sowie zunehmender Spreizung zwischen Grund- und Spitzenbedarf. Dies wird am Beispiel der Harzwasserwerke verdeutlicht.

Geographische

Gesellschaft

zu

Hannover e.V.

Geschäftsjahre

2010/2011
2011/2012

VORSTAND, BEIRAT UND KÖRPERSCHAFTLICHE MITGLIEDER

Vorstand:
1. Vorsitzende/r	Prof. Dr. J.F. Venzke
2. Vorsitzende/r	Dr. P.H. Röseler
3. Vorsitzende/r	Dr. G. Meier-Hilbert
1. Schatzmeister	D.-A. Preiß
2. Schatzmeister	J. Buße
1. Schriftführer	Dr. J. Groß
2. Schriftführer	Dr. T. Behnen
Bibliothekar/in	Dipl.-Geogr. B. Tutkunkardes

Beirat:

Prof. Dr. A. Arnold
Prof. Dr. H. J. Buchholz
Prof. Dr. D. Grothenn
Dr. M. Czapek
Dr. M. Kaiser
StR. R. Koch

Prof. Dr. G. Kuhnt
Prof. Dr. C. Meyer
Prof. Dr. L. Schätzl
Dipl.-Geogr. B. Preiß
StR. M. Willeke

Körperschaftliche Mitglieder:
Stadtsparkasse Hannover

Vorträge und Exkursionen

Geschäftsjahr 2010/11:
Rahmenthema I: Südostasien
18.10.2010 Prof. Dr. Paul Reuber (Münster):
Konflikte um ökologische Ressourcen in Südostasien
01.11.2010 Prof. Dr. Frauke Kraas (Köln):
Stadtentwicklung und Stadtvisionen in Südostasien
15.11.2010 Prof. Dr. Ulrich Scholz (Gießen):
Vom Pflanzstock zum Handtraktor - die Entwicklung der Landwirtschaft in Indonesien
29.11.2010 Prof. Dr. Hans Gebhardt (Heidelberg):
Der Kampf um das Wasser in Südostasien11.01.2010
13.12.2010 Prof. Dr. Elmar Kulke (Berlin):
Malaysia - ein sprungbereiter "kleiner Tiger"

Rahmenthema II: Europäische Regionen im Wandel
17.01.2011 Prof. Dr. Javier Revilla-Diez (Hannover):
Regionale Disparitäten in Spanien - eine Bilanz nach 25 Jahren europäischer Integration
31.01.2011 Prof. Dr. Gerald Wood (Münster):
Räumliche Disparitäten und gesellschaftliche Entwicklung in Großbritannien
14.02.2011 Prof. Dr. Felicitas Hillmann (Bremen):
Stadtentwicklung in Genua als Modell europäischer Stadtentwicklung?
28.02.2011 Prof. Dr. Axel Borsdorf (Innsbruck):
Die Alpen im Wandel - Strukturen und Prozesse unter Globalisierungsstress
14.03.2011 Prof. Dr. Dr. h.c. Klaus Roth (München):
Bulgarien - regionale und soziokulturelle Disparitäten

16.05.2011 PD Dr. Karin Steinecke (Bremen):
Wenn der Feuergott zornig wird.....Zu den geologischen Hintergründen und wirtschaftlichen Folgen des jüngsten Vulkanausbruchs des Eyjafjallajökull, Island
23.05.2011 Dr. Konrad Schliephake (Würzburg):
Rio de Janairo Stadt und Staat - Das Gesicht Brasiliens
20.06.2011 PD Dr. Matthias Schmidt (Berlin/Hannover):
Wasser in Pakistan - Zwischen Mangel und Überfluss

Exkursionen:
15.10.-20.10.2011: Die Pfalz – beiderseits vom Oberrhein
Leitung: Dr. Meier-Hilbert
24.09.-25.09.2011:Geomorphologisches und mehr… zwischen Oberweser und Bad Pyrmont
Leitung: Prof. Dr. Jörg F. Venzke

Geschäftsjahr 2011/2012:
Rahmenthema I: Meere und Küsten
31.10.2011 Prof. Dr. Hanns Buchholz (Hannover)
Die Meere: Entwicklungsräume für die wachsende Menschheit und ihren Bedarf an Ressourcen und Raum
14.11.2011 Prof. Dr. Helmut Brückner (Köln):
Küsten-Geomorphologie und Geoarchäologie im Bereich des Schwarzen Meeres
21.11.2011 Prof. Dr. Andreas Vött (Mainz):
Tsunamis im östlichen Mittelmeerraum - Beispiele und Lehren aus der Paläotsunamiforschung
05.12.2011 Prof. Dr. Karl-Ernst Behre (Wilhelmshaven):
Meeresspiegelbewegungen und Siedlungsgeschichte in der Nordseemarschen
19.12.2011 PD Dr. Martin Pries (Lüneburg):
New York - Hamburg : Zwei Waterfronts im Wandel

Rahmenthema II: Die Arabische Welt im Umbruch
09.01.2012 Prof. Dr. Andreas Dittmann (Gießen):
Libyen und die Arabellionen in der Arabischen Welt
31.01.2011 Prof. Dr. Henner Fürtig (Hamburg):
Der Irakkrieg - Katalysator oder Katastrophe für neue Entwicklungen im Nahen Osten?
14.02.2011 Prof. Dr. Anton Escher (Mainz):
Weltweite Netzwerke von Nahost-Migranten
28.02.2011 Prof. Dr. Horst Kopp (Erlangen):
Jemen - Was wird aus "Arabia Felix"?
14.03.2011 PD Dr. Hans-Jörg Barth (Kempten):
Ambivalenz des Fortschritts - Landschaftswandel am Arabisch-Persischen Golf
23.04.2012 PD Dr. Reinhard Zeese (Köln):
Nigeria - Vielvölkerstaat zwischen Regenwald und Sahel
14.05.2012 Prof. Dr. Bernd Zolitschka (Bremen):
Klima- und Umweltgeschichte Patagoniens
11.06.2012 Prof. Dr. Jürgen Udolph (Leipzig):
Ortsnamen in Niedersachsen - Zeugen der Siedlungsgeschichte

Exkursionen
21.07. – 04.08.2012: „Zwischen Feuer und Eis" Island Exkursion
Leitung: Prof. Dr. Jörg F. Venzke
12.10. – 17.10.2012: Triest – Koper – Pola
Leitung: Prof. Dr. Hanns Buchholz